दूर दुर्गम दुरुस्त

पूर्वग्रहों के पार पूर्वोत्तर की यात्रा

दूर दुर्गम दुरुस्त

पूर्वग्रहों के पार पूर्वोत्तर की यात्रा

उमेश पंत

सार्थक

राजकमल प्रकाशन का उपक्रम

ISBN : 978-93-89577-27-3

मूल्य : ₹599

पहला संस्करण : 2020

सार्थक राजकमल प्रकाशन का उपक्रम

प्रकाशक
राजकमल प्रकाशन प्रा. लि.
1-बी, नेताजी सुभाष मार्ग, दरियागंज
नई दिल्ली-110 002

शाखाएँ
अशोक राजपथ, साइंस कॉलेज के सामने, पटना-800 006
पहली मंजिल, दरबारी बिल्डिंग, महात्मा गांधी मार्ग, इलाहाबाद-211 001
36 ए, शेक्सपियर सरणी, कोलकाता-700 017

वेबसाइट : www.rajkamalprakashan.com
ई-मेल : info@rajkamalprakashan.com

मुद्रक
यश प्रिंटोग्राफ़िक्स
नोएडा-201 301 (उत्तर प्रदेश)

DOOR DURGAM DURUST
Travelogue by Umesh Pant

क्रम

दूसरी यात्रा—दिसम्बर 2018

सफ़र से पहले

"सुनो किडनैप मत हो जाना, वरना मुझे एफडी तुड़वानी पड़ेगी।"

पूर्वोत्तर की यात्रा से ठीक पहले आस्था ने मुझसे मज़ाक़ में कहा और एक किताब मेरी ओर बढ़ा दी। नीलेश मिसरा और राहुल पंडिता की 'द एबसेंट स्टेट' नाम की उस किताब में एक चैप्टर पर बुकमार्क लगा हुआ था। 'द कोलेप्स ऑफ़ नॉर्थ ईस्ट' शीर्षक वाले इस अध्याय में पूर्वोत्तर के अलगाववाद, वहाँ चल रही समानान्तर सत्ताओं के संघर्ष और इससे उपजी हिंसा का एक ख़ाका पेश किया गया था। पूर्वोत्तर की यात्राओं पर आधारित इस किताब का पहला प्रिंट छपे अब सात साल हो गए थे। मेरे ज़ेहन में एक सवाल कौंध रहा था कि क्या पूर्वोत्तर के हालात अब भी वैसे ही होंगे? क्या आस्था की ये शंका मौजूदा हालात में भी उतनी ही जायज़ होगी?

इस सवाल ने पूर्वोत्तर की यात्रा पर निकल जाने के मेरे फ़ैसले को और पुख़्ता कर दिया। गुड़गाँव में दुनिया की सबसे बड़ी टेक कम्पनियों में से एक के दफ़्तर में नौकरी के दौरान पूर्वोत्तर जाने का ख़याल मेरे ज़ेहन में आया था। एक अनमने से दिन में किया गया फ़ितूरी फ़ैसला भर था ये। इसकी न कोई तयशुदा मंज़िल थी न ही कोई तारीख़ इस यात्रा के नाम कहीं दर्ज थी।

दफ़्तर में कुछ ऐसी परिस्थितियाँ बन रही थीं कि एक दिन क़रीब आठ महीने पुरानी नौकरी को छोड़ने का फ़ैसला कर लिया मैंने। महीने की आख़िरी तारीख़ को अकाउंट में एक अच्छी-ख़ासी सैलरी के क्रेडिट होने का वो प्यारा सा मैसेज भी इस फ़ैसले से मुझे नहीं डिगा पाया।

ये यात्रा ठीक-ठीक कब शुरू होगी, कितने दिन चलेगी, इसका कोई अनुमान अभी नहीं था। पूर्वोत्तर के बारे में जानकारी न के बराबर थी इसलिए इंटरनेट पर कुछ दिन खोजबीन का दौर चलता रहा।

"हमारी एनिवर्सरी के बाद चले जाना। जितने दिन चाहो रुकना। कोई जल्दी नहीं है।"

आस्था हमेशा की तरह इस बार भी मेरी नई यात्रा के समर्थन में खड़ी थी। ये हमारे रिश्ते की एक ख़ूबसूरत बात थी कि इसकी बुनियाद बंदिशों पर आधारित नहीं थी। जिस रोज़ मैं इस अनिश्चितकालीन यात्रा पर निकला मेरा यात्री मन अपने जीवन के सहयात्री को इस समर्थन के लिए एक मूक धन्यवाद दे रहा था।

पूर्वोत्तर के प्रवेश द्वार कहे जाने वाले गुवाहाटी के लिए तत्काल सेवा की बदौलत एक दिन पहले ही टिकट बुक कराया गया था। पूर्वोत्तर को लेकर मन में कई तरह की शंकाएँ और पूर्वग्रह लिखत-पढ़त के माध्यमों के रास्ते दिमाग़ में शामिल हो चुके थे।

इन यात्राओं को लिखित रूप में दर्ज करना है, ये मैंने पहले से तय कर लिया था। इसलिए एक नोटपैड और पेन मेरी यात्रा के सामान में पहले से ही शामिल था। यात्रा-वृत्तान्त लिखने का पुराना अनुभव नए वृत्तान्त की सम्भावनाओं के लिए उत्साहित कर रहा था।

एक मित्र भास्कर के क़रीबी कौस्तुभ ने अभी-अभी पूर्वोत्तर के कुछ हिस्सों की यात्रा की थी इसलिए उससे बातचीत पर आधारित शुरुआती नक़्शा मैंने अपने ज़ेहन में बना लिया था। कौस्तुभ ने असम में पुलिस के एक डीजी का नम्बर भी मुझे दे दिया था ताकि सुरक्षा सम्बन्धी किसी इमरजेंसी में सम्पर्क किया जा सके। आस्था ने शिलांग और गुवाहाटी में रह रहे अपने कुछ पत्रकार दोस्तों के नम्बर दे दिए थे। पूर्वोत्तर के एक वरिष्ठ पत्रकार रविशंकर रवि से मैं फ़ोन पर बात कर चुका था, जिन्होंने गुवाहाटी में मिलने का न्योता भी दे दिया था।

जब आप किसी यात्रा का मन बना लेते हैं तो धीरे-धीरे जानकारियों और जानकारों की कड़ियाँ भी जुड़ती चली जाती हैं। इस बीच एक अग्रणी हिन्दी अख़बार ने भी यात्राओं पर आधारित लेखों के लिए मुझसे सम्पर्क किया था। उम्मीद थी कि यात्रा पर होने वाले ख़र्च का एक छोटा-सा हिस्सा उन लेखों से भी निकल आएगा।

फ़रवरी के उस दिन जब रुख़सती की तारीख़ आई तब भी दिमाग़ में पूर्वोत्तर का कोई ठीक-ठीक चित्र नहीं था। सिलीगुड़ी कॉरिडोर या फिर चिकन नेक के पार चौंका देने की हद तक भौगोलिक, भाषायी और सांस्कृतिक विविधताओं वाली उस दुनिया में प्रवेश करना था मुझे। इस ख़याल ने मेरे उत्साही यात्री मन में एक मीठी सी सिहरन पैदा कर दी थी। भूपेन हज़ारिका के गीतों में ख़ूबसूरती से शामिल उस दुनिया से मिलने की बेताबी अब ज़ेहन पर तारी हो गई थी।

क़रीब महीने भर तक दो हिस्सों में की गई इस यात्रा की कहानी आपको

बताते हुए ठीक ऐसी ही सिहरन हो रही है। फ़र्क़ इतना है कि अब पूर्वोत्तर के एक बड़े हिस्से का चित्र ज़ेहन में एकदम साफ़ है। उम्मीद है कि आप भी उस चित्र को इस किताब के ज़रिए साफ़-साफ़ देख पाएँगे। जो अधूरा रह जाएगा उसके लिए यूँ भी भविष्य सम्भावनाओं की बाँहें फैलाये खड़ा ही है।

अन्त में, जो भी लोग इस यात्रा में गाहे-बगाहे शामिल हैं, उन सभी का धन्यवाद। पहली किताब पर अपनी प्रतिक्रियाओं के ज़रिए इस किताब को लिखने का हौसला देने वाले अपने पाठकों को भी तहे दिल से शुक्रिया कहना बनता है।

—उमेश पंत

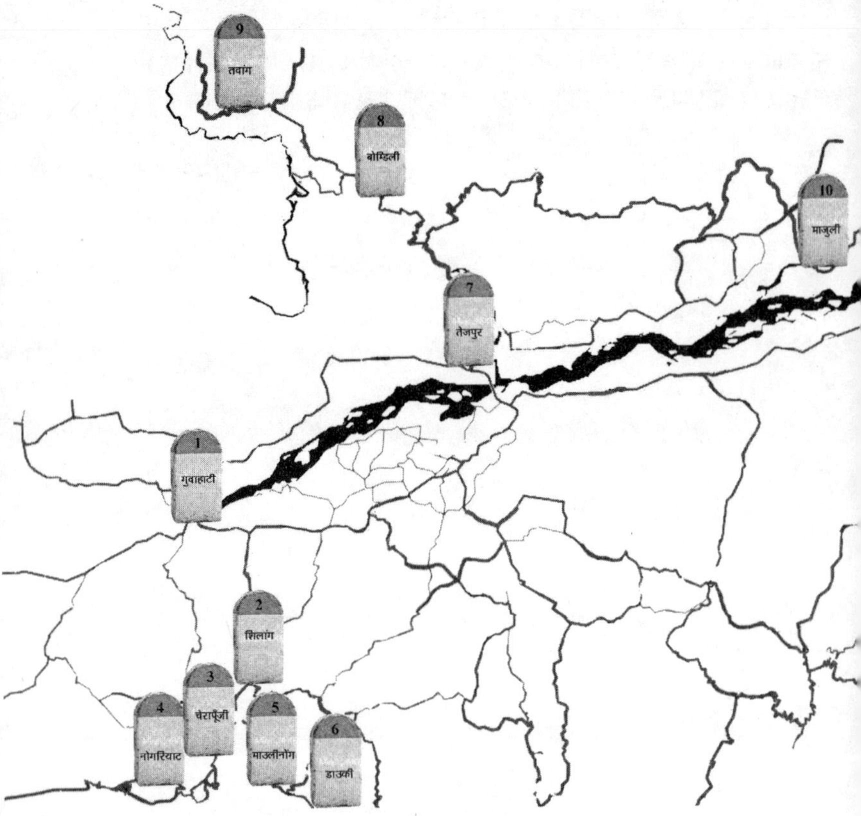

यात्रा मार्ग-1

पहली यात्रा—फ़रवरी 2018

असम, मेघालय, अरुणाचल प्रदेश

1

एक ख़ामोश बेचैनी

पहला दिन
दिल्ली-डिब्रूगढ़ राजधानी
9 फ़रवरी, 2018

नई दिल्ली रेलवे स्टेशन पर दिल्ली डिब्रूगढ़ राजधानी एक्सप्रेस चुपचाप खड़ी थी। पीठ पर बैगपैक लादे और दाएँ कन्धे पर कैमरा बैग थामे मैं उतावला सा ट्रेन में चढ़ गया। ट्रेन को कोई उतावलापन नहीं था। उसे मालूम था कि उसे कब जाना है, कब लौट आना है, ये उसके बस में कतई नहीं है।

ट्रेन की तरह ही मुझे इस वक़्त जाने की ख़बर तो थी पर लौटने का कुछ पता नहीं था। बिना किसी काम के, एक यात्री के तौर पर पूर्वोत्तर की मेरी ये पहली यात्रा थी। इस तरह अकेले एक अनजान देश में मैं पहली बार निकल रहा था। मेरा पहला 'सोलो ट्रिप' था ये। देश की राजधानी से निकल रही ये ट्रेन मुझे एक ऐसी दुनिया में छोड़ आने वाली थी, जिसके बारे में थोड़ी-बहुत किताबी जानकारी और बहुत सारी अफ़वाहनुमा बातें दिमाग़ में अपनी जगह बना चुकी थीं।

पूर्वोत्तर के बारे में तमाम क़िस्म की धारणाएँ लेकर मैं ट्रेन में सवार हो गया था। इसी वक़्त एक सवाल ने मेरे ज़ेहन में दस्तक दी कि क्या ये यात्रा मेरे उन पूर्वग्रहों को तोड़ पाएगी?

बी-3, 54। इस नम्बर की तलाश में निगाहों ने बर्थ के किनारे खिड़कियों पर औंधे लेटे नम्बरों को ताकना शुरू किया। नम्बर इत्मीनान से निगाहों को देखकर मुस्कुरा रहे थे। उन्होंने ऐसी असंख्य निगाहों को ख़ुद को तलाशते न जाने कितनी बार धरा होगा। इन संख्याओं पर अपने अधिकारों का क्षणिक

इलहाम लिए न जाने कितने लोग आए और उसे अपनी खाई हुई नमकीनों के रैपर या मूँगफली के छिलकों के साथ अपनी-अपनी बर्थ के नीचे छोड़ गए।

मैं अपनी पीठ पर पहनने-उतारने की ज़रूरतों को लादे उस संख्या तक पहुँचा जिसे भारतीय रेलवे की तत्काल ऑनलाइन सेवा ने अगले 27 घंटों के लिए मेरे नाम कर दिया था। मैंने इस बड़ी सी ट्रेन की एक छोटी सी जगह पर अपने इस मामूली से अधिकार को अच्छे-ख़ासे पैसे चुकाकर ख़रीद लिया था।

ये वो दौर था जब ज़मीनी और हवाई सफ़र पर होने वाला ख़र्च बराबरी पर आ गया था, लेकिन ज़ुबानी ख़र्च से बेतरह प्रभावित जनता एक पक्ष को लगातार अपनी स्वीकार्यता सौंप रही थी। पूर्वोत्तर भी चुनावों के ब्रह्मपुत्र में गोता लगाने को तैयार बैठा था। मेघालय, त्रिपुरा और नागालैंड में इसी महीने के आख़िरी हफ़्ते में चुनाव होने थे। हालाँकि, पूर्वोत्तर जाने का मेरा ये चुनाव किसी बड़े नतीजे की उम्मीद से नहीं था। यात्राओं के क्या नतीजे होंगे ये बताने के लिए दुनिया का कोई भी एक्ज़िट पोल नहीं बना।

बैग का बोझ लादने से उपजी थकान मेरे माथे पर पसीना बनकर उभर आई थी। दिल्ली अभी सर्द ही थी पर कम्पार्टमेंट के भीतर अच्छी-ख़ासी गर्मी लग रही थी मुझे। मैंने अपना बैग सीट पर रखा ही था कि पीली सलवार-क़मीज़ पहने एक 30-32 साला उजले रंग की महिला मेरी सीट के ठीक सामने वाली सीट पर आईं और उन्होंने भी अपना बैग सीट पर पटका। उनके चेहरे पर भी पसीने की बूँदें थीं। वाक़ई कम्पार्टमेंट में गर्मी थी। महिला ने बैग रखते ही आस-पास देखे बिना सीधे अपना स्वेटर उतारा। पसीना पोंछा। बोतल से पानी उड़ेलकर अपने गले को तर किया और एक गहरी साँस लेकर अपनी सीट पर बैठ गईं।

फिर कोच में एक शान्त सी आहट हुई। साँवले रंग का एक शख़्स एक बड़ा सा बैग लादे साइड लोअर सीट पर बैठ गया। उसके चेहरे पर समाधि लगाकर बैठी हुई एक आदिम निश्चिन्तता साफ़-साफ़ पढ़ी जा सकती थी। उसके ठीक बग़ल में एक मुस्कुराहट लगातार उस निश्चिन्तता पर मोहित वहीं बैठी हुई थी।

कई बार ग़ौर से देखने पर चेहरे रहस्यमय इलाक़ों में तब्दील हो जाते हैं। हमारी नज़रें उन इलाक़ों की टोह लेकर उन पर अपनी एक राय चस्पाँ कर देती हैं। कुछ इलाक़े कम से कम पहली नज़र में तो ख़ुशनुमा लगने लगते हैं और कई बार सब कुछ हमारी राय के एकदम उलट हो जाता है। चेहरा देखकर आदमी पहचानने का हुनर आख़िर सबमें होता भी कहाँ है?

चेहरे मुझे कई बार फ़िल्मों के ट्रेलर की तरह लगते हैं। कई बार अच्छी

फ़िल्मों के ट्रेलर ख़राब होते हैं और कई बार ख़राब फ़िल्मों के ट्रेलर अच्छे होते हैं। अच्छा और बुरा, ये भी तो देश-काल और परिस्थिति से ही तय होता है। ट्रेन की बर्थ पर अपनी-अपनी यात्राओं में शामिल होने आते ये चेहरे निदा फ़ाज़ली की याद दिला रहे थे—'हर आदमी में होते हैं दस-बीस आदमी, जिसको भी देखना हो कई बार देखना।' रेल यात्राएँ भी लोगों को कई बार देखने का मौक़ा देती हैं, इसलिए पटरियों पर सरकती हुई ये ज़िन्दगी मुझे हमेशा से पसन्द है।

कोच में जो तीसरी उपस्थिति दर्ज हुई वो एक घबराए-परेशान से लम्बे क़द के शख़्स की थी। वो शख़्स फ़ोन पर किसी से बात कर रहा था। पहाड़ों से तीखे और ऊबड़-खाबड़ नैन-नक़्श ने पहली नज़र में ही बता दिया था कि ये शख़्स हो न हो उत्तराखंड के गढ़वाल से ताल्लुक़ रखता है। और फिर उस शख़्स के लहज़े ने इस बात की पुष्टि भी कर दी।

"तू कहाँ है फिर? आजा-आजा बी-5 में आजा।"

"ये बी-5 नहीं बी 3 है।"

कोच की दूसरी उपस्थिति ने तीसरी उपस्थिति को कोच का सही पता बताया।

"अरे आजा बी-3 में आ जा तू, कहाँ है तू? अरे आवाज़ नी आरी तेरी। आजा-आजा।"

फ़ोन रखते ही शख़्स ने साइड लोअर सीट पर बैठे आदिम मुस्कुराहट वाले शख़्स से कहा—

"भाईसाब अकेले हो आप? हमारी एक सीट बी-8 में है। बाक़ी यहाँ है। आप चले जाओगे वहाँ?"

"हाँ-हाँ। पहले टीटी को आ जाने देते हैं। फिर एक्सचेंज कर लेंगे।"

बात पूरी ही हुई थी कि फिर घंटी बजी। गढ़वाल वाले शख़्स ने फ़ोन उठाया।

"हाँ जल्दी आ यार। एक तो तेरी आवाज़ नी आरी। बी-5 में आना है तेरे को।"

इस बार हम सब की सामूहिक हँसी छूट पड़ी। मेरी सामने वाली सीट पर बैठी महिला अपनी हँसी किसी तरह दबाकर बैठी थी लेकिन मुझे हँसता देखकर वो हँसी भी दबी नहीं रह सकी। साइड लोअर में बैठे शख़्स अब भी पूरी सौम्यता से मुस्कुरा रहे थे। मेरी हँसी रुकी तो मैंने उस शख़्स से कहा—

"भाई साहब फ़ोन रखिए। आराम से बैठिए पहले और ख़ुद को ये समझा लीजिए कि ये बी-5 नहीं बी-3 है।"

गढ़वाल से ताल्लुक़ रखने वाला ये शख़्स इस बार थोड़ा शर्मिंदा हुआ और सीट पर बैठ गया। और कुछ हो या ना हो इस हँसी से कोच में बैठे हम लोगों

के बीच अब एक स्वाभाविक बातचीत का सिलसिला शुरू हो गया। ट्रेन के सफ़र में अजनबीयत की ये दीवार जितनी जल्दी टूट जाए सफ़र उतना आसान लगने लगता है। वरना 28 घंटे का ये सफ़र अकेले काट लेना बहुत बोरियत भरा काम बन सकता था।

थोड़ी देर में कम्पार्टमेंट की सारी सीटें भर गईं। जब तक हर सीट पर शख़्स आ न जाए तब तक एक अनिश्चितता बनी रहती है। वो शख़्स कौन होगा, कैसा होगा? लड़ाकू, बेशऊर या ज़रूरत से ज़्यादा बातूनी लोगों के साथ भी कई बार सफ़र मुश्किल हो जाता है।

सीट एक्सचेंज करने की फ़िराक में बैठा गढ़वाली सौरभ सजवान ट्रेन के अन्तिम पड़ाव डिब्रूगढ़ के क़रीब तिनसुकिया में तैनात बीएसएफ का एक जवान था। जिसकी सीट के भरोसे वो बैठा था वो शख़्स था प्रकाश। गुजरात का मूल निवासी प्रकाश तिनसुकिया के पास ही की टुकड़ी में तैनात एयर फ़ोर्स का जवान था। मेरे ठीक सामने बैठी महिला को लखनऊ जाना था। जालंधर के एक सरदार जी भी मेरे बग़ल में आकर बैठ गए। एक शख़्स और आया। ठेठ हरियाणवी में एकाध ज़रूरी लफ़्ज़ बोलकर वो चुपचाप अपर बर्थ पर चला गया।

इन अलग-अलग चेहरों में देश के अलग-अलग भूगोलों की परछाइयाँ तैरती हुई दिखाई दे रही थीं। हर परछाईं एक-दूसरे से एकदम अलग। इन सारी एकदम अलग-अलग परछाइयों को मिलाकर एक शक्ल बनती है। यही बेहद जटिल चेहरे-मोहरे वाली, लेकिन बेहद सुन्दर शक्ल मेरे देश की शक्ल है। देश अगर एक शरीर है तो हम सब यात्री उसकी रक्त कणिकाएँ हैं। और हमारी निरन्तर यात्राओं से देश की करोड़ों करोड़ कोशिकाएँ जन्म लेती हैं और विकसित होती हैं।

बातों का सिलसिला शुरू हुआ तो न जाने कितनी किताबों के पन्ने खुल गए। भारतीय सेना के अलग-अलग हिस्सों से जुड़े इन जवानों में पूर्वोत्तर की अपनी पोस्टिंग को लेकर एक अजीब सा भय और दुराग्रह नज़र आ रहा था मुझे। सबकी कहानियाँ अलग-अलग थीं लेकिन इनके सिरे जुड़ रहे थे एक गहरे असन्तोष से। जाने क्यूँ इनमें से कोई भी ख़ुश नहीं था।

टीटी अभी नहीं आए थे। गढ़वाली सौरभ अब भी बेचैन थे। अपनी आरएसी सीट के बदले वो प्रकाश की आरएसी सीट लेना चाहते थे। लेकिन ये पता चलने पर कि एक तो सीट कन्फ़र्म नहीं है और दूसरा, सौरभ भाई इतने कनफ़्यूज़्ड हैं कि उनके कहे पर भरोसा करना मुश्किल हो रहा है। प्रकाश

ने अपनी सीट से न जाने का फ़ैसला कर लिया था। सौरभ टीटी के आने का इन्तज़ार कर रहे थे और उसे कुछ ले-देकर सीट कन्फ़र्म करवाना चाहते थे। प्रकाश ने सौरभ भाई को प्यार से समझाया—

"आप इतनी जल्दबाज़ी में क्यूँ हो? आराम से बैठो। आरएसी तो है ही। सीट इस ट्रेन में मिल ही जाएगी। टीटी के पास जाओगे वो फ़ालतू के पैसे माँगेगा। जब बिना पैसे दिए काम हो सकता है तो पैसे क्यूँ ख़र्च करने? टीटी ऐसे ही लोगों को तो ढूँढ़ते हैं जो मजबूर लगें और वो उनकी मजबूरी का फ़ायदा उठाते हैं। आप जवान हो। ये भी नहीं है कि बच्चे साथ हों। कहीं न कहीं तो जुगाड़ हो ही जाएगा। बस थोड़ा इत्मीनान रखो।"

'इत्मीनान! दरअसल ज़िन्दगी की ज़्यादातर परेशानियाँ इसी एक लफ़्ज़ के बूते काफ़ी कम हो जाती हैं। जल्दबाज़ियाँ अक्सर हमें मुश्किलों में डालती हैं और इत्मीनान अक्सर मुश्किलों के बीच राहत के दरवाज़े तलाशने में मदद करता है।'

प्रकाश भाई की बातें बता रही थीं कि उन्हें ट्रेन में सफ़र करने का लम्बा अनुभव है और जीवन का भी। इस अनुभव ने उन्हें शान्त रहना सिखा दिया था। धैर्य वाक़ई में ऐसा गुण है जिसे सीखना इतना मुश्किल नहीं है पर वो आपके व्यवहार में इतनी आसानी से नहीं आ पाता।

रात गहराते-गहराते जब जुगाड़ हुआ, रम इन फ़ौजियों के हलक से नीचे उतरने लगी कहानियाँ और स्याह होने लगीं। एक प्रकाश भाई ही थे जो पीने का शौक़ नहीं रखते थे।

रात के आठ बज चुके थे। मैं अपर बर्थ पर जाकर लेट गया। मेरे बग़ल वाली बर्थ पर हरियाणा का वो आदमी अब भी चुपचाप लेटा था। हलकी नींद भी आने लगी थी। कुछ देर में आँख खुली तो देखा कम्पार्टमेंट की एकमात्र महिला सदस्य अपनी सीट पर नहीं थीं। मैंने टाइम देखा। पौने ग्यारह बज रहे थे। ट्रेन लखनऊ पार कर चुकी थी।

मेरे बग़ल में बैठा वो शख़्स अब भी नींद के लिए तरस रहा था। उसके चेहरे पर बेचैनी के साफ़ निशान थे। ये शख़्स आख़िर इतना परेशान क्यूँ है ये कहानी जान पाने की सम्भावना अगले दिन तक के लिए टल चुकी थी। उसकी बेचैनी की वजह जानने की एक ख़ामोश बेचैनी मेरे अन्दर भी समा चुकी थी।

2

सरदार और आलू हर जगह मिल जाते हैं

दूसरा दिन
दिल्ली-डिब्रूगढ़ राजधानी
10 फ़रवरी, 2018

अगली सुबह नींद अटेंडेंट की दस्तक से खुली। 'नाश्ता' कहकर उसने पैरों के पास एक थपकी दी। वो एक थपकी जिससे मेरी नींद खुली, मैं उसी को महसूस कर सकता था। उससे पहले भी शायद कई थपकियाँ दी गई हों, उन अनसुनी आहटों की तरह जो हमारी चेतना तक नहीं पहुँच पातीं।

पूर्वोत्तर भी मुझे उन अनसुनी आहटों की तरह ही लग रहा था। वो आहटें कैसी होंगी मुझे मालूम नहीं था। कई बार केवल चीख़ें ही हम तक पहुँच पाती हैं। आहटें सुनने के लिए हमें संवेदनाओं की ज़रूरत होती है। चीख़ों से आहटों की ओर ले जाती यात्राएँ बहुत ज़रूरी होती हैं वरना कई बार यूँ भी होता है कि चीख़ों के बीच ज़िन्दगी गुज़ारते-गुज़ारते हम अपने ही मन की आहटों को नहीं सुन पाते। मैंने भी शायद एक ऐसी ही आहट सुनी थी और इसीलिए मैं आहटों का पीछा करने निकल पड़ा था।

नाश्ता करके मेरी बर्थ की बग़ल में लेटा शख़्स भी अपनी सीट से नीचे उतरा। उसकी शक्ल में अब भी उदासियों की धूल चस्पाँ थी। मेरे बग़ल में बैठे फ़ौजी सरदार जी ने उस शक्ल का मुआयना किया और बोले, "इतना चुप-चुप क्यों रहता है बीरा। अरे उमर ही क्या है तेरी, मस्त रहा कर। ज़्यादा सोच्चा ना कर।"

ये कहकर सरदार जी ने उस शख़्स के पीठ पर एक थपकी दी।

"अरे ना ऐसा कुछ ना है। वो गैस सी रहती है थोड़ी। सर दर्द रहता है बहुत।"

ये कहकर वो अपने बैग की तरफ़ बढ़ा और उसने उससे दवा की पत्तियों की लड़ियाँ निकाल लीं। गैस की सैकड़ों गोलियाँ उसके हाथों में लहरा रही थीं।

"ये ल्याया हूँ इस बार। पता नहीं जी पानी सूट नहीं कर रहा या क्या हो रहा है, खाने का मन भी नहीं होता है। बड़ी ख़राब जगह है साली।"

"अरे तो पी लिया कर प्रा," सरदार जी ने माहौल कुछ हलका करना चाहा।

"दिक़्क़त तो साली वही है। बेहिसाब पीता था जी। सुबह-साम दारू-दारू। कुछ महीने पहले भयंकर गैस सी होनी सुरू हो गई। तब से डर गया। सीने में बड़ा तेज़ दर्द होने लगा। मुझे लगा कुछ बहुत गड़बड़ हो गया है। तब से 5-6 डॉक्टर को दिखा लिया। कोई बीमारी नहीं निकली। पर साली गैस नहीं जा रही। सराब छोड़ राखी है। पाँच-छै महीने हो गए। पहले-पहले तो हाथ-पाँव काँपने लगते थे। अब उतने नहीं काँपते।"

ये कहकर उसने अपना दायाँ बाजू आगे बढ़ा दिया। वो काँप नहीं रहा था पर कम्पन उस हरियाणे के लड़के की आवाज़ में था। उसके अन्दर अपनी सेहत को लेकर एक गहरा डर बस गया था शायद। ये डर सम्भावित मौत का डर था। उसे लग रहा था कि उसे पक्का कुछ हो जाएगा।

"अरे प्रा देख इतना डरा ना कर। और शराब जो मुँह को लग गई तो बुरा हाल कर देती है। हिसाब से पिया कर। ऐसे अचानक छोड़ देगा तो ज़्यादा दिक़्क़त होगी।"

सरदार जी की ये बात कुछ ख़ास जँची नहीं इस जवान लड़के को।

"ना-ना। तौबा कर ली अब तो। अब नी पीनी।"

हरियाणे के लड़के ने अपनी हथेलियों को अपने कानों पर लगाते हुए तौबा करने का इशारा भी किया। सरदार जी काफ़ी देर तक उस लड़के को चिन्ता ना करने की सलाह देते रहे। फिर बातों का सिरा सरककर कहीं और चला गया।

इस बीच सरकती हुई ट्रेन भी पटना, बरौनी, नौगूचिया, कटिहार से गुज़रती किसनगंज के आगे कहीं पहुँच चुकी थी। आगे चलकर ट्रेन कुछ देर के लिए यूँ ही बिना किसी स्टेशन के रुक गई। बग़ल से एक पैसेंजर (ट्रेन) गुज़र रही थी। जनरल डब्बे की खिड़की के सीख़चों से लगा एक छोटा बच्चा अपनी रहस्यमय आँखों से बाहर की दुनिया को बड़े रहस्यमय तरीक़े से देख रहा था। उसकी नाक बह रही थी। बच्चे के बग़ल में उसकी माँ थी, जो एक छोटी सी जगह पर सिमटी हुई थी। दूसरी ओर की सीट पर उसके पिता थे। उनकी गोद में एक और बच्चा था। उस छोटी सी सीट पर क़रीब छह-सात धूल खाए से चेहरे मुझे दिखाई दिए। मैंने अपनी समझ से उन लोगों को रिश्तों

के खाँचों में डाल दिया। सबके चेहरों पर एक गहरी उदासी थी। एक ही तरह का कोई भाव जो निश्चिन्तता का एकदम विलोम था। मैंने इस लम्हे को एक तसवीर में क़ैद कर लिया। बच्चा कैमरा देखकर मुस्कुराने लगा। ट्रेन गुज़र गई। कई-कई खिड़कियाँ, कई-कई चेहरे बीतते हुए वक़्त का एक धुँधला सा एहसास देकर तेज़ी से गुज़र गए हों जैसे। धूल खाए चेहरे, उलटियों की धार से नहाई ट्रेन की खिड़कियाँ, फटे कपड़े पहने बच्चों की चमकती आँखें, अपनी-अपनी साड़ियों में सिमटी हुई बूढ़ी और जवान भावहीन औरतें और खिचड़ी दाढ़ी वाले मर्दों के चेहरों पर खुरदरी सी नाउम्मीदी, सब कुछ-कुछ सेकंडों में गुज़र गया। हाशिए पर उघड़े हुए ग़रीब-मेहनतकश भारत की एक झाँकी सी देती पैसेंजर ट्रेन पल भर में ग़ायब हो गई। जनरल डब्बे की खिड़की से इस पार एसी डब्बे की काली खिड़कियों को देखते हुए भारत का वो हिस्सा एसी डब्बे में बैठी जनता के बारे में क्या अनुमान लगाता होगा? पटरी भर की दूरी पर भारत दो भागों में सरक रहा था। एक-दूसरे के बारे में तमाम पूर्वग्रहों से भरे दोनों भारत दरअसल एक-दूसरे के बारे में कितना कम जानते हैं। खिड़की के सीख़चों के उस पार की वो उदासी भी साथ ही गुज़र गई। बाहर दूर-दूर तक सपाट हरे मैदान नज़र आने लगे। जैसे जो अभी गुज़रा था वो कभी था ही नहीं।

किसी बियाबान में ट्रेन का रुक जाना बुरे वक़्त की तरह होता है। ट्रेन कभी भी चल सकती है, वक़्त कभी भी बदल सकता है। दूर ले जाती पटरियाँ तो अपनी जगह रुकी रहती हैं पर न जाने कितनी उम्मीदें उन पर सरपट दौड़ती रहती हैं।

जालंधर वाले सरदार जी अपनी सीट पर चले गए। वो कुछ देर फ़ोन पर कोई नम्बर डायल करते रहे। लेकिन शायद दूसरी तरफ़ से किसी ने फ़ोन नहीं उठाया।

"साला कोई ज़िन्दगी है। दो-दो लोगों की चिता को आग देके आ रहा हूँ।"

सरदार जी की कोई अधूरी कहानी आगे बढ़ रही थी। ये कहानी उनके दिमाग़ में न जाने कब से चल रही थी शायद।

"भाईसाहब बस दो साल काटने हैं अब। कट जाएँ बस किसी तरह। साला अपने बाप को आख़िरी बार नहीं देख पाया मैं। अब तो फ़ोन-वोन आ गए। तब टेलीग्राम चलता था। जब तक घर पहुँचा बाप को मरे पाँच दिन हो गए थे। ज़िन्दगी है साला ये कोई। अभी एक रिश्तेदार को हॉस्पिटल से लेके आया इस बार। दस दिन की छुट्टी इसी में कट गई। डॉक्टर ने अब बोल दिया कि घर

ले जाओ इसे। अब बच नहीं सकता। मौत का इन्तज़ार करने का टाइम नहीं है। पाँच दिन की छुट्टी पहले ही बढ़ा ली। इतनी छुट्टी कहाँ मिलती है? जिसे मरना है मर जाए साला।"

अब तक मुस्कुराते, दूसरों को समझाते सरदार जी ख़ुद रुआँसे हो गए थे। तभी उनके फ़ोन की घंटी बजी और वो ज़ोर से चीख़े—

"भैंचोद्दो फ़ोन नहीं उठा सकते टाइम पे मादरचोद।"

एक मृदभाषी, मुस्कुराता हुआ शख़्स अचानक एक फ़ोन आते ही किस तरह से बदल गया। ये सोचकर हैरानी हो रही थी।

"चुप भैंचोद्दा अपने बाप के लिए टैम नहीं है मादरचोदों के पास।"

सरदार जी की आवाज़ अब और तेज़ हो गई थी लेकिन उसमें जाने क्यूँ अब एक नमी का एहसास तारी हो गया था। जैसे किसी गरम लोहे पर पानी की बूँद लगातार टपक रही हो और सब कुछ भाप हुआ जा रहा हो। जो सघनता के किसी भी क्षण आँखों से बरस सकता हो।

"सालो चला जाऊँगा एक दिन बिना बताए सबको। ऐसी जगह जाऊँगा कि ढूँढ़ नहीं पाओगे मादरचोदो। बाप के लिए टैम नहीं है सालों के पास।"

सरदार जी लेटे हुए थे और उनका शरीर काँप रहा था।

"चुपचाप सुन। जब फ़ोन करूँ तो फ़ोन उठा लिया कर। अब रख फ़ोन।"

ये कहकर उन्होंने झटके से फ़ोन कानों से हटाया और उसे डिसकनेक्ट करके सीट के किनारे लगभग पटक दिया। फिर कुछ देर आँख बन्द कर लेटे रहे। ये केवल शराब का असर तो नहीं हो सकता था। ग़ुस्सा दरअसल बहुत सारी घटनाओं पर हमारी अनकही रह गई प्रतिक्रियाओं का अनुवाद होता है। इसीलिए कई बार समय अपनी बात पर कह देना बहुत ज़रूरी होता है।

कुछ देर बाद ही सरदार जी गुजराती प्रकाश भाई के बग़ल में आकर बैठ गए।

"अरे बच्चे हैं। फ़ोन नहीं उठाते। एक लड़का है। खेतों में जाने के लिए बुलेट माँग रहा है। खेत में काम तो करेंगे नहीं बुलेट चाहिए।"

सरदार जी ने अपने ग़ुस्से को शान्त किया। कुछ देर बातों का सिलसिला चलता रहा। एक फ़ौजी अपने स्पोर्ट्स से जुड़े क़िस्से बताने लगे कि कैसे क्रिकेट अच्छा खेलने के बावजूद भी उन्हें सेना के लिए नेशनल खेलने का मौक़ा नहीं मिला। दूसरे ने बताया कि कैसे उनके ऑफ़िसर ने उन्हें क्रिकेट किट लेने के लिए भेजा और उन्होंने अपनी चतुराई से अपने लिए कुछ पैसे भी बचा लिए। फिर सेना में होने वाले भ्रष्टाचार की बातें भी ख़ुद सैनिकों की इस टोली ने कह दी।

अपने घर-परिवार से इतनी दूर ये सैनिक देशभक्ति की वजह से सेना की नौकरी में हैं ये कहना उनके काम को आसान बना देना होगा, उनकी परेशानियों के प्रति आँखें मूँद लेना होगा। इन सैनिकों से बात करके तो यही लग रहा था। ख़ासकर पूर्वोत्तर जैसी जगहों पर जहाँ सेना के प्रति स्थानीय लोगों में दुर्भावनाएँ हैं वहाँ तो काम करना और भी मुश्किल होता होगा। दुर्गम इलाक़ों में सालों एक ऐसे माहौल में बिताना वाक़ई बहुत मुश्किल होता होगा जहाँ आप सिस्टम की आख़िरी कड़ी पर हों और जिस भूगोल में आप रहते हैं वहाँ के लोग भी आपके पक्ष में न हों।

"अरे यहाँ आना जमराज के यहाँ आना है, जितनी जल्दी निकल जाओ उतना अच्छा।"

सरदार जी की इस बात ने पूर्वोत्तर को लेकर मेरी रूमानियत में भले ही कोई ख़ास कमी न की हो लेकिन एक चेहरा ये भी था जो केवल पर्यटकों वाली नज़र से देखने पर आपको नज़र नहीं आ सकता।

"जेएनके फिर भी ठीक है, नॉर्थ ईस्ट तो बेकार है एकदम।"

उत्तराखंड वाले सजवान जी ने अपना जजमेंट दिया। अपनी सीट पर सोए एक अंकल अब जाग चुके थे। लखनऊ में जो महिला उतरी थीं उनकी जगह ये अंकल अब ट्रेन में थे। उत्तर-प्रदेश के मूल निवासी, मुम्बई में रहने वाले और देशभर में व्यापार के सिलसिले में यात्राएँ करने वाले ये अंकल भी अभी गुवाहाटी जा रहे थे। उसके बाद इन्हें भूटान जाना था। व्यापार के सिलसिले में ये कालापानी (कारनीकोबार) भी जा चुके थे।

"चार दिन पूरा समन्दर में बिताओ। मुश्किल हो जाता है। ऊपर से मछलियों की जो बदबू आती है। बाप रे! मजबूरी में जाना पड़े तभी जा सकता है कोई।"

अंकल ने नाक सिकोड़ते हुए बताया। कालापानी नाम सुनकर सरदारजी को हँसी आ रही थी। उन्हें एक क़िस्सा याद आ गया था।

"अरे हम जा रहे थे कालापानी तो हमारे (सेना के) ही एक लड़के ने एक लड़की को देख लिया। पता नहीं क्या हुआ उसे कि उसने उस लड़की को बाथरूम जाते हुए देखा तो उसे वहाँ दबोच लिया। लड़की चीख़ी तो सारे आ गए। उसके बाद जो धुनाई हुई है उसकी तो साले को आज भी उस चोट को याद करके दर्द होता है। शराब पीके लोग काबू में नहीं रहते यही दिक़्क़त है। अब पीते तो हम भी हैं पर ऐसे ई थोड़ी साला।"

कालापानी से फिर कहानी श्रीलंका पहुँच गई।

"एक लड़का साथ गया था अपने। वह बहुत देर से बोल रहा था कुछ

दिला दो, कुछ दिला दो। साफ़ कुछ बोल नहीं रहा था। मैं समझ गया इसे लड़की चाहिए। पर उसके पास इतनी हिम्मत तो थी नहीं कि ख़ुद जाता। तो मैं ले गया उसे दल्ले के पास। दल्ला उसे लेके चला गया। थोड़ी देर में ही लड़का वापस आ गया। उसके पीछे-पीछे लड़कियाँ भी दरवाज़े से बाहर आईं। वे उसे देखकर ज़ोर-ज़ोर से हँस रही थीं। मुझे समझ नहीं आया कि रंडियाँ उसे देखकर हँस क्यूँ रही हैं। हुआ क्या? और ये साला आ भी तुरन्त गया। इतने टाइम में क्या होता है। थोड़ी देर में दल्ला भी पीछे-पीछे आ गया। बोला—साब ये तो लड़की देखते ही झड़ गए।"

सरदार जी ये कहने के बाद देर तक हँसते रहे। फिर बोले—

"अब वो दल्ला मेरे पीछे पड़ गया। अब आप ही कुछ कर लो। मैं साले को ज़ोर से डाँटके बोला—एक मारूँगा भैंचोद। बाल-बच्चे वाला आदमी हूँ। इस उम्र में ये सब थोड़ी करूँगा अब। साला दल्ला भी सरदार था।"

सरदार जी की इस बात पर प्रकाश भाई ने चुटकी ली—

"सरदार और आलू वैसे भी हर जगह मिल जाते हैं।"

इस बात पर एक खिलखिलाहट पूरे कम्पार्टमेंट में गूँज गई।

ट्रेन अब पूर्वोत्तर इलाक़े में पहुँच चुकी थी। बाहर हरियाली की अलग ही छटा देखने को मिल रही थी। और यहाँ सरदार जी के मन का मौसम भी अब कुछ बदल गया था। खाना खाने के बाद वो अपनी सीट पर जाकर लेटे। उन्होंने फ़ोन मिलाया और कुछ देर में बड़े प्यार से बोले—

"किद्दा मेरा बेटा। बाप दी गल दा बुरा नई मनदे। ऐसे ग़ुस्सा ना दिलाया कर मेरा बच्चा।"

इस छोटे से लफ़्ज़ 'किद्दा' में सारा प्यार उड़ेल दिया था सरदार जी ने। शराब का नशा शायद कुछ कम हो गया था। हम लोगों से बात करके मन भी शायद कुछ हल्का हो गया था उनका।

इस बीच उत्तराखंड के सजवान जी मेरा नम्बर ले चुके थे। वे चाहते थे कि मैं दिल्ली में उनके किसी दूर के रिश्तेदार की नौकरी लगवाने में मदद कर दूँ।

लोगों के पास बताने को कितनी सारी कहानियाँ थीं। ये दूसरा दिन भी अब बीतने को था। शाम के साढ़े आठ-नौ बजे तक मुझे गुवाहाटी पहुँचना था।

"अकेले आ गए। बच्चों को भी ले आते साथ। घूमने के लिए तो बढ़िया है यहाँ।"

सजवान जी मेरा मैरिटल स्टेटस पहले ही पूछ चुके थे। पहाड़ी जब 'बच्चों' कहते हैं तो उसका मतलब अक्सर पत्नी से होता है। अगर बच्चे भी हों तो वे

उसमें शामिल रहते हैं। फिर उन्होंने मेरे लिए पूरी योजना बना दी।

"ऐसा करो जब जाओ तो आख़िरी हफ़्ते में बुला लो भाभी जी को। वरना सिक्किम ही घुमा दो। जाते हुए रास्ते में पड़ेगा। एक हफ़्ता घूमना फिर लौट जाना वापस।"

ये सबके लिए थोड़ा हैरानी की बात थी कि मैं इतने दिनों के लिए (कितने दिन ये ख़ुद मुझे भी पता नहीं था) केवल घूमने चले आया हूँ। वो भी अकेले।

"ट्रेन देर से पहुँचेगी। महालक्ष्मी तो बिलकुल मत उतरना। गुवाहाटी स्टेशन फिर भी सेफ़ होगा। मणिपुर और नागालैंड बिलकुल मत जाना। अरुणाचल, मेघालय और असम सेफ़ हैं। त्रिपुरा में भी कोई दिक़्क़त नहीं है।"

एक सेफ़्टी गाइडलाइन भी फ़ौजी साथियों ने मेरे लिए तय कर दी थी। ये भी तय हुआ कि गुवाहाटी में कारोबारी अंकल और मैं साथ ही कमरा ढूँढ़ लेंगे। उनके पास कुछ लोगों के नम्बर थे जो उन्हें ठीक-ठाक होटल के बारे में बताने वाले थे।

इस बीच पूर्वोत्तर का एक लड़का सीट के एक कोने पर खिड़की के पास बैठा मुस्कुराते हुए किसी लड़की से लगातार वॉइस चैटिंग कर रहा था। बीच में मेरे पूछने पर उसने मुझे बताया था कि वो तिनसुकिया उतरेगा। वहीं कहीं उसका गाँव है। वो पूरी यात्रा में अपने में ही गुम रहा। जबकि शेष भारत के अलग-अलग हिस्सों के हम लोग आपस में इतना घुल-मिल गए थे कि एक परिवार की तरह महसूस कर रहे थे, लेकिन पूर्वोत्तर का वो लड़का जो अच्छी-ख़ासी हिन्दी भी बोल ले रहा था उसने बातचीत में शामिल होने की कोई पहल नहीं की, ना ही हम लोगों को इस पहल का अभाव खला। वो उस कोच में ऐसे उपस्थित रहा जैसे अनुपस्थित हो। शायद यही एक अनकही सी अनुपस्थिति है, जो पूर्वोत्तर के अलगाव का कारण रही हो। अलग होने के इसी भाव ने पूर्वोत्तर के पहाड़ों को इन्सर्जेंसी, मिलिटेंसी के रूप में परिभाषित कर दिया। ये परिभाषा इन फ़ौजी भाइयों के सन्देह में भी साफ़ झलक रही थी और पूर्वोत्तर के इस लड़के के इस मौन अलगाव में भी।

ट्रेन गुवाहाटी स्टेशन पर पहुँच चुकी थी। ध्यान से रहना, दिक़्क़त हो तो फ़ोन करना, अच्छा लगा मिलकर जैसी बातों में भरे प्यार को अपने सामान के साथ समेटकर मैं कारोबारी अंकल के साथ ट्रेन से उतर गया। स्टेशन के पीछे वाले रास्ते ने हमें पलटन बाज़ार में उतारा। रात के दस बज रहे थे। यहाँ अब भी अच्छी-ख़ासी चहल-पहल थी। रिक्शे वाले सवारियों का इन्तज़ार कर रहे थे। बाज़ार बन्द होने लगा था। सड़क पर गाड़ियाँ लगातार आ-जा रही थीं।

दो-तीन होटलों में बारगेनिंग करने के बाद हमें अपने बजट में कमरा मिल गया। अंकल अपने कमरे में चले गए और मैं अपने कमरे में।

पाँच सौ रुपए में एक ठीक-ठाक सा कमरा स्टेशन के एकदम बग़ल में मिल गया था। गुवाहाटी में कहीं भी जाने के लिए ये जगह भी केन्द्र में थी। होटल में बस यही सिंगल कमरा ख़ाली था जो मैंने ले लिया था। ज़रूरत की मूलभूत चीज़ें यहाँ थीं। रात गुज़ारने का इन्तज़ाम हो गया था अब इन्तज़ार था अगली सुबह का।

3

हाँ आवारा हूँ

तीसरा दिन
गुवाहाटी
11 फ़रवरी, 2018

सुबह जब नींद खुली तो मैं एक अजाने से शहर में अकेला था। ऐसा शहर जहाँ कोई ऐसा शख़्स नहीं रहता जिसे मैं व्यक्तिगत रूप से जानता हूँ। कम से कम अब तक ऐसा कोई जानकार यहाँ हो ये मुझे याद तो नहीं ही आ रहा था। एक ऐसा शहर जिसके बारे में मेरी जानकारी शून्य थी। बचपन का शिशु मन्दिर की प्रभात फेरियों का एक नारा मेरे ज़ेहन में गूँजता रहा—'कश्मीर हो या गुवाहाटी, अपना देश अपनी माटी।' ये नारा हम हर पन्द्रह अगस्त या छब्बीस जनवरी को सुबह पाँच बजे होने वाली प्रभात फ़ेरी में लगाया करते थे। ये पथसंचालन आमतौर पर आरएसएस के गणवेश में होता था। गाजे-बाजे के साथ। उत्तर भारत के एकदम सीमावर्ती इलाक़े में रहते हुए गुवाहाटी नाम से यही शुरुआती पहचान थी। इस राष्ट्रवादी नारे में इस जगह का भूगोल कहीं शामिल नहीं था। उसके लोग कहीं शामिल नहीं थे। बस दो नाम थे जिन्हें 'अपना' बताया गया था। सिर्फ़ नाम। इसके अलावा पूर्वोत्तर के बारे में हमें कभी कोई जानकारी नहीं दी गई। हालाँकि पूर्वोत्तर से मेरी ये पहली मुलाक़ात नहीं थी। इससे पहले ग्रेजुएशन के दौरान मैं एक बार सिक्किम आ चुका था। उत्तराखंड से नया-नया दिल्ली आया था। दिल्ली के एक एनजीओ नेशनल फ़ाउंडेशन फ़ॉर इंडिया की समर इंटर्नशिप के लिए सिक्किम की राजधानी गंगटोक के पास एक गाँव पास्टेंगा में क़रीब बीस दिन रुका था। तब वहाँ के लोगों से जो प्यार मिला था, उसने पूर्वोत्तर के लोगों की सरलता की झलक दे दी थी। न्यू जलपाइगुड़ी से

गंगटोक की तरफ़ जाता वो रास्ता मुझे एकदम पिथौरागढ़ से अपने गृहनगर गंगोलीहाट जाते रास्ते की तरह लगा था।

गंगटोक से क़रीब घंटे भर की दूरी पर बसे गाँव पास्टेंगा के लोगों की संस्कृति और उनके पुराने समय से चले आ रहे रीति-रिवाजों पर शोध किया था मैंने। उनका कहना था कि इस तरह का ये कोई पहला लिखित दस्तावेज़ होगा, जिसमें उनकी पुरानी परम्पराएँ दर्ज हुई हैं। उन दिनों कम्प्यूटर चलाना नहीं आता था। तो वो दस्तावेज़ हाथ से ही लिखा था। क़रीब सत्तर-अस्सी पन्नों की फ़ाइल रही होगी वो, जो अब मेरे पास नहीं है। मेरे लिए एक जादुई सी दुनिया थी वो। जहाँ सौ साल से भी पुराने घर थे, जिन्हें खिरिम कहा जाता था। घरों की रसोइयों में जलने वाले चूल्हे के पत्थरों तक के नाम थे। पाखलुम वो पत्थर था जिसके सामने घर का सबसे बड़ा पुरुष सदस्य बैठता था। माखलुम के सामने घर की महिला सदस्य बैठती थी। मेहमान जिसके सामने बैठते थे उसका नाम साम्बेलुम था।

सिक्किम के उस गाँव में क़रीब महीने भर रुका मैं। उस महीने भर में कमाई आत्मीयता अब तक यादों में शुमार है। रात को किसी बुज़ुर्ग के पास उनकी परम्पराओं को सुनना। रिकॉर्डर पर उसे रिकॉर्ड करना और दिन में किसी शान्त से कमरे में उजली धूप सेंकते हुए उन बातों को पन्नों पर दर्ज करना। समय मिलने पर गाँव के घने जंगलों के बीच पगडंडियों से गुज़रना, बाँस के पुलों को पार करना, झरनों के पानी में खेलना। बाँस के कच्चे तनों (बैम्बू शूट्स) की सब्ज़ी और भूत झोलकिया का वो पहला झटका।

लौटने से पहले गाँव वालों ने अपनी पारम्परिक वेशभूषा और वाद्ययंत्रों के साथ गा-बजाकर मुझे विदा किया था। मादल, मचुंगा, बिनायो ये कुछ वाद्य-यंत्र हैं जिनके नाम मुझे अब भी याद थे। मुझे एक बैग बस इसलिए ख़रीदना पड़ा क्योंकि उनके दिए तोहफ़ों के लिए मेरे बैग में जगह नहीं बची थी। उस सुबह जब मैं लौट रहा था तो बारिश हो रही थी। छाता लगाए गाँव के लोग गाड़ी तक छोड़ने आए थे। दूर जाती हुई उस गाड़ी से लौटते हुए, मौसम के साथ आँखें भी नम हुई थीं मेरी। उस रात न्यू जलपाइगुड़ी स्टेशन में होटल के कमरे में मैं गाँव के लोगों की दी हुई चिट्ठियाँ पढ़ता रहा। टूटी-फूटी हिन्दी में नेपाली के तमाम शब्दों के घालमेल के साथ लिखी हुई वो चिट्ठियाँ कभी भुलाए नहीं भूलतीं। देमदे, नाना, बो जैसे कई रिश्ते बनाए थे मैंने इन बीस दिनों में।

किसी दिन एक लड़की को मैंने 'नाना' कहा तो उसने कहा था—

"नाना मत कहा करो मुझे।"

मैंने पूछा था—

"नाना मतलब?"

वो बोली—

"नाना मतलब सिस्टर होता है। हम तो दोस्त हैं ना?"

ये वो दौर था जब दुनिया के बहुत ज़्यादा अनुभव नहीं थे मुझे। यात्राओं के अनुभव भी सीमित थे। बाद में सोचा तो लगा कि जिस समाज के एक छोटे से गाँव की लड़की किसी अजनबी से इतनी आसानी से इस तरह के आग्रह कर सकती है, वो समाज कितना प्रगतिशील होगा।

पुरानी यादों ने पूर्वोत्तर के समाज को और नज़दीक से देखने की ललक को और बढ़ा दिया था। अच्छे से याद है कि ट्रेन जब न्यू जलपाइगुड़ी से छूटी थी तो क़रीब दो घंटे बाद एक ख़बर आई थी। न्यू जलपाइगुड़ी से पहले किसी स्टेशन पर कहीं एक बम धमाका हुआ था। हिंसा की इस अकेली ख़बर ने हिलाया ज़रूर था। कहीं ये हादसा इसी ट्रेन में हुआ होता तो? दिल्ली लौटने के बाद इस हादसे की ख़बर जल्द ही मैं भूल गया लेकिन उस अजनबी गाँव के लोग कई दिनों तक मेरी स्मृति में बने रहे।

उसके बाद फिर कभी पूर्वोत्तर आना नहीं हुआ। शायद उन स्मृतियों के पीछे-पीछे ही क़रीब बारह सालों बाद आज फिर यहाँ चला आया था मैं। इस यात्रा से पहले मैंने अनिल कुमार यादव की पूर्वोत्तर पर लिखी किताब 'वह भी कोई देस है महाराज' पढ़ ली थी। अज्ञेय के कुछ वृत्तान्त भी पढ़े थे। साथ ही एक किताब और मेरी नज़र में आई थी—रविशंकर रवि की 'लाल नदी-नीले पहाड़'। फ़ेसबुक पर तलाशा तो पता चला रविशंकर रवि गुवाहाटी में ही रहते हैं। मैसेज पर उनसे सम्पर्क किया। यात्रा के बारे में बताया। उन्होंने अपना नम्बर दे दिया। दिल्ली से ही उनसे फ़ोन पर एक बार बात भी हो चुकी थी। सुबह सबसे पहले उन्हीं को फ़ोन किया। उन्होंने बताया कि कॉलेज में जर्नलिज़्म की एक क्लास लेने गए हैं। क़रीब एक बजे तक लौट आएँगे। मुलाक़ात पूर्वोदय टाइम्स अख़बार के उनके दफ़्तर में होनी तय हुई जो कि क्रिश्चियन कॉलोनी में था। रविशंकर जी की किताब ने पूर्वोत्तर का एक मोटा-मोटा आइडिया दे दिया था। मैं यह यात्रा शुरू करने से पहले उनसे इसलिए भी मिलना चाहता था ताकि यात्रा से पहले यहाँ के भूगोल की बेहतर जानकारी हो सके और यहाँ के समाज के बारे में भी थोड़ी जानकारी हासिल की जा सके।

अभी वक़्त था मेरे पास। एक नुक्कड़ पर चाय पीते हुए पता किया कि

ऐसी कौन सी जगह हो सकती है जहाँ जाकर ढाई-तीन घंटे में लौटा जा सके।

"उमानन्द आइलैंड चले जाओ दादा, पलटन बाज़ार से ही सिटी बस मिल जाएगा। आगे जाके राइट लो, फिर लेफ़्ट। वहाँ से मिलेगी बस।"

चाय वाले की इस राय पर मैंने बिना समय गँवाए अमल किया। रास्ता पूछते-पूछते उस जगह पहुँचा जहाँ बस मिलनी थी। सिटी बस स्टॉप पे रुकी और मैं एक ख़ाली सीट पाकर बैठ गया। ठीक-ठाक गर्मी थी इस वक़्त गुवाहाटी में। बस कुछ आगे ही बढ़ी थी कि उसे ट्रैफ़िक पुलिस ने रोक लिया। हलका सा जाम लगा था। और भी गाड़ियाँ रोक दी गई थीं। खिड़की के बाहर देखा तो एक लम्बा जुलूस निकल रहा था। लाल पल्ले वाली सफ़ेद साड़ियाँ पहने तमाम महिलाएँ लाइनवार चल रही थीं। सैकड़ों महिलाएँ थीं ये और बीच-बीच में कुछ पुरुष भी थे, पर उनकी संख्या बहुत कम थी। पूर्वोत्तर के बिगड़े हालात और हिंसा की तसवीरें पहले ही किताबों के रास्ते ज़ेहन में आ गईं और खटका सा हुआ। 'कहीं हालात फिर से ख़राब तो नहीं हो रहे?' हालाँकि कल गुवाहाटी से जो पहली मुलाक़ात हुई थी उसने मेरी शंकाओं को कुछ कम ज़रूर किया था। एक सामान्य सा, सहज सा शहर लगा था ये पहली मुलाक़ात में। लेकिन आज इस जुलूस ने एक शक तो पैदा कर ही दिया था। गाड़ी और हाथों में लगे बैनरों पर असमिया में जो लिखा हुआ था वो समझ नहीं आ रहा था। लेकिन फिर पीछे एक छोटी लॉरी पर लगे बैनर में हिन्दी में लिखा हुआ दिखाई दिया—'शान्ति सद्भावना शोभा यात्रा'। यह यात्रा ब्रह्मकुमारी संस्था के ज़रिए शिवरात्रि के मौक़े पर निकाली जा रही थी। पूर्वोत्तर में शान्ति और सद्भावना का ये पैग़ाम मुझे पहले ही दिन मिल गया था। माने संकेत अच्छे थे। मेरे बग़ल में बैठी एक बूढ़ी महिला जो मुझे फ़ोटो खींचते और वीडियो बनाते देख रही थी वो बांग्ला में कुछ बोली।

"आमी बांग्ला जानी ना। हिन्दी..."

मैंने टूटी-फूटी बांग्ला में कहा।

"प्रोसेशन जा रहा है।"

'प्रोसेशन' अंग्रेज़ी का ये शब्द उस भद्र बूढ़ी बंगाली महिला के मुँह से सुनना जाने क्यों मुझे काफ़ी अच्छा लगा था। कई बार अच्छा लगने की कोई ख़ास वजह नहीं होती। यूँ ही कुछ अच्छा लगना यूँ भी बुरा नहीं होता।

इस जुलूस की तसवीर इंस्टाग्राम पे लगाते हुए गुवाहाटी के बारे में मेरे ख़याल कुछ ऐसे थे—

"गुवाहाटी पहुँचकर पता लगा कि ये शहर कई मायनों में हमारी मेट्रो सिटी से काफ़ी आगे है। ख़ासकर महिलाओं की स्वायत्तता के मामले में। सड़कों पर

शान्ति मार्च करते हुए भी उनके चेहरे पर वही आत्मविश्वास दिखता है जो रात के 8 बजे सिटी बस में बेख़ौफ़ चढ़ते-उतरते हुए। यहाँ सड़कें महिलाओं को एक अदृश्य डर का आवरण अपने चेहरे पर ओढ़ने को मजबूर नहीं करतीं। उनके होंठों पर कितनी गहरी लिपस्टिक है इससे सामने वाले की नज़रों पर कोई असर नहीं होता। शहर पर एक सरसरी निगाह तो कम से कम यही कहती है। इसका श्रेय गुवाहाटी के इस मिश्रित समाज को भी दिया जाना चाहिए। बांग्ला, असमी, हिन्दी जैसी ज़बानों का घोल और उनकी संस्कृति का सुन्दर मिश्रण है गुवाहाटी। शहर की सड़कें अस्त-व्यस्त हैं, भीड़ भी कम नहीं है पर वहाँ दिल्ली जैसी जल्दबाजी नहीं है। एक-दूसरे के बेहद क़रीब से गुज़रते हुए भी एक-दूसरे की ज़िन्दगी में दख़ल न देना, इस शहर की ये बात यहाँ आकर आपको सहज कर देती है। पूर्वोत्तर की ये पहली शक्ल उस शक्ल से अलग है जो हमें टीवी और अख़बारों में देखने को मिलती है। शहर अपने भूगोल से उतना ख़ूबसूरत न भी हो लेकिन यहाँ की ज़हानत में एक अन्दरूनी ख़ूबसूरती है। फ़िलहाल तो कहानी कुछ ऐसी ही शक्ल लेती दिख रही है, देखते हैं आगे की तसवीर क्या बनती है।"

क़रीब पैंतालीस मिनट में कंडक्टर ने बताया कि मुझे यही उतरना है और वहाँ से कुछ दूर चलकर घाट से फ़ेरी लेनी है। बस से उतरकर मैं घाट की ओर पैदल निकल पड़ा।

कछारी नाम के इस घाट पर पहुँचा तो देखा सामने ब्रह्मपुत्र नदी ऐसे लहरा रही थी जैसे समन्दर हो। इतनी विशाल नदी को इतनी शान्ति के साथ बहते हुए मैं पहली बार देख रहा था। 'नदी नहीं नद है ब्रह्मपुत्र', मैंने मन ही मन सोचा। ब्रह्मपुत्र से ये पहली मुलाक़ात थी इसलिए कुछ देर ठहरकर निहारते रहने की ग़रज़ से मैंने पास ही के ढाबे से चाय ली और ढाबे से लगे पैराफ़ीट पर बैठकर कुछ देर ब्रह्मपुत्र की विशालता को देखता रहा। एक सफ़ेद और नीले जहाज़ की परछाईं ब्रह्मपुत्र में डोल रही थी। इस नदी के बारे में पढ़ा था कि ये देश की अकेली 'मेल रिवर' है।

क़रीब 2900 किलोमीटर लम्बी यह नदी तीन देशों का सफ़र तय करती है। तिब्बत के दक्षिण में मानसरोवर के पास योंगजोंग नाम की झील से उपजती यह नदी तिब्बत में सांगपो नाम से जानी जाती है। तिब्बत से अरुणाचल में प्रवेश करने के बाद ये दिहंग हो जाती है फिर असम आती है तो लुइत या ब्रह्मपुत्र बन जाती है। लुइत या लोहित हो जाने के पीछे भी कई कहानियाँ हैं। इस नाम से भूपेन हज़ारिका एक बार फिर अपनी सुरमयी आवाज़ के साथ याद आने लगते

हैं। 'मैंने लोहित किनारे से मिसिसिपी होके वोलगा की राह चुनी...हाँ आवारा हूँ।' एक कलाकार के फ़लक में देशों की सीमाएँ गौण हो जाती हैं। ठीक वैसा ही तो है ब्रह्मपुत्र का फ़लक भी। असम से निकलकर बांग्लादेश में गुज़रते हुए ये नदी एक बार फिर देश ही नहीं नाम भी बदलती है और जमुना हो जाती है। ध्यान देने वाली बात है कि ये यमुना का अपभ्रंश जमुना नहीं है। एक लम्बा सफ़र तय करके आख़िरकार ये नदी बंगाल की खाड़ी में मिल जाती है। एक लम्बी यात्रा से थका यात्री जैसे अपनी मंज़िल पर पहुँचकर आराम करने लगा हो।

असम के इलाक़ों में ब्रह्मपुत्र का विस्तार कहीं-कहीं 10 किलोमीटर तक भी है। समझ आता है कि यूँ ही तो इसे 'मूविंग ओशन' नहीं कहा जाता। डिब्रूगढ़ के पास नदी दो शाखाओं में बँट जाती है। यही दो शाखाएँ असम में माजुली नाम का एक द्वीप बनाती हैं। किसी नदी पर बना दुनिया का सबसे बड़ा द्वीप है माजुली। बोडो जनजाति के लोग ब्रह्मपुत्र को भुल्लम-बथुर नाम से पुकारते हैं। भुल्लम-बथुर यानी कल-कल की आवाज़।

हालाँकि ब्रह्मपुत्र की इस लम्बी यात्रा से दुनिया हाल ही तक अनजान थी। इस यात्रा को पहचान दिलाने में उन 'स्पाई पंडितों' की अहम भूमिका रही जिन्हें ब्रिटिश राज ने प्रशिक्षित किया। जिन्होंने मेरी पिछली किताब 'इनर लाइन पास' पढ़ी है उनके ज़ेहन में एक नाम ताज़ा होगा—नैन सिंह रावत। ब्रह्मपुत्र के उद्गम और उसके यात्रा-पथ की जानकारी दुनिया को देने में भी इस शख़्स की अहम भूमिका थी। सर्वे ऑफ़ इंडिया ने सांगपो के रूट का पता लगाने के लिए नैन सिंह रावत को प्रशिक्षित किया। उन्होंने 1865 और 1873 में दो बड़ी यात्राएँ कीं। नैन सिंह ने तिब्बत के ल्हासा तक सांगपो के प्रवाह का पीछा किया। लेकिन चीन को उनकी इस यात्रा की जानकारी हुई तो उन्हें इस यात्रा को यहीं रोकना पड़ा और फिर अरुणाचल के तवांग से उन्होंने भारत की सीमा पार की।

1874 में लेफ़्टिनेंट हेनरी हरमन को असम सर्वे का ज़िम्मा सौंपा गया। 1878-79 में उन्होंने नेम सिंह नाम के एक स्पाई पंडित को दार्जिलिंग के एक दर्ज़ी किंटप के साथ एक और यात्रा पर भेजा। दोनों ने चीटांग से आगे क़रीब 450 किलोमीटर तक इस नदी के प्रवाह का पीछा किया। 1980 में एक बार फिर किंटप को भेजा गया। किंटप अनपढ़ थे इसलिए इस बार उनके साथ एक चाइनीज़ लामा को भेजा गया। कुछ किलोमीटर की यात्रा करने के बाद एक गाँव में चाइनीज़ लामा ने किंटप को एक बौद्ध मठ में एक दास के तौर पर बेच दिया और ख़ुद कहीं ग़ायब हो गया। दो साल तक किंटप बौद्ध मठ

में फँसा रहा लेकिन वहाँ से किसी तरह भागने में कामयाब हो गया। उसके बाद उसने अरुणाचल प्रदेश तक सांगपो के प्रवाह का पीछा किया। 1884 में वो दार्जिलिंग लौट आया। दो साल बाद उसने सर्वे ऑफ़ इंडिया को अपनी यात्रा का विवरण दिया कि सांगपो ही भारत में आकर ब्रह्मपुत्र हो जाती है। लेकिन उसकी बात को किसी ने सच नहीं माना। 1912 में बिली नाम के एक अधिकारी ने अपने सर्वे के बाद बताया कि किंटप की एक-एक बात सच थी।

सच तो ये भी है कि ये जो भौगोलिक सीमाएँ हैं, जगहों, नदियों, पर्वतों के नाम हैं। इनके बारे में पता लगाने में ऐसे न जाने कितने अनजान अन्वेषक यात्रियों की मेहनत रही होगी। इस मेहनत तक आमतौर पर हमारी सोच पहुँच ही नहीं पाती। ऐसे तमाम यात्रियों के अथक परिश्रम को सलाम कहने का मन होता है कई बार।

कछारी के तट से कुछ जहाज़ ब्रह्मपुत्र में आते-जाते दिखाई दे रहे थे। उस पार जहाँ सबसे छोटा रिवर आइलैंड कहा जाने वाला उमानन्द है, उसके मन्दिर को देखने देश-विदेश से लोग आते हैं।

कुछ देर में हम फ़ेरी से इस ऐतिहासिक नदी को पार कर रहे थे। हम उस नदी द्वीप की तरफ़ बढ़ रहे थे, जिसके बारे में बताया गया था कि वो किसी नदी पर बना दुनिया का सबसे छोटा द्वीप है। उस द्वीप पर उमानन्द का मन्दिर है। दूर से देखने पर यह द्वीप मोर की तरह नज़र आता है इसलिए इसे पिकॉक आइलैंड भी कहा जाता है। जिस पहाड़ी पर यह मन्दिर बना है उसे भस्मांचल कहा जाता है। माना जाता है कि शिवजी ने अपनी तपस्या भंग करने वाले कामदेव को यहीं पर भस्म किया था। 1694 में असम के राजा गदाधर सिंह ने इस मन्दिर का निर्माण किया और तभी से यह जगह पूर्वोत्तर के एक अहम तीर्थस्थान के तौर पर जानी जाने लगी।

अब हम भस्मांचल की चोटी पर बने उमानन्द मन्दिर में थे। यहाँ दर्शन करने वालों की लम्बी क़तार थी। इस क़तार में खड़े होने से बेहतर था कि आस-पास का एक चक्कर ही लगा लिया जाए। मेरे पास ज़्यादा वक़्त नहीं था। मुझे लौटना था और लौटकर रविशंकर जी से मिलना था। मन्दिर के चारों ओर सीमेंट की एक पगडंडी बनी थी जहाँ जगह-जगह पर प्रेमी जोड़ों ने अपने लिए छाँव तलाश ली थी। विशाल ब्रह्मपुत्र नदी झुरमुटों की ओट से लगातार इन जोड़ों को ताक ख़ुश होती पूरे उत्साह से लहरा रही थी।

पन्द्रह-बीस मिनट इस छोटे से आइलैंड पर टहलते हुए बिताने के बाद मैंने लौटने का फ़ैसला किया। फ़ेरी की तरफ़ बढ़ ही रहा था कि मेरी नज़र

एक दृश्य पर ठिठकी। क़रीब पचास साल की एक महिला रंग-बिरंगे कपड़ों से घिरी, एक कुर्सी पर बैठी थी। ये पूर्वोत्तर की पारम्परिक वेशभूषा थी। बग़ल में एक दफ़्ती पर चिपके सादे काग़ज़ पर लाल डॉट पेन से लिखा था—'कपड़े पहनकर फ़ोटो खिंचाएँ। क़ीमत पचास रुपए'। सामने मन्दिर की तरफ़ जाती एक पगडंडी पर एक लड़का और लड़की वहाँ मिल रही पारम्परिक पोशाक पहने फ़ोन से तसवीर खिंचवा रहे थे।

"कैन आई टेक योर पिक्चर?"

डीएसएलआर पकड़े मेरे अन्दर का फ़ोटोग्राफ़र अपने आपको ये कहने से रोक नहीं पाया।

"यस प्लीज़, बाई द वे आई एम नॉट हर वाइफ़।"

लड़की ने चहकते हुए कहा और लड़के को कुहनी से मारकर छेड़ने लगी। मैं तसवीर खींचने लगा और वो दोनों पोज़ देने लगे। पूर्वोत्तर की पारम्परिक वेशभूषा में मुस्कुराता हुआ एक युगल अब मेरे कैमरे के मेमोरीकार्ड में क़ैद हो चुका था। लेकिन एक मिनट। क्या ये वेशभूषा पूर्वोत्तर की थी? पर पूर्वोत्तर की विविधता भरी संस्कृति क्या इन चार कपड़ों में समा सकती है? इस सवाल ने मुझे उस महिला से बात करने का बहाना दे दिया जो फ़ोटो खिंचाने के लिए लोगों को ये कपड़े दे रही थी।

"लक्ष्मी नाम है मेरा।"

उन्होंने कहा और दिल्ली से आए इस लड़के को देखकर ख़ुश हो लीं। दिल्ली से उनका एक बहुत क़रीबी रिश्ता जो था।

"मेरी लड़की भी दिल्ली में ही है। एक लड़के से लव किया उसने। लड़के को पोलियो है। डेढ़ लाख रुपए महीना कमाता है। हमने शादी को मना नहीं किया। हम शेड्यूल्ड कास्ट हैं और वो पंडित है।"

लक्ष्मी ने बिना पूछे ही ये कहानी बता दी। इस उम्र में भी अपनी लड़की के 'लव करने' को लेकर कितनी सहजता है उनमें, ये देखकर अच्छा लगा था। अपनी आस-पास की संस्कृति से ही अपने लिए रोज़गार का ज़रिया तलाशती इस महिला के लिए एक ख़ास सम्मान उपजा था कहीं अन्दर से।

"आप कुर्सी पे बैठ जाओ।"

प्लास्टिक की ख़ाली पड़ी कुर्सी की ओर इशारा करके उन्होंने कहा। मैंने उस ड्रेस के बारे में विस्तार से बताने के लिए कहा तो उस महिला का एक और चेहरा नज़र आ गया।

"ये सारी असम की ड्रेस नहीं हैं। इनमें कुछ नागा का भी मिक्स है। मैं

ना आपको सब सही-सही नहीं बता पाऊँगी। मुझे उतना जानकारी नहीं है। मैंने कुछ ग़लत बता दिया और आपने वो छाप दिया तो ग़लत हो जाएगा। आपको गुवाहाटी में सही जानकारी मिल जाएगी।"

ये कहकर उस महिला ने गुवाहाटी की एक सरकारी संस्था का पता दिया। अपने पेशे और अपनी संस्कृति को लेकर ये ईमानदारी इन दिनों कितने लोगों में होती है भला? कैमरे पर कुछ भी बोल देने से अच्छा इस महिला ने कैमरे पर न आना समझा। मुझे उनकी इस इच्छा का सम्मान तो करना ही था। कुछ देर इधर-उधर की बातें चलीं और फिर मेरे निकलने का वक़्त आ गया। गुवाहाटी की तरफ़ लौटती अगली फ़ेरी बस निकलने ही वाली थी।

क़रीब दो घंटे बाद सिटी बस से मैं क्रिश्चियन कालोनी में पहुँच चुका था। पूर्वोदय टाइम्स का दफ़्तर एक शीशे की इमारत के पाँचवें फ़्लोर पर था। लिफ़्ट ख़राब थी। गुवाहाटी में इस वक़्त अच्छी-ख़ासी गर्मी हो रही थी। ऊपर पहुँचकर देखा तो वहाँ अख़बार से जुड़ी कोई गतिविधि नहीं थी। दो बाईस-तेईस साल की लड़कियाँ रिसेप्शन के पास बनी बेंच पर बैठी थीं, शायद किसी से मिलने के इन्तज़ार में। केबिन बने हुए थे लेकिन पूरा दफ़्तर ख़ाली था। मैंने रविशंकर जी को फ़ोन किया तो उन्होंने बताया कि वो पाँच-दस मिनट में आ रहे हैं। मैं एक बेंच पर बैठा इन्तज़ार कर रहा था। छत के ऊपर से कहीं ठोंक-पीट की आवाज़ें आ रही थीं। उसके साथ मिलकर लड़कियों की फुसफुसाहट की आवाज़ें इस ख़ाली दफ़्तर में गूँजने लगी थीं।

कुछ ही देर में रविशंकर जी आ गए। एक अधेड़ उम्र का शख़्स। क़रीने से होंठों के ऊपर बिछी हुई मूँछें। संयमित और व्यवस्थित। उन्होंने अपने केबिन में बुलाया और बताया कि ऑफ़िस अभी यहाँ शिफ़्ट हो रहा है।

बातों का एक लम्बा सिलसिला चल निकला। रविशंकर जी बता रहे थे कि कैसे एक पुरबिया कुछ दिन के लिए पूर्वोत्तर आया और यहीं का होकर रह गया। कैसे 90 के उस दशक में जब उल्फ़ा का आतंक और भाषायी हिंसा यहाँ अपने चरम पर थी, एक हिन्दी भाषी यहाँ अपने लिए ज़मीन बनाने की जद्दोजहद करता रहा। कैसे यहाँ के लोगों ने उस शख़्स को इतना प्यार दिया कि उसका फिर लौटने का मन ही नहीं हुआ। कैसे हिन्दी विरोध की तमाम कानाफूसियों के बीच हिन्दी का एक अख़बार शुरू किया गया। रविशंकर जी दशकों से यहाँ रह रहे थे। यहाँ के लोगों और यहाँ की संस्कृति से उनका प्यार उनकी बातों में साफ़ झलक रहा था।

"जब मैंने असमिया सीख ली तो नागा इन्सर्जेंसी और मीजो इन्सर्जेंसी वग़ैरह पर लाइब्रेरी से किताबें ला-लाकर पढ़नी शुरू की तो लगा कि जैसे मैं समन्दर में गोते लगा रहा हूँ और रोज़ एक मोती चुनकर ला रहा हूँ। पूर्वोत्तर की इन्सर्जेंसी को तो हमेशा ख़बरों में जगह मिली लेकिन ये बात तो किसी ने रेखांकित ही नहीं की कि यहाँ सिटी बसों में रात के दस-दस बजे भी महिलाएँ बेख़ौफ़ घूमती हैं। यहाँ महिलाओं के ख़िलाफ़ होने वाली हिंसाएँ देश के बाक़ी हिस्सों के मुक़ाबले न के बराबर हैं। मुझे जब यहाँ दो साल हो गए तो लगा कि ये पूर्वोत्तर तो कभी कहीं दिखाया ही नहीं गया।" रविशंकर जी लगातार उत्साह से बता रहे थे।

"93 के आस-पास मुझे अपर असम पर काम करने का मौक़ा मिला। मैं चाय बाग़ानों में गया तो चाय मज़दूरों से मिलने का मौक़ा मिला। हमारे यहाँ (झारखंड में) ख़ासकर संथालों में जो ख़ोरठा भाषा बोली जाती है, वो यहाँ के मज़दूर भी बोल रहे थे। लेकिन उसमें असमिया शब्द मिक्स हो गए हैं। 'तोहनी सब कहाँ जाहीं? कब अहनी' वो भी बोलते हैं, पिलचू हलाम और पिलचू बूढ़ी उनके ईष्टदेव हैं। उनकी पूजा वो यहाँ भी कर रहे हैं। ये सब देख के मुझे नया बेस मिला कि यहाँ भी अपने लोग हैं। फिर पता चला कि ये लोग आज से 300-400 साल पहले अंग्रेज़ों के ज़रिए यहाँ लाए गए थे। बिहार, झारखंड, उड़ीसा, पश्चिम बंगाल वग़ैरह से चाय बाग़ानों में मज़दूरों को काम करने लाया गया। मुझे ये एक तिलिस्म लग रहा था। इतने फ़लक खुल रहे थे कि लगा इसे देश के बाक़ी हिस्सों में कैसे पहुँचाया जाए।"

रविशंकर जी की इन बातों का एक सिरा उन गिरमिटिया मज़दूरों से भी जुड़ रहा था, जिन्हें ब्रिटिश काल में उत्तर भारत के हिस्सों से फिजी, गुयाना, त्रिनिदाद जैसे देशों में ग़ुलामी की शर्त पर मज़दूरी के लिए भेजा गया। इन गिरमिटियों के साथ अमानवीय बर्ताव किया गया। इन्हें शादी करने तक का अधिकार नहीं था। और शादी कर भी लें तो इनके शासकों को अधिकार था कि उनकी पत्नियों और बच्चों को कहीं भी बेच सकें। इसी परम्परा के तहत लाखों छत्तीसगढ़ी मज़दूर असम के चाय बाग़ानों में भी लाए गए। और फिर उनकी पीढ़ियाँ यहीं बस गईं।

रविशंकर जी के पास कई रोचक क़िस्से थे लेकिन कुछ देर में छत की ओर से कहीं ड्रिलिंग की तेज़ आवाज़ आने लगी। बात बीच-बीच में रोकनी पड़ती। इस रुकावट के चलते काफ़ी परेशानी हो रही थी। तभी रविशंकर जी ने पूछा—

"खाना खा चुके हैं आप?"

मैंने गोल-मोल सा जवाब दिया और वो शायद समझ गए। भूख तो मुझे लगी ही थी।

"चलिए घर चलते हैं। रूखा-सूखा जो भी बना होगा मिलकर खा लेंगे।"

मुझे खाने में उतनी रुचि नहीं थी लेकिन घर चलने का ये सुझाव आत्मीय था। एक बार आप किसी के घर चले जाएँ तो बातों में भी निजता की सम्भावना बढ़ जाती है। नए शहर में, एकदम नए मिले शख़्स के साथ घर में साथ बैठकर खाना खाने वाला रिश्ता बन जाना मेरे लिए नई बात नहीं थी। उत्तराखंड के मेरे घर में पापा के पास हर दूसरे दिन कोई नया आदमी किसी नए शहर से आता और जो घर आता उसे वो खाना खिलाए बिना मुश्किल से ही भेजते। वो बात और है कि ये बात मम्मी को कभी पसन्द नहीं आई। स्वाभाविक भी है कि काम तो मम्मी का ही बढ़ना था। नौकरी और घर दोनों एक साथ चलाना ही क्या कम मुश्किल होता है कि अजनबियों की मेहमाननवाजी करनी पड़े। ख़ैर इस वक़्त मुझे रविशंकर जी से हो रही बातों में ज़्यादा रुचि थी इसीलिए मैं किसी लिहाज़ में आकर ये बातचीत बीच में नहीं छोड़ना चाहता था। रविशंकर जी ने अपनी पत्नी को फ़ोन लगाया और मेरे साथ में आने के बारे में बताया।

कुछ देर में हम एक मारुति वैन में थे। बातचीत जारी थी।

"एक बार फ़ोन आया। अंडरवर्ल्ड के लोगों ने मुझे बुलाया था। एक ख़बर को रोकने के सिलसिले में ख़फ़ा थे मुझसे। मैं वहाँ पहुँचा तो मेरी कनपट्टी पर बन्दूक रखके धमकाया और फिर छोड़ दिया।"

रविशंकर जी के पास ऐसे कई क़िस्से थे। बातों-बातों में घर भी आ गया। उनके फ़्लैट में जैसे ही मैं अन्दर आया उनकी पत्नी ने स्वागत किया।

"अच्छा आप वही उमेश पंत हैं ना जो कविताएँ भी लिखते हैं। मैंने आपको बहुत पढ़ा है।"

मैं आश्चर्य के भाव से उन्हें देख रहा था। उन्होंने इतनी आत्मीयता से ये बात कही थी कि सारी अजनबियत कहीं जाती रही। उन्होंने बताया कि वो रविशंकर जी के अकाउंट से ही फ़ेसबुक पर एक्टिव रहती हैं और वहाँ मेरा लिखा पढ़ती रहती हैं। ये मेरे लिए ख़ुशी की बात थी। आपका लिखा आपका परिचय हो जाए इससे अच्छी बात और हो भी क्या सकती है।

कुछ ही देर में खाने की टेबल पर स्टील की थाली में घर का सादा सा खाना सज चुका था।

"आप पहले बताते तो और भी कुछ अच्छा बन जाता।"

रविशंकर जी की पत्नी ने संकोच से कहा। लेकिन मैं उन्हें कैसे बताता कि इस वक़्त मेरे लिए ये किसी लक्ज़री से कम नहीं था। गुवाहाटी के एक फ़्लैट में कोई मुझे घर का खाना इतने प्यार से खिलाएगा, इस यात्रा से पहले ये बात मैंने सपने में भी नहीं सोची थी। मुझे बचपन में प्रभातफेरियों में लगाया वो नारा याद आ रहा था—'कश्मीर हो या गुवाहाटी, अपना देश, अपनी माटी'।

क़रीब चार बज रहे थे। दिन का कुछ हिस्सा अभी बाक़ी था। मैं इस हिस्से का पूरा इस्तेमाल कर लेना चाहता था। इसी ग़रज़ से मैंने मेज़बानों से पूछा कि अब मैं कहाँ जा सकता हूँ? रविशंकर जी और उनकी पत्नी ने बताया कि इस वक़्त मैं कामाख्या मन्दिर जा सकता हूँ। शाम के वक़्त वहाँ से शहर का नज़ारा भी लिया जा सकता है।

"रात को चारों तरफ़ रोशनी ही रोशनी दिखाई देती है। आपको अभी ज़रूर जाना चाहिए।"

क़रीब चार बज रहे थे। मैं रविशंकर जी के घर से निकल आया। एक बस पकड़ी और मुझे बताया गया कि ये जहाँ उतारेगी वहाँ से कामाख्या के लिए दूसरी बस लेनी होगी। बस कुछ आगे ही बढ़ी थी तो देखा कि सड़क पर ज़बरदस्त जाम लगा हुआ था। बस मुश्किल से रेंग ही पा रही थी। क़रीब पैंतालीस मिनट हो गए थे। पाँच बजने को ही था। पूर्वोत्तर में वैसे भी सूरज जल्दी अस्त हो जाता है। मैंने आगे न जाने का फ़ैसला कर लिया। एक नए शहर में अँधेरे में चलने को लेकर न जाने कौन सा अजनबी डर था जिसने मुझे आगे जाने से रोक दिया।

एक सहयात्री से पूछने पर पता लगा कि बस जहाँ रुकी थी वहाँ से पलटन बाज़ार कुछ ही दूर है। मैंने होटल वापस जाने का फ़ैसला कर लिया।

वहाँ से रिक्शा करके वापस अपने होटल लौटकर मैंने हाथ-मुँह धोया और चाय के ठेले पर चला गया। होटल के उस संकरे से कमरे में बिना कुछ किए ही ये शाम बीत जाए इसके लिए मन मान नहीं रहा था।

"भैया आस-पास की कौन सी जगह है जहाँ अभी जाया जा सकता है?"

ये पूछने पर चाय वाले ने बताया कि मुझे इस वक़्त बालाजी चले जाना चाहिए। वहाँ रात तक अच्छी चहल-पहल रहती है।

"अरे सर यहाँ से ख़ूब बस जाता है और रात को आठ बजे तक वापस आने को मिलता रहता है।"

मैं चाय वाले के कहे मुताबिक़ चौराहे पर गया जहाँ से एक सिटी बस मुझे

मिल गई। कंडक्टर ने बताया कि बस खानापारा तक जाएगी। वहाँ से दूसरी गाड़ी बालाजी मन्दिर के लिए मिल जाएगी।

क़रीब छह बज रहा था। अँधेरा हो चुका था। लेकिन सड़कों पर चहल-पहल बाक़ी थी। सिटी बस में एक सीट भी मुझे मिल चुकी थी। मन में अभी भी नए शहर को लेकर एक संशय ज़रूर था। मैंने गहरी साँस ली और उसी लौटती हुई साँस के साथ इस संशय को अपने मन के बाहर फेंक देना चाहा। आँख बन्द कीं और कानों में भूपेन हज़ारिका की धुनें सुनाई देने लगीं। बस में आस-पास जो भी था सब कुछ अनजान था। लेकिन बस में लगे रेडियो से आती इस जानी-पहचानी आवाज़ ने जैसे सब कुछ बदल दिया हो।

'आवारा हूँ।'

कभी-कभी बियाबान में अकेले चलते हुए जब मन तमाम तरह के संशयों से घिरा हुआ होता है, वहाँ अचानक किसी पहचान के शख़्स की आवाज़ सुनकर एक अजीब सी राहत मिल जाती है। भूपेन हज़ारिका की आवाज़ सुनकर ठीक यही एहसास हुआ इस वक़्त। अजनबीपन का डर कुछ कम हुआ तो आँखें ऑब्ज़र्वेशन मोड में आने लगीं। ये बस जैसे पूरे शहर को अपने साथ लेके जा रही थी। बंगाली, नेपाली, असमिया, हर तरह के लोग इस बस में थे। लेकिन एक रोचक बात ये थी कि अँधेरे के घिरने के बावजूद इस बस में लड़कियों की संख्या अच्छी-ख़ासी थी। अच्छा-ख़ासा मेकअप किए हुए और वेस्टर्न कपड़े पहने हुए ये लड़कियाँ बिना किसी झिझक के पूरे आत्मविश्वास के साथ बस की सीटों पर बैठी हुई थीं, बस के आइल में खड़ी हुई थीं। मुझे दिल्ली में इतनी रात को बसों में बैठी लड़कियों के चेहरे याद आ रहे थे। ये दोनों चेहरे वाक़ई में अलग थे। दिल्ली में अँधेरा पब्लिक ट्रांसपोर्ट के भीतर बैठी लड़कियों के चेहरे के भावों को इतना सहज नहीं रहने देता। इस मामले में गुवाहाटी मुझे दिल्ली से कहीं ज़्यादा प्रोग्रेसिव लग रहा था। और इसका श्रेय इस बस में बैठे आदमियों और लड़कों को भी दिया जाना चाहिए, जिन्होंने लड़कियों के इस भरोसे को ज़िन्दा रखा है कि रात का सफ़र भी उतना ही सुरक्षित है जितना दिन का।

खानापारा आ चुका था। मैंने बस से उतरकर देखा। यह अपेक्षाकृत एक सुनसान सी जगह थी और स्ट्रीट लाइट भी यहाँ ना के बराबर थी। मुझे सड़क पार कर दूसरी ओर जाना था और वहाँ अगली बस का इन्तज़ार करना था। रोड क्रॉस कर जहाँ मैं पहुँचा वो जगह और भी सुनसान थी। न कोई बस ही आ रही थी न कोई लोग ही। तभी एक टेम्पो वहाँ आकर खड़ा हो गया। मेरे

पूछने पर ड्राइवर ने बताया कि वो बालाजी छोड़ देगा।

मुझे उस टेम्पो में बैठे और उसका इन्तज़ार करते क़रीब दस मिनट हो चुके थे। एक मज़दूर सी लग रही महिला और उसके बच्चे के सिवा उसमें कोई और यात्री नहीं था। सामने की सीट पर दो हट्टे-कट्टे लोग बैठे हुए थे। उन में से एक ड्राइवर था। मेरे भीतर से निकला संशय अब वापस लौट आया था।

"भैया जल्दी चलिए अब," मैंने कहा और टेम्पो वाले ने पीछे देखा। दो कठोर निगाहें मुझे घूर रही थीं। मैंने अपनी नज़रें नीची कर लीं। कुछ देर में टेम्पो हमें लेकर आगे बढ़ गया। रास्ता अब भी अपेक्षाकृत सुनसान ही लग रहा था।

"बालाजी आएगा तो बता देना।"

मैंने सहयात्री महिला से शायद ये बात तीसरी बार कही थी। वो भी कुछ घबराई हुई लग रही थी।

"बताएगा।"

महिला ने बस इतना कहकर चुप्पी साध ली। उसकी निगाहें मेरी घबराहट को भाँप चुकी थी। इस बात ने मुझे थोड़ा और असहज कर दिया। तभी टेम्पो रुका और चार लड़कियाँ खिलखिलाती हुई उस पर चढ़ गईं। एक लड़की एकदम मेरे बग़ल में आकर फ़िट हो गई। वो बेपरवाह मुस्कुराती हुई उस सामूहिक खिलखिलाहट की साझीदार बन रही थी। उस लड़की की आवाज़ शायद गला बैठने की वजह से बन्द हो गई थी। वो गले पर ज़ोर देकर अजीब सी आवाज़ में बोलती और हर नए शब्द पर उसकी साथी लड़कियाँ उसका गज़ाक़ उड़ातीं। इस खिलखिलाहट ने संशयों के सारे जमावड़े को कहीं दूर फेंक दिया। अब तक टेम्पो भी एक चहल-पहल वाले हाइवे पे आ चुका था। आस-पास जगमगाती गाड़ियों की रोशनियाँ और इन लड़कियों की खिलखिलाहटें मुझे इस वक़्त एक ही रंग की लगने लगी थीं। टेम्पो कुछ आगे बढ़ा तो एक शख़्स उससे उतर गया। मेरे बग़ल वाली लड़की के बग़ल में बैठा वो शख़्स उठा तो सीट पर कुछ जगह बन गई। इससे पहले कि मैं कुछ दूर खिसकता एक हाथ सामने वाली सीट से मेरे और उस लड़की के बीच आया। ये उस ड्राइवर का हाथ था जिसने बिना कुछ कहे इशारा कर दिया कि मुझे थोड़ा खिसक जाना चाहिए। इस मूक इशारे ने मुझे उस इलाक़े के औरतों और मर्दों के बीच के रिश्ते की एक अच्छी बानगी दे दी। मैं ख़ुशी-ख़ुशी सीट पर उस लड़की से कुछ दूर खिसक गया।

टेम्पो रुका तो उन्हीं लड़कियों में से एक ने मुझे बालाजी का पता बता

दिया। फिर वो उसी तरह खिलखिलाती हुई सड़क पर बिखरी रोशनियों के बीच कहीं ओझल हो गईं। मैंने भी रोड क्रॉस की और अगले कुछ ही पलों में मैं सफ़ेद पत्थर के मन्दिरों के एक विशाल प्रांगण में था। इन सुन्दर नक़्क़ाशियों वाले सफ़ेद जगमगाते मन्दिरों की सादगी में एक अलग आकर्षण था। ठीक उन लड़कियों की बेलौस उजली हँसी की तरह। आस-पास सैकड़ों लोगों का जमावड़ा था।

अँधेरा हो चुका था। लेकिन बालाजी मन्दिर का यह परिसर रोशनी से नहाया हुआ था। दक्षिण भारतीय स्थापत्य शैली में बने सफ़ेद रंग के कई मन्दिर थे जो दूर से चमक रहे थे। मुख्य द्वार के भीतर भगवान गणेश विराजमान थे। भगवान वेंकटेश्वर को समर्पित इस मन्दिर में बालाजी के मुख्य मन्दिर के अन्दर चार टन की एक विशाल मूर्ति है। देवी पद्मावती से लेकर भगवान विष्णु के वाहन माने जाने वाले गरुड़ के मन्दिर इस परिसर में हैं। इन सुन्दर बनावट वाले मन्दिरों के आस-पास हरे-भरे बग़ीचे। इस परिसर में एक ख़ास तरह का सुकून था। अँधेरा होने के बावजूद यहाँ इस वक़्त अच्छी-ख़ासी चहल-पहल थी। ज़्यादातर लोग अपने परिवारों के साथ यहाँ आए हुए थे, इनमें दक्षिण भारतीय लोगों की तादाद भी अच्छी-ख़ासी थी। पूर्वोत्तर के द्वार माने जाने वाले इस शहर में दक्षिण भारत का यह धार्मिक प्रतिनिधित्व देश की विविधता में एकता की झाँकी पेश कर रहा था। इस एकता के अपवाद हो जाने से बचे रहने में ऐसी विरासतों की क्या भूमिका होती होगी यह एक शोध का विषय हो सकता है। होती भी होगी या नहीं कौन जाने। लेकिन फ़िलहाल इस उपस्थिति की उम्मीद मुझे नहीं थी। यह मेरे लिए एक सुखद आश्चर्य ही था।

कुछ घंटे यहाँ बिताकर एक होटल के कमरे में लौटकर मन हुआ कि कुछ अच्छा खाया जाए। खाने की तलाश करते-करते मैं पलटन बाज़ार में ही एक रेस्टोरेंट में पहुँचा, जिसके बाहर लिखा था कि यहाँ ऑथेंटिक बंगाली खाना मिलता है। वहाँ बैठकर खाना ऑर्डर किया ही था कि मेरे बग़ल से एक आवाज़ मेरे कानों में पहुँची। मेज़ पर बग़ल में बैठे एक शख़्स ने बांग्ला में मुझसे कुछ पूछा था, जो मुझे समझ नहीं आया।

मैं—बूझबो ना।

वो—सरनेम क्या लिखते हैं?

मैं—पंत।

वो—महाराष्ट्र?

मैं—ना। दिल्ली। वैसे उत्तराखंड से हूँ।

वो—बिज़नेस या ऑफिशियल ट्रिप?

मैं—ना घूम रहा हूँ।

तो सिलसिला जुड़ गया।

"मैं भी पचास रुपए ख़र्च करके सिर्फ़ खाना तलाशते हुए आया हूँ। खाना और घूमना इनका मुझे बहुत शौक है।"

तो वेवलेंथ मिल गई। फिर खाते-खाते ढेर सारी बातें हुईं। हम एक शौक और एक ही तरह की बंगाली थाली शेयर कर रहे थे।

"गुवाहाटी में ऐसी कोई जगह नहीं है जहाँ का खाना ट्राई ना किया हो मैंने। हर बार कहीं न कहीं किसी नई जगह पर जाता हूँ।"

खाना लग चुका था। एक गोल थाली में कई तरह के पकवान थे। हाथों में माछेर झोल अपना रंग छोड़ चुका था। बातों में बग़ल में बैठा ये शख़्स। मछली की गंध हमारे आस-पास बिखर चुकी थी और जीभ ज़ायक़ों को परखने की कोशिश में लिप्त थी। खाना खाकर बिना एक-दूसरे को अपना नाम बताए हम अलग-अलग जगहों की तरफ़ चल पड़े। एक बेनाम शख़्स की बातों का स्वाद अब भी इस थाली के स्वाद के साथ कहीं रह गया था भीतर। ऐसी मुलाक़ातें भी ज़िन्दगी के ज़ायके में कम इजाफ़ा नहीं करतीं। यक़ीन मानिए।

रात होते-होते मैं जब होटल में लौटा तो हलकी-फुलकी थकान शरीर पर तारी थी। मैं बिस्तर पर लेटे-लेटे सोच रहा था कि अब इस शहर में कुछ लोग हैं जिन्हें मैं व्यक्तिगत रूप से जानता हूँ। रात में आने-जाने को लेकर जो डर मेरे दिमाग़ में ट्रेन के सहयात्रियों ने डाल दिया था वो भी जाता रहा था।

मैंने सोने के लिए आँखें बन्द ही की थीं कि मुझे वाट्सएप पे एक मैसेज मिला।

"कल सुबह मैं भी गुवाहाटी पहुँच रहा हूँ समय हो तो मिला जाए।"

ये मैसेज मेरे एक दोस्त अंकुर जायसवाल का था। उसने बताया कि वो अभी ट्रेन में है और सुबह तक गुवाहाटी पहुँच जाएगा। पूरे एक महीने अरुणाचल में रहने के बाद वो आज लौट रहा था। ये एक अच्छी ख़बर थी। अव्वल तो गुवाहाटी में अगले एक-दो दिन मेरे पास एक दोस्त था। दूसरा, मुझे अरुणाचल भी जाना था तो वहाँ की जानकारी भी अंकुर से ली जा सकती थी।

इस अच्छी ख़बर के उत्साह के साथ मैंने एक बार फिर सोने की कोशिश की। नींद शायद कहीं आस-पास ही थी, मेरे ही इन्तज़ार में।

4

गुवाहाटी में दिल्ली का दोस्त

चौथा दिन
गुवाहाटी
12 फ़रवरी, 2018

सुबह-सुबह मेरी नींद अंकुर के फ़ोन से खुली। उसकी ट्रेन गुवाहाटी पहुँचने ही वाली थी। मैंने हाथ-मुँह धोये और स्टेशन की ओर चल दिया। स्टेशन के पीछे रिक्शे और ऑटो वालों की भीड़ थी। सब पैसेंजरों पर घात लगाने को आमादा थे। गुवाहाटी पहुँचने वाले हर यात्री को उनकी पसन्द का होटल दिला देना जैसे उनका परम कर्तव्य था।

मेरे स्टेशन पहुँचने के कुछ ही देर में खुरदरे चेहरे पर बेतरतीब उगी दाढ़ी वाला एक शख़्स नीले रंग का बड़ा सा बैग पीठ पर लादे मेरे सामने खड़ा था। ये अंकुर था।

अंकुर के साथ मैं उसके होटल की तरफ़ बढ़ गया। रिसेप्शन पे चेक-इन करके हम कमरे में पहुँचे। एक डबल बेड वाला हवादार कमरा था ये। बिस्तर क़रीने से लगा था और सामने लगी खिड़की से रोशनी मुस्कुराती हुई झाँक रही थी। मेरे होटल के कमरे की तुलना में ये कमरा महँगा था और ज़ाहिर तौर पर काफ़ी बेहतर भी था। अंकुर को यहाँ अकेले रहना था और ये उसकी पेड ट्रिप थी। उसने मुझे साथ रहने का ऑफ़र कल फ़ोन पर हुई बातचीत में ही दे दिया था। अगले एक-दो दिनों के लिए एक बेहतर ठिकाना और एक अच्छा साथ मुझे मिल चुका था।

"चेकआउट टाइम से पहले तुम्हारा सामान यहीं ले आते हैं। पर सबसे पहले पीते हैं एक चाय।"

चाय पीकर हम नाश्ता करने निकल पड़े। स्टेशन के आस-पास के इलाक़े में अब अच्छी-ख़ासी चहल-पहल शुरू हो चुकी थी। अंकुर इससे पहले जब गुवाहाटी आया था तो उसने खाने-पीने के कुछ सस्ते ठिकाने तलाश लिये थे। उन्हीं में से एक में जाकर हमने नाश्ता किया। नाश्ते के बाद अपने होटल में वापस लौटकर मैंने अपना सामान समेटा और चेकआउट कर अंकुर के होटल में चला आया।

मैं चाहता था कि मैं कहीं घूम आऊँ। लेकिन अंकुर आराम करने के मूड में लग रहा था। तय हुआ कि आज दिनभर आराम किया जाए और शाम कहीं निकल जाया जाए। अंकुर ने अपने गुवाहाटी के एक दोस्त राजन पांडे को भी फ़ोन करके यहीं बुला लिया। साथ में चिल्ड बियर का भी इन्तज़ाम कर लिया गया।

राजन का इन्तज़ार करने के दौरान अंकुर से मैं कुरेद-कुरेद कर अरुणाचल के उसके अनुभवों को जानने की कोशिश करता रहा। वो पाँशू पास होते हुए बर्मा तक हो आया था। बर्मा से उसने वहाँ की मशहूर बीड़ी और डाउ की खरीदारी की थी। बीड़ी इतनी बड़ी थी कि वो सिगार की तरह नज़र आ रही थी। एक बीड़ी जलाकर जैसे ही पहला कश लिया तो जैसे गले में कुछ अटक गया हो। एक ही कश काफ़ी था। इससे ज़्यादा इसे अपने हलक से उतारने की मेरी हिम्मत नहीं हुई।

अंकुर ने पाँशू वाले इलाक़े की अपनी यात्रा के दौरान सुना एक बहुत रोचक क़िस्सा सुनाया। चांगलांग नाम की एक जगह पर वो एक पुलिस वाले से मिला। जिसने बताया कि यहाँ एक बूढ़ी औरत रहती है। उस औरत के दो जवान लड़के थे। एक लड़के ने अरुणाचल में नेशनल सोशयलिस्ट काउंसिल ऑफ़ नागालैंड (एनएससीएन) नाम का एक अलगाववादी संगठन जॉइन कर लिया और दूसरा भारतीय फ़ौज में भर्ती हो गया। कुछ समय बात उसके पास एक ख़बर आई। उसके दोनों लड़के नहीं रहे। एक लड़के को यहाँ अरुणाचल में सेना ने मार डाला और दूसरे को कश्मीर में आतंकवादियों ने मार डाला। एक आतंकवादी बन गया जिसे सेना ने मार डाला और दूसरा सेना में रहकर आतंकवादियों के ज़रिए मार डाला गया। एक माँ के लिए कैसी विडम्बना रही होगी ये। ये सोचकर भी अजीब लगता है।

अंकुर के पास बताने के लिए कई क़िस्से थे। वो किसी सरकारी संस्था के लिए पूर्वोत्तर में हो रही ह्यूमन ट्रैफ़िकिंग के सिलसिले में सर्वे करने के लिए दिल्ली से आया था। उसके बाल और दाढ़ी एकदम बेतरतीब तरीके से

बढ़े हुए थे। उसने बताया कि इस हुलिए के साथ यात्रा करने में एकाध जगह उसे दिक़्क़त भी हुई। हुआ यूँ कि शाम के वक़्त वो ज़ीरो वैली में कहीं गाड़ी का इन्तज़ार कर रहा था कि तभी एक लड़का उसके पास आया और उसने सीधे उससे पूछा—

"तुम मुसलमान हो क्या?"

अंकुर को यूँ भी उँगली करने की आदत है इसलिए उसने उसे परखने के लिए जवाब दिया—

"पता नहीं। लेकिन तुम ये क्यों पूछ रहे हो?"

आदमी अब कुछ ग़ुस्से में आ गया था। उसके मुँह से शराब की बदबू आ रही थी।

"तुम पक्के मुसलमान ही हो। तुम लोग गाय खाते हो, इसलिए हमें तुमसे नफ़रत है।"

अंकुर थोड़ी हैरत में था। उसे अब तक यही लगा था कि गाय खाना पूर्वोत्तर में आम बात है। वहाँ गाय को लेकर एक सामान्य आदमी के इस तरह के बयान को अंकुर दक्षिणपंथी प्रचार-तंत्र के उभार के रूप में देख रहा था।

उसके साथ बर्मा की सीमा से लौटते हुए एक और रोचक घटना हुई। गाँव के पास पहुँचकर वो आस-पास फ़ोटोग्राफ़ी कर रहा था। शाम को जब वो अपने गेस्ट हाउस लौट रहा था तो सेना का एक जवान उसके पास आया।

"आपको मेज़र साहब ने बुलाया है।"

जवान की इस बात से अंकुर चौंका। इस अनजान जगह पर ये कोई अच्छे संकेत नहीं थे। वो कुछ डरते-डरते जवान के साथ चल दिया।

मेज़र 28-29 साल का हमउम्र लड़का ही था।

"जी आपने मुझे बुलाया।"

"हाँ मुझे आपके कैमरे की तलाशी लेनी है। हमें शक है कि जब आप फ़ोटोग्राफ़ी कर रहे थे तो उस इलाक़े में आतंकवादी संगठन (एनएससीएम) के कुछ आतंकवादी आपके कैमरे में आ गए हैं। बस वही देखना है। लाइए कैमरा दीजिए।"

ये एकदम अजीब बात लगी अंकुर को। लेकिन उसने कैमरा दे दिया क्योंकि यहाँ कोई भी सवाल करना ख़तरनाक हो सकता था। मेज़र ने कैमरा लिया और तसवीरें देखने लगा। उसने कार्ड से कुछ फ़ोटो डिलीट किए और कैमरा वापस कर दिया।

"चलिए हो गया काम। अब आप जा सकते हो।"

अंकुर ने दिमाग़ पर ज़ोर डाला तो उसे लगा मेज़र को उसने कहीं देखा है। लौटकर जब उसने तसवीरें देखीं तो उसे समझ आ गया कि माजरा क्या है। दरअसल मेज़र साहब बाज़ार में टीशर्ट और हाफ़ पैंट में घूम रहे थे और उन्होंने अंकुर को वहाँ पर फ़ोटोग्राफ़ी करते देखा तो उन्हें शायद शक हुआ कि उन्होंने इस हुलिए में उनकी तसवीरें उतार ली हैं। इसलिए वो चाहते थे कि कैमरे से उनकी सारी तसवीरें डिलीट कर दी जाएँ।

इस कहानी को सुनकर हम काफ़ी देर तक हँसते रहे। ख़ैर अंकुर ने ये भी बताया कि स्किल इंडिया के नाम पर कुछ लड़कियों को कैसे देह व्यापार के धन्धे में धकेलने की कोशिश की गई। उन्हें ब्यूटी पार्लर में काम करने के लिए ट्रेंड किया गया और गोवा भेज दिया गया। वहाँ जाकर जब उन लड़कियों से देह व्यापार में शामिल होने को कहा गया तो किसी तरह उन्होंने पुलिस से सम्पर्क किया और उस चंगुल से छूटकर आईं।

थोड़ी देर में अंकुर के पत्रकार दोस्त राजन भी होटल आ गए। मुझे बताया गया कि राजन ने इलेक्शन कवर करने के लिए ख़ूब यात्राएँ की हैं। यूपी इलेक्शन पर तो वो एक किताब लिख चुके हैं। उनके पास जानकारियों का पिटारा था।

उन्होंने बताया कि अरुणाचल का पुराना नाम नेफ़ा (नॉर्थ ईस्ट फ्रंटियर एजेंसी) था। अरुणाचल में सियांग नदी का काला पानी पिछले दिनों चर्चा में रहा। पानी काला होने की वजह से कई मछलियाँ और नदी से पानी पीने वाले जानवर मरने लगे। पानी की जाँच कराई गई तो पता चला कि उसमें अवशिष्ट और रसायनों का स्तर इतना ज़्यादा है कि वो पीने लायक़ नहीं रहा। पानी में सीमेंट जैसा कोई पदार्थ मिला था। क़यास लगाए गए कि चीन दक्षिणी तिब्बत में बहने वाली यालूंग सांगपो नदी के प्राकृतिक प्रवाह को बदलकर उसे चीन के जिनजियांग इलाक़े में ताकलामकान रेगिस्तान की तरफ़ मोड़ने की योजना बना रहा है। इसके लिए वो दुनिया की सबसे बड़ी सुरंग खोदने जा रहा है जो क़रीब हज़ार किलोमीटर लम्बी होगी। लेकिन चीन ने इस दावे को सरासर झूठ करार दिया। चीन ने नदी के इस हाल की वजह तिब्बत में आए भूकम्प से हुई भौगोलिक हलचल को बताया है। ख़बरों के मुताबिक़ अरुणाचल में सियांग नदी के साफ़-सुथरे रहने वाले पानी में इस स्तर की गन्दगी आने की यह घटना पहली बार हुई थी। दिक़्क़त ये थी कि पूरे पूर्वोत्तर की प्यास बुझाने वाली सियांग नदी का पानी अब पीने लायक़ नहीं रह गया था।

धीरे-धीरे उनसे असम के टूटने और नए राज्य बनने पर बात होने लगी। उन्होंने बताया कि असम का पूरा मूवमेंट एंटी मुस्लिम सेंटीमेंट से शुरू हुआ। 1980 में हुए नयली नरसंहार के बाद इस मूवमेंट ने ज़ोर पकड़ लिया। असम मूवमेंट माइग्रेशन के ख़िलाफ़ खड़ा हुआ एक मोवमेंट था।

संजोय हज़ारिका की किताब 'स्ट्रेंजर ऑफ़ दी मिस्ट' का ज़िक्र भी चला आया। राजन ने बताया कि पूर्वोत्तर पर समझ बनाने के लिहाज़ से ये एक पठनीय किताब है। मैंने अनिल कुमार यादव की पूर्वोत्तर आधारित किताब में भी इसका ज़िक्र सुना था।

इस बीच प्रिया प्रकाश का एक वीडियो चर्चा में आ रहा था। कुछ देर उस वीडियो पर भी चर्चा हुई। वो नई-नई सोशल मीडिया सेंसेशन बन गई थी।

अंकुर का कहना था कि मुझे पासी घाट भी जाना चाहिए जहाँ वो होकर आया था। वो अरुणाचल का सबसे पुराना गाँव है। और अब उसे एक स्मार्ट सिटी का दर्जा दिया जा चुका है।

राजन ने बताया मोरे नाम की एक जगह है, जो बर्मा का बॉर्डर है। स्मगलिंग और ट्रैफ़िकिंग के लिए ये जगह गढ़ मानी जाती है। लोग सेक्स के लिए भी वहाँ जाते हैं। इस इलाक़े में बिहार, बंगाल, असम, तमिलनाडु के साथ-साथ दूसरे देशों से भी लोग आकर काम करते हैं। 150 रुपए से लेकर 500 रुपए तक में सेक्स वर्कर मिल जाती हैं। ख़बरों की मानी जाए तो सेक्स वर्कर होटलों में सफ़ाई कर्मी या कुक जैसे पेशों के बहाने रहती हैं। पर अन्दर सेक्स का बड़ा व्यापार चलता है। इसके अलावा हथियार और इलेक्ट्रॉनिक के सामान की वहाँ से सबसे ज़्यादा स्मगलिंग होती है।

राजन पांडे से बात करते हुए पूर्वोत्तर के एक अलग पक्ष को जानने-समझने का मौक़ा मिल रहा था। शान्त स्वभाव के राजन अब गुवाहाटी ही रहने चले आए थे। उनसे अगली मुलाक़ात की उम्मीद भी हो चली थी अब। आज की ये बातचीत पूर्वोत्तर पर एक मोटी-मोटी समझ बनाने के लिहाज़ से रोचक रही थी। कई बार यात्राओं के लिए इस तरह के प्रस्थान बिंदु ज़रूरी होते हैं। ख़ासकर उन जगहों की यात्राओं के लिए जिनका ककहरा भी आपको पता न हो।

5

एक योनि जो पूजी जाती है

पाँचवाँ दिन
गुवाहाटी
13 फ़रवरी, 2018

अंकुर को मैंने किसी तरह होटल के कमरे से बाहर निकलने के लिए मनाया। मैं घूमने को लेकर जितना उत्साहित था वो उतना ही उदासीन। बड़ी ज़िद करने पर वो किसी तरह मान गया और हम ओला कैब करके निकल गए। हमने तय किया कि पहले हम कामाख्या मन्दिर जाएँगे। उसके बाद वापस लौटकर लंच करेंगे। इस बीच तय हुआ कि लंच अंकुर की शिलांग से आ रही एक दोस्त के साथ किया जाएगा और लोकल होने के नाते वो जहाँ हमें ले जाएगी हम चल पड़ेंगे।

कैब ने हमें क़रीब घंटे भर में कामाख्या मन्दिर के पास पहुँचा दिया। दिन चढ़ चुका था। मुख्य सड़क से एक सीमेंटेड रास्ता हमें मन्दिर तक ले आया। यहाँ बहुत गर्मी थी और बहुत ज़्यादा भीड़ भी। यहाँ इतनी लम्बी लाइन थी कि हमने मन्दिर को बाहर से ही निहार लेने से सन्तुष्ट हो जाना तय किया। भगवान में हम दोनों की ही आस्था नहीं थी।

हमारे पितृसत्तात्मक देश में यह मन्दिर एक अपवाद की तरह ही है। जहाँ एक ओर रजस्वला महिलाएँ हमारे यहाँ इतनी अपवित्र समझी जाती हैं कि इन दिनों उनका मन्दिरों में प्रवेश तक वर्जित हो जाता है। गाँवों में तो इन दिनों उन्हें छूने तक से लोग अपवित्र मान लिए जाते हैं। मेरे गाँव के व्यक्तिगत अनुभवों में ऐसी दक़ियानूसी मान्यताओं को अपनाना शामिल रहा है। मासिकधर्म के दौरान महिलाओं को कोई ग़लती से छू दे तो उस व्यक्ति को गाय का मूत्र

छिड़ककर पवित्र किया जाता था। एक ओर धर्म की यह पितृसत्तात्मक सत्ता है, जहाँ महिलाओं को देवदासी बनाकर समर्पित कर देने जैसी कुप्रथाएँ आज तक प्रचलित हैं, वहीं कामाख्या देवी के इस मन्दिर में एक रजस्वला महिला की पूजा की जाती है। इस मन्दिर में औरत के शक्ति रूप की उपासना की जाती है। देश के हर मन्दिर की तरह इस मन्दिर की भी एक कहानी है। माना जाता है भगवान शिव और सती की शादी हुई तो इससे सती के पिता दक्ष एकदम ख़ुश नहीं थे। उन्होंने एक हवन किया जिसमें सती और शिव दोनों को नहीं बुलाया गया। सती फिर भी इस यज्ञ में पहुँच गईं। वहाँ दक्ष ने सती और उनके पति दोनों का बहुत अपमान किया। इससे नाराज़ होकर सती यज्ञ के हवन में कूद गईं। जब शिव को इसका पता चला तो वे यहाँ आ धमके। उन्होंने सती के शव को उठाया और ग़ुस्से में वहाँ से लौट गए। ग़ुस्सा इतना था कि वो शव को हाथ में लेकर तांडव नृत्य करने लगे। शिव जी के तांडव से पूरी सृष्टि काँपने लगी तो भगवान विष्णु को बीच में आना पड़ा। उन्होंने अपने सुदर्शन चक्र से शव के टुकड़े-टुकड़े कर दिए। सती के शव के 51 टुकड़े हुए जिनमें से योनि और गर्भ वाला हिस्सा नीलांचल पर्वत पर आकर गिरा। इसी वजह से यहाँ कामाख्या देवी का मन्दिर बनाया गया।

माना जाता है कि जून के महीने में तीन दिन कामाख्या माता रजस्वला होती हैं और मन्दिर के पास में बने कुंड में पानी की जगह रक्त बहने लगता है। इस समय यहाँ अंबुवाची मेला होता है। जो लोग इन बातों पर भरोसा नहीं करते वो मानते हैं कि इस समय यहाँ इतना सिंदूर चढ़ाया जाता है जिस वजह से पानी लाल हो जाता है। मन्दिर के कपाट बन्द होने से पहले यहाँ सफ़ेद कपड़ा बिछाया जाता है और यहाँ आए श्रद्धालुओं को प्रसाद के रूप में लाल कपड़ा दिया जाता है। इसे अंबुवाची प्रसाद कहा जाता है। मान्यता है कि यह कपड़ा माता के रक्त से लाल हुआ है। यह भी रोचक है कि मन्दिर में कोई मूर्ति नहीं है। एक चट्टान है जिसमें योनि का आकार बना हुआ है। 17वीं सदी में बिहार के राजा नारा नारायणा ने यह मन्दिर बनाया और अब देशभर से यहाँ लोगों का जमावड़ा लगा रहता है।

धार्मिक आख्यानों को इतिहास मानने के पक्ष में मैं कभी नहीं रहा लेकिन कथाओं के तौर पर ये कई बार अचम्भित सा कर देते हैं। इन कथाओं को बाँचने वाले की रचनात्मकता, कल्पनाशीलता और तार्किकता वाक़ई बेजोड़ लगती है। जिस तरह से ये कथाएँ अलग-अलग भूगोलों को और अलग-अलग लोगों को आपस में जोड़ती हैं वह भी कमाल है। इस देश का बड़ा वर्ग यात्राओं पर

निकलता ही इसलिए है क्योंकि यह उसकी धार्मिक आस्थाओं का प्रश्न बन जाता है। कैलास में भोलेनाथ के दर्शन करने दक्षिण के लोग देश के उत्तर से सीमा पार करके तिब्बत तक जा पहुँचते हैं और उत्तर के लोग इसी आस्था के चलते कन्याकुमारी तक जा पहुँचते हैं। यात्रा से जुड़ा यह पक्ष धर्म की कुछ गिनी-चुनी अच्छी बातों में शामिल लगता है मुझे।

मैंने इंटरनेट पर पढ़ा था कि कामाख्या मन्दिर के आस-पास कहीं किसी पहाड़ी चोटी से पूरे गुवाहाटी शहर का सुन्दर नज़ारा दिखाई देता है। चढ़ती गर्मी में लगभग ज़बरदस्ती मैं अंकुर को अपने साथ पहाड़ की चोटी पर बने एक मन्दिर की तरफ़ ले गया। वहाँ से ब्रह्मपुत्र नदी दिखाई तो दे रही थी लेकिन मौसम खुला हुआ नहीं था। इसलिए सब कुछ एकदम उदासी से भरा हुआ लग रहा था। गुवाहाटी शहर का नज़ारा यहाँ से बारिश के बाद या शाम के वक़्त अच्छा दिखता होगा लेकिन अभी तो यहाँ आना हमें व्यर्थ लग रहा था। धूप में शरीर पसीने-पसीने अलग हो गया था। हमने लौटने का मन बनाया और कैब बुक कर ली।

वापस लौटते हुए गुवाहाटी शहर के ट्रैफ़िक जाम से भी मुलाक़ात हो गई। जो सफ़र घंटे भर का था उसमें क़रीब दो घंटे लग गए। हम होटल लौट आए और अंकुर की दोस्त शीला का इन्तज़ार करने लगे जो अब बस पहुँचने ही वाली थी।

शीला ने हमें एक रेस्टोरेंट में बुलाया। हम फिर से ट्रैफ़िक में फँसते हुए उस रेस्टोरेंट में पहुँचे। यहाँ लंच में शीला ने असम की थाली का ऑर्डर दिया। ताम्बे के बर्तन में क़रीने से कटोरियों में परोसी गई कई तरह की सब्ज़ियाँ थीं, चावल था। शीला ने बताया कि इनके नाम चोखा, फ़िश टेंगा, माशेर झोल, बैगुन भाजा, भात और डाइल हैं।

खाने के बाद क्रूज़ पर जाने का प्लान था, जिसे गर्मी और आलस के वशीभूत होकर 'देर हो गई है' का बहाना बनाकर हम तीनों ने टाल दिया और तय किया कि होटल लौटकर बीयर के साथ भारत और साउथ अफ्रीका के क्रिकेट मैच का आनन्द लिया जाएगा।

शाम को बातचीत के दौरान पता चला कि शीला, दिल्ली में एमसीआरसी, जामिया की मेरी एक क्लासमेट की दोस्त रही हैं। गुवाहाटी में मिली एक अजनबी लड़की दो साल साथ पढ़ी एक सहपाठी की दोस्त निकल आई थी। लग रहा था कि दुनिया वाक़ई बहुत छोटी है।

6

पूर्वोत्तर अब पराया नहीं रह गया

छठा दिन
गुवाहाटी-शिलांग
14 फ़रवरी

सुबह-सुबह मैं अंकुर और शीला को अलविदा कहकर शिलांग जाने के लिए निकल गया। अंकुर ने कहा था कि शिलांग में अगर ज़रूरत पड़े तो शीला को फ़ोन किया जा सकता है। आज उसे कोई काम था वरना वो भी साथ ही निकल पड़ती। शीला के पिताजी शिलांग में ही डिस्ट्रिक्ट पब्लिक इन्फ़र्मेशन एंड पब्लिक रिलेशन ऑफ़िसर हैं। ये जानकारी थोड़ा सहज करने वाली थी। शिलांग में अब मेरे दो जानकार थे। दूसरे जानकार जिनके यहाँ मैं अभी जा रहा था वो थे मेरे दोस्त रोहित जोशी के जीजाजी और दीदी जो पिछले कुछ समय से शिलांग में रह रहे थे।

रोहित की दीदी हिमानी ने कई बार कहा था कि मुझे शिलांग घूमने आना चाहिए। आज ये मौक़ा भी आख़िर आ ही गया था। पलटन बाज़ार में सुबह के छह बजे भी चहल-पहल होने लगी थी। शिलांग के लिए गाड़ी कहाँ से मिलेगी ये पूछने पर उस दुकानदार ने सड़क के दूसरी तरफ़ खड़ी एक टाटा सूमो की तरफ़ इशारा किया। उसने ड्राइवर को आवाज़ लगाई और मुझे सड़क के दूसरी तरफ़ भेज दिया। मैं कुछ देखता-बूझता इससे पहले ही मेरा सामान सूमो की छत पर लद चुका था और मुझे सूमो की सबसे पीछे वाली सीट पर भेजा जा चुका था।

गाड़ी कुछ देर गुवाहाटी में सवारियाँ ढूँढ़ती रही और फिर पैसेंजर्स के दबाव बनाने पर शिलांग के लिए निकल पड़ी। मौसम अच्छा था और कुछ

आगे चलकर सड़क भी अच्छी हो गई। जोराबाट से सड़क शिलांग की तरफ़ मुड़ गई और बूँदाबाँदी वाले मौसम ने यात्रा को ख़ुशनुमा बना दिया।

बढ़िया फ़ोर लेन सड़क पर गाड़ी रफ़्तार से भाग रही थी। कम ऊँचाई के पहाड़ों के बीच ये हाइवे ख़ूबसूरत भी लग रहा था। बीच में कुछ एक जगह सड़क को चौड़ा करने का काम चल रहा था।

क़रीब ढाई घंटे बाद सड़क के दाईं तरफ़ एकदम नीले रंग की एक झील दिखाई दी। सहयात्रियों ने बताया कि ये उमियम लेक है, जिसे बड़ापानी भी कहते हैं। उमियम उमत्रू हाईड्रो इलेक्ट्रिक प्रोजेक्ट के तहत 1965 में बनाई गई यह झील 10 वर्ग किलोमीटर के इलाक़े में फैली है। उमख्रा और उम्स्वर्पी नाम की नदियाँ मिलकर रो-रो नाम की धारा बनाती हैं, जो उमियम झील में आकर मिल जाती है। मूलत: बिजली उत्पादन के लिए बाँध बनाने की ग़रज़ से बनाई गई यह मानव निर्मित झील अब पर्यटकों के आकर्षण का केन्द्र बन गई है। यहाँ वॉटर स्पोर्ट से जुड़ी कई तरह की गतिविधियाँ होने लगी हैं। लेकिन झील का एक स्याह पक्ष भी है। शहरीकरण की ज़बरदस्त मार इस झील पर पड़ रही है। झील में मिलने वाली दोनों नदियाँ अपने साथ शहरों के सीवेज और अवशिष्ट लेकर आती हैं, जो इस झील में मिल जाता है। कुल मिलाकर 40 हज़ार क्यूबिक मीटर सिल्ट इस झील में जमा हो चुका है। सन 2000 में राज्य द्वारा किए गए एक शोध के मुताबिक़ अपने निर्माण के समय 200 सालों की सम्भावित उम्र वाली यह झील अगले 30-35 साल तक भी शायद ही ज़िन्दा रह पाए। पर झील का सौन्दर्य इस तथ्य ने कम नहीं किया है। यह सुन्दर झील सड़क के किनारे काफ़ी देर तक हमारे साथ यात्रा करती रही।

गुवाहाटी से निकलने के क़रीब तीन घंटे बाद हम शिलांग में थे। रोहित की दीदी ने मुझे बताया था कि मुझे पुलिस बाज़ार में उतरना है और वहाँ से रिंझा आना है। रिंझा के लिए शेयर्ड टैक्सी लेनी है। पुलिस बाज़ार में उतरने पर कुछ ही देर में टैक्सी मिल गई। काली मारुति 800 कार में पीछे की सीट पर तीन सवारियों के बाद मुझे भी लाद दिया गया। आगे भी दो सवारियाँ ड्राइवर के अलावा बैठी हुई थीं। क़रीब बीस मिनट तक पहाड़ियों पर चढ़ती-उतरती सँकरी सड़कों से गुज़रने के बाद ड्राइवर ने बताया कि रिंझा आ गया है।

कुछ देर में मैं दीदी के घर पर था। दीदी के पति सिद्धार्थ एक सरकारी विभाग में यहाँ पिछले कुछ सालों से नियुक्त थे। वो अभी दफ़्तर में ही थे। बाहर

हलकी सी धूप खिली हुई थी। दीदी ने बताया कि यहाँ अँधेरा बड़ी जल्दी हो जाता है और सुबह सूरज भी जल्दी अपने दीदार दे देता है।

क़रीब आधे घंटे बाद मैं एक अजनबी जगह पर अपने बचपन के परिचित के साथ चाय और पकौड़े खा रहा था। लग रहा था कि पूर्वोत्तर अब पराया नहीं रह गया।

7

राइटर, यू आर सो अफ्रेड ऑफ़ डेथ

सातवाँ दिन
शिलांग-चेरापूंजी-नोंग्रियाट
15 फ़रवरी

सुबह-सुबह सिद्धार्थ ने बताया कि पास ही में पंडित जी का एक जनरल स्टोर है। वो उत्तराखंड के रानीखेत से हैं और यहाँ सालों से रह रहे हैं। उन्होंने ये भी बताया कि उत्तराखंड के ऐसे कई परिवार यहाँ हैं जो काम के सिलसिले में या काम ढूँढ़ते हुए यहाँ आए और फिर यहीं बस गए।

कुछ ही देर में मैं पंडित जी के पास था। वो जानकारी दे रहे थे कि मेघालय टूरिज़्म की एक बस है, जो आस-पास साइट दिखाने के लिए ले जाती है और शाम को वापस छोड़ देती है। बस में पहले से बुकिंग करनी पड़ती है।

पंडित जी यानी जोशी जी एक हँसमुख आदमी लगे, जो मेरी मदद करने के लिए बढ़-चढ़ कर आगे आ रहे थे। वो इस बात से उत्साहित थे कि मैं इतनी दूर से यहाँ अकेले घूमने चला आया हूँ। ये उत्साह उनके उजले चेहरे पर बैठी हुई अनवरत मुस्कुराहट से साफ़ झलक रहा था।

"पुलिस बाज़ार चले जाओ आप। वहाँ से सब पता हो जाएगा।"

जोशी जी ने बताया। उनके लहज़े में अब भी हलका-हलका उत्तराखंड झलक रहा था।

सुबह के छह बज रहे थे। मैंने पुलिस बाज़ार जाकर एमटीडीसी ऑफ़िस के बारे में पता किया। वहाँ पहुँचा, पता चला वो बन्द है। लेकिन पास ही के नुक्कड़ पे चाय बना रहे शख़्स ने पूछने पर बताया—

"बड़ा बाज़ार चले जाओ। वहाँ से सोहरा के लिए सूमो मिलता है।"

सोहरा। चेरापूंजी को लोग इस नाम से भी पुकारते हैं, ये पहली बार पता चला। मैं पैदल ही निकल पड़ा। पुलिस बाज़ार में अब हलकी चहल-पहल होने लगी थी। चौराहे से सड़कें अपनी-अपनी दिशाओं में जा रही थीं। कोई ढलान में तो कोई चढ़ाई में। एक धुली-धुली सी सुबह थी ये। शिलांग जैसे एकदम नहा-धोकर तैयार हुए किसी शख़्स की तरह लग रहा था। एक अनजान शहर में इस तरह भटकना अच्छा लग रहा था मुझे। यहाँ की हर चीज़ मेरे लिए नई थी। सुबह की ताज़गी ने इस अनुभव को और नया कर दिया था।

क़रीब किलोमीटर भर चलकर मैंने एक लड़के से रास्ता पूछा। उस लड़के ने बताया कि मैं ग़लत आ गया हूँ। मुझे वापस जाकर पिछले चौराहे से मुड़ जाना होगा। मैं वापस लौट आया। चौराहे से कुछ आगे ही बढ़ा था कि एक शख़्स भागकर आया और उसने पीछे से मुझे आवाज़ दी।

"अरे आप आगे चले गए। इधर नहीं उधर जाना है," उस लड़के ने इशारा करके बताया।

ये वही लड़का था जिसने मुझे अभी-अभी टैक्सी स्टैंड का पता बताया था। मैं कुछ देर उसकी तरफ़ मुस्कुराता हुआ देखता रहा। उस लड़के ने रास्ता बताने भर की ज़िम्मेदारी नहीं निभाई बल्कि मुझे पथभ्रमित होते हुए देखकर वो भागकर सही रास्ता बताने आ गया था। मैं कृतज्ञ था।

"अरे, तुम इतनी दूर से यही बताने भागकर आए। थैंक यू सो मच।"

मैंने कहा तो वो मुस्कुरा दिया। और फिर मुड़कर उस चढ़ाई की तरफ़ दुबारा लौट गया, जहाँ से वो भागता हुआ आया था। लड़का अगले मोड़ पर ओझल हो गया लेकिन ये छोटा सा लम्हा स्मृतियों में क़ैद रह गया। पहाड़ी लोगों की सरलता की एक बानगी मुझे शिलांग में भी मिल गई थी।

टैक्सी स्टैंड पर गिनी-चुनी गाड़ियाँ थीं इस वक़्त। मैं जिससे भी कुछ पूछता वो स्थानीय भाषा में कुछ अस्पष्ट सा जवाब दे देता। पहली बार लगा कि यहाँ भाषा भी एक दिक़्क़त हो सकती है। मुझे बस चेरापूंजी तक नहीं जाना था, वहाँ से आगे डबल डेकर रूट ब्रिज भी देखना था। यहाँ से जो भी गाड़ियाँ जा रही थीं वे सोहरा यानी चेरापूंजी तक ही थीं। वहाँ से आगे का सफ़र कैसे होगा ये तय नहीं हो पा रहा था। मैं क़रीब 45 मिनट तक इधर-उधर भटकता रहा। आस-पास से गुज़रती प्राइवेट टैक्सी वालों से भी मोलभाव करता रहा लेकिन नतीजा सिफ़र ही रहा। न कोई शेयर्ड टैक्सी मिल रही थी, न ही प्राइवेट टैक्सी में कोई ऐसा राहगीर मिल रहा था जो मेरी ही तरह घूमने आया हो और मेरे

साथ टैक्सी शेयर कर ले। ये भी हैरत की बात थी कि इस बीच यहाँ मुझे एक भी टूरिस्ट नहीं दिखा था।

समय जा रहा था। साढ़े आठ बजने को आया था। मुझे घर से निकले क़रीब ढाई घंटे हो गए थे और मैंने आज का अपना सफ़र शुरू भी नहीं किया था।

तभी एक टैक्सी वाला बग़ल से गुज़रा।

"बहुत देर से भटक रहे हो। मेरे साथ चलो। मैं छोड़ देता हूँ।" वो बोला।

"चेरापूंजी और डबल डेकर रूट ब्रिज जाना है, कितना लोगे?"

"1800 में छोड़ दूँगा। वापस आना है तो ज़्यादा लगेगा।"

कुछ ही देर में टैक्सी वाले से अच्छी बातचीत शुरू हो गई। उसका नाम जॉन था। वो ख़ासी जनजाति का एक बातूनी शख़्स था। टूटी-फूटी हिन्दी में जो बात करना शुरू हुआ तो फिर रुका ही नहीं।

जॉन ने बताया कि यहाँ लड़की को कोंग बोलते हैं और लड़के को बा। रास्ते में कोई राहगीर मिला तो उसने उससे कुछ पूछा और फिर मुझे बताया, "मैं उसको बोला 'शे नो'। इसका मतलब है—कहाँ जाएगा।"

जॉन को मुझे अपनी भाषा के शब्द सिखाना अच्छा लग रहा था और मुझे उन्हें सीखना। मुझे बातूनी लोग बड़े पसन्द आते हैं और एक लोकल से उसकी भाषा और इलाक़े की संस्कृति के बारे में जानना एक यात्री होने के लिहाज़ से मेरे लिए अच्छा ही था।

क़रीब घंटा भर चलने के बाद जॉन ने टैक्सी को एक झील के किनारे रोक दिया। एक अजनबी मोड़ पर बने पुल को पार कर एकदम शान्त सी जगह पर टैक्सी रुकी हुई थी। जॉन ने बताया कि वो यहाँ एक बीड़ी पिएगा और तब तक मैं आस-पास तसवीरें खींच सकता हूँ। पुल पर खड़े होकर मैं कुछ देर इस एकांत को अपने अन्दर समेटता रहा। कहीं दूर से आती पंछियों की आवाज़ के अलावा मुझ तक कोई और आवाज़ नहीं पहुँच रही थी। स्कूल जाते कुछ बच्चे खिलखिलाते हुए दौड़ रहे थे। एक हरी झील सड़क के दोनों तरफ़ बिना कोई शोर किए बह रही थी। हलकी-हलकी धूप शरीर को सहला रही थी।

कुछ देर में जब हम आगे बढ़ गए तो जॉन ने बताया ये मिल्लम मारमाई नाम की एक जगह है और पास ही में एक डैम बना है। इसके कुछ आगे एक पुल से गुज़रते हुए उसने बताया कि ये मेकडोह ब्रिज है।

'सलमान खान का फ़िल्लम सूट हुआ था यहाँ। भोत फेमस है।"

जॉन ने भौत को लम्बा खींचा था। बीच-बीच में शब्दों को लम्बा खींचना उसके लहज़े का ख़ास आकर्षण था।

"इतना दूर से आया है आप। आपको मैं सब दिखाएगा। बाक़ी लोग तो बस जहाँ जाने बोला है वहीं छोड़ देता है। पैसा भी ज़्यादा लेता है। पर दो पैसे के लिए ऐसा क्या करना। बोलो कैसा बात है?"

ये कहकर मैकडोह ब्रिज के पास जॉन ने एक बार फिर गाड़ी रोक दी।

"वहाँ से रास्ता है। बेफिकर जहाँ जाना है जाओ। हम यहीं खड़ा है।"

जॉन ने कहा। न जाने क्यों मेरी शंका अब तक दूर नहीं हुई थी। एक अजनबी जगह पर बिना जान-पहचान के शख़्स के साथ ऐसे एकांत में घूमना क्या सेफ़ था? बीच-बीच में ये सवाल मेरे ज़ेहन में ज़रूर आ रहा था। जॉन एक ऐसा शख़्स था जो बातों से बहुत सीधा-साधा नहीं लग रहा था। बीच-बीच में उसकी बातों से ऐसा भी लगता कि रास्ते में ये कहीं कोई चालाकी दिखाने की कोशिश न करे। उसने यूँ भी यात्रा का क़रीब सत्तर फ़ीसदी किराया मुझसे पेट्रोल के बहाने से ले लिया था। अगर वो चाहे तो मुझे किसी व्यू प्वाइंट में छोड़ कर रफ़ूचक्कर हो सकता था। मैं वहाँ उसका कर ही क्या लेता? दिल्ली में रह-रह कर यूँ भी किसी की शख़्स को बिना शक बरी कर देना भूल जाते हैं हम। ये शक कई बार ख़तरों से बचाता भी है। लेकिन कई बार यात्राओं की रवानगी को कुछ-कुछ बेस्वाद भी कर देता है। ख़ैर अब मैं इस बियाबान में जॉन पर ही निर्भर था। इसलिए बेहतर यही था कि थोड़ी-बहुत सावधानियाँ रखते हुए ये मान लिया जाए कि मैं एक सही आदमी के साथ हूँ।

जॉन की गाड़ी का नम्बर नोट करके और बहाने से उसकी तसवीर उतार कर मैं व्यू प्वाइंट की तरफ़ बढ़ गया। रास्ते में जॉन मुझे जिन जगहों पर रोक रहा था उन्हें वो व्यू प्वाइंट ही कह रहा था। इन जगहों पर सुन्दर सीमेंटेड पगडंडियाँ बनी हुई थीं। क़रीने से बनी हुई एक पगडंडी, एक बालकनीनुमा ग्रिल लगी हुई किसी जगह तक ले गई, जहाँ से आस-पास के पहाड़ों या जंगलों का ख़ूबसूरत नज़ारा दिखाई दे रहा था। इन जगहों पर दूर-दूर तक कोई परिंदा भी नहीं था। एक अद्भुत शान्ति थी, जिसका मैं अकेला हक़दार था।

कुछ आगे फिर एक व्यू प्वाइंट आया, जहाँ पर बाडू नाम के एक शख़्स से मुलाक़ात हुई। छोटे क़द के इस शख़्स ने बताया उसकी उम्र 42 साल है। उसके 8 बच्चे हैं। इस व्यू प्वाइंट की शुरुआत में एक छोटा सा नुक्कड़नुमा कमरा था। जहाँ से बाडू ने रसीदबुक से एक पर्ची काट के दी। एंट्री की क़ीमत केवल पाँच रुपए थी। बाडू ने बताया कि बस्ती (गाँव) में हर साल

इन जगहों के लिए टेंडर निकलता है। ये टेंडर जिसको भी मिलता है, यहाँ से होने वाली कमाई साल भर के लिए उसकी हो जाती है। एक तरह से ये साल भर के लिए गाँव के किसी एक परिवार का रोज़गार का ज़रिया था। बाडू ने दस हज़ार रुपए देकर ये टेंडर इस साल के लिए अपने नाम करा लिया था। ईको टूरिज़्म से रोज़गार पैदा करने के लिए बस्ती की तरफ़ से हो रही ये पहल वाक़ई क़ाबिले तारीफ़ थी और इन जगहों को जिस तरह से मेंटेन किया गया था वो भी देखने लायक़ था। गन्दगी नाम की कोई चीज़ इन जगहों पर नहीं दिखाई दे रही थी। आस-पास के पेड़ों पर बाँस की खपच्चियों की बनी टोकरियाँ रखी हुई थीं, जो कूड़ा डालने के लिए थीं। पेड़ों में उनकी प्रजातियों के नाम भी लिखे हुए थे।

कुछ देर यहाँ गुज़ारने के बाद हम फिर आगे बढ़ गए। बातों-बातों में पता चला कि जॉन को बांग्लादेशियों से बड़ी दिक़्क़त है। शिलांग के पास डावकी नाम की जगह पर बांग्लादेश का बॉर्डर है।

"अरे जंगलों से और नदी के रास्ते ख़ूब माल यहाँ-वहाँ होता है। लेकिन आदमी यहाँ-वहाँ नईं हो सकता। इंडिया का आदमी वहाँ घुस गया तो वो खत्तम और बांग्लादेश का आदमी यहाँ घुस गया तो वो खत्तम।"

जॉन ने अपने लहज़े को बरक़रार रखते हुए इस बार 'खत्तम' को लम्बा खींचा था।

उसने बताया कि शिलांग म्यूज़िक और फ़िशिंग कॉन्सर्ट के लिए बड़ा मशहूर है।

"शिलांग तीन चीज़ के लिए 'भोत' फ़ेमस है। एक टू म्यूज़िक, दूसरा फ़िशिंग और तीसरा ऑरेंज। फ़िशिंग में 'भोत' पैसा है। 500 की एंट्री, दो-दो लाख का इनाम।"

अब जॉन मुझे एक फक्कड़ क़िस्म का आदमी लगने लगा था। लग रहा था कि उसे लोगों से बात करने में बड़ा मज़ा आता है और मुझे सुनने में। तो हमारी जोड़ी एक-दूसरे के लिए एकदम मुफ़ीद थी।

"जानता है, जहाँ आप जा रहा है उसे ख़ासी में क्या बोलता है? बोलता है 'जिंग-किंग-वा'। जिंग-किंग को बोलेगा डबल डेकर। और वा को बोलेगा रिवर।"

जॉन के साथ आने की अच्छी बात मुझे यही लग रही थी कि वो बातों-बातों में कुछ ऐसी जानकारियाँ देता जा रहा था, जो आपको आमतौर पर गाइड वग़ैरह से ही मिलती हैं। वो मेरे लिए ड्राइवर और गाइड दोनों का काम कर रहा था।

पहाड़ों पर घूमती हुई सड़क अब हमें एक पठार पर ले आई थी। मेघालय के ईस्ट ख़ासी हिल्स ज़िले में आने वाले इस पठारी हिस्से में आकर मैदानी इलाक़े में पहुँच जाने सा एहसास हो रहा था। समुद्र तल से लगभग 1500 मीटर की ऊँचाई पर मौसम एकदम ख़ुशनुमा बना हुआ था। आस-पास के खेतों में सूखी भूरी घास फैली हुई थी। रास्ते में घरों की संख्या बहुत कम थी। चेरापूंजी का ऐतिहासिक नाम सोहरा हुआ करता था। जॉन चेरापूंजी को हमेशा शेरापूंजी बोल रहा था। इससे मुझे यह बात पता चली कि इस इलाक़े में च को श बोला जाता होगा। चेरापूंजी का नाम अब तक सामान्य ज्ञान की किताबों में ही पढ़ा था। देश में सबसे ज़्यादा बारिश वाला इलाक़ा। बाद में पता चला कि दरअसल माशायरम में सबसे ज़्यादा बारिश होती है।

अब हमें डबल डेकर रूट ब्रिज पहुँचना था। इसलिए तय हुआ कि चेरापूंजी में ज़्यादा नहीं रुका जाएगा। अब मैं दूसरी सम्भावना के बारे में भी सोचने लगा था। क्यूँ न आज ही रूट ब्रिज जाकर शिलांग लौट आया जाए। अभी दिन का पहला पहर भी पूरा नहीं हुआ था। इस लिहाज़ से समय की ऐसी कोई दिक़्क़त भी नहीं थी। इस बात को ड्राइवर की कह मैं चेरापूंजी से एक संकरी सड़क से रूट ब्रिज जाने वाले रास्ते की तरफ़ बढ़ गया।

क़रीब पैंतालीस मिनट बाद हम एक शान्त सड़क पर थे, जहाँ कई गाड़ियाँ पार्क की गई थीं। यह टिरना नाम का एक गाँव था, जो घने जंगलों के एकदम बीच में बसा हुआ था। जॉन भी अब गाड़ी चलाते-चलाते थक गया था शायद। इस वक़्त पौने ग्यारह बज रहा था। जॉन ने बताया कि यहाँ से रूट ब्रिज के लिए पैदल ही जाना होगा और मुझे नीचे अकेले ही जाना होगा।

"आते हुए भो...त चढ़ाई है। जाते हुए एकदम डाउन। तीन घंटा में हो जाएगा। मैं यहीं पर रुकेगा। आप जाओ। शिलांग पहुँचाने के 2500 लेगा। इससे कम नईं। मैं बहुत सस्ता किया आपको। कोई और होता तो कम से कम 3500 लेना।"

जॉन अपनी ओर से आख़िरी क़ीमत बता चुका था। यहाँ घने जंगलों के बीच उसके अलावा मैं और किसी को नहीं जानता था। मुझे उसकी बात माननी ही थी। हमारा नेगोशिएशन चल ही रहा था कि एक शख़्स कार की खिड़की पर आके खड़ा हुआ।

"डबल डेकर जाएगा। गाइड लेना होगा। 1000 लगेगा।"

मैंने उस शख़्स को मना किया तो वो बोला—"बिना गाइड के नहीं जा पाएगा। ले लो।"

मैंने सख़्ती से मना कर दिया। उसके जाने पर जॉन बोला—

"अरे आप चले जाओ अकेले। पहुँच जाएगा।"

जॉन के इस भरोसे पे मैं अपना बैग और कैमरा लेके गाड़ी से उतर गया। एक पगडंडी ढलान पर उतर रही थी। यहीं से डबल डेकर रूट ब्रिज का रास्ता था। रूट ब्रिज कितना दूर है, रास्ता कैसा है, मुझे इसका रत्ती भर भी अन्दाज़ा नहीं था। मेरा अनुमान तो ये था कि जाते हुए चढ़ाई चढ़नी होगी और कहीं पहाड़ी पर जाकर ये रूट ब्रिज होगा, लेकिन हुआ इसका एकदम उलट था। टिरना गाँव में ले जाती पगडंडी पर उतरते अभी 10 मीटर भी नहीं हुए होंगे कि रास्ता तीन तरफ़ को कट गया। इन तीनों रास्तों में से कहाँ जाना है, यह मालूम न होने की वजह से मैं कुछ सकपका सा गया। जब अभी से समझ नहीं आ रहा तो आगे जाने क्या होगा। घने जंगल के बीच यहाँ तो कुछ आबादी थी, लेकिन आगे तो ये भी नहीं होगी। क्या मुझे गाइड कर ही लेना चाहिए? मैं सोच ही रहा था कि एक गाइड के साथ तीन-चार लड़के और कुछ लड़कियाँ हाथ में बाँस की डंडियाँ पकड़े बाईं तरफ़ वाले रास्ते पर जाते हुए दिखे।

मैंने भागकर पूरे आत्मविश्वास के साथ उनमें से एक लड़के से पूछा—

"डबल डेकर रूट ब्रिज जा रहे हो?"

"हाँ," उसने मुस्कुराते हुए कहा।

फिर दो-चार बातें और पूछ कर मैं आश्वस्त होकर उनके पीछे-पीछे चल दिया। छोटा सा गाँव था ये जिसके बाद रास्ता एक बेहद घने और सुनसान जंगल में जा रहा था। एकदम तीखी ढलान थी। सीमेंट की पगडंडी बनी हुई थी और उसके किनारे लोहे के गोल लगे हुए थे। मैं जिनके पीछे-पीछे चल रहा था वे इतना धीमे चल रहे थे कि मुझे ख़ुद पता नहीं चला कि मैं उनसे कब बहुत आगे निकल आया हूँ। बीच-बीच में दूर से बाँस के पेड़ों पर हथियार चलाने की आवाज़ आ रही थी। कभी-कभी विचित्र आवाज़ में चीख़ते लोग भी सुनाई दे जाते। जंगल इतना घना था कि दिन होने के बावजूद यहाँ कुछ-कुछ अँधेरा था। इस घने जंगल में मुझे वे भुतहा अंग्रेज़ी फ़िल्में याद आ रही थीं, जिनमें लोग बीहड़ जंगलों से गुज़र रहे होते हैं और कोई ख़तरनाक जीव कहीं उनके लिए घात लगाकर बैठा होता है। एक स्वाभाविक डर था, जिस वजह से मेरी रफ़्तार और तेज़ हो गई थी। ट्रेन में मिले फ़ौजियों की बात भी याद आ रही थी—"अकेले कहीं नहीं जाना। यहाँ लोगों का कोई भरोसा नहीं।"

ख़ैर इस वक़्त अकेले जाने के सिवा और चारा भी नहीं था। ये पता था कि आगे-पीछे लोग चल ही रहे होंगे लेकिन कितने आगे और कितने पीछे इसका

अन्दाज़ा नहीं था। क़रीब घंटे भर तक इन्हीं ख़यालों से जूझते हुए अकेले चलने के बाद मुझे एक बूढ़े अंकल अपनी पत्नी, लड़के और बहू के साथ दिखाई दिए। समाज की आम मान्यताओं के हिसाब से मैंने उन्हें रिश्तों में अपने-आप फ़िट कर लिया था। अंकल मुझे अकेले जाता हुआ देखकर थोड़ा हैरत में थे। मेरे हाथ में कैमरा देखकर उन्होंने पहला सवाल किया—

"फ़ोटोग्राफ़र हो?"

"हाँ, बस शौकिया।"

"अकेले आए हो या साथ में कोई और भी है?"

"हाँ अकेले ही हूँ।"

"अकेले तो हर कोई नहीं आता। क्या करते हो बेटा?"

"लिख लेता हूँ थोड़ा। एक ट्रैवलॉग की किताब भी आई है।"

ये सुनकर अंकल थोड़ा इम्प्रेस हुए शायद।

"अरे वाह! अकेले घूमते और लिखते हो। बोर नहीं होते?"

फिर ख़ुद ही बोले—

"राइटर हो ना इसलिए।"

मैंने अलग-अलग यात्राओं में लोगों से बात करते हुए महसूस किया है कि 'राइटर' को लेकर लोगों की अपनी-अपनी राय बनी होती है। एक स्टीरियोटिपिकल सी इमेज़ है। राइटर सुनते ही लोग आपसे तुरन्त कनेक्ट करते हैं और इंप्रेस हो जाते हैं। उनमें एक ख़ास क़िस्म की सहजता सी आ जाती है आपको लेकर। ये अपनी पहचान बताने का बुनियादी फ़ायदा होता है। लोग आपसे सहज होकर बात करने लगते हैं।

ख़ैर मेरे कुछ आगे बढ़ जाने के बाद अंकल अपनी पत्नी को हमारी बातचीत का बंगाली तर्जमा करके बताने लगे और मैं अपनी रफ़्तार से आगे बढ़ गया। कुछ आगे बढ़कर अचानक एक विस्तार सा खुला। लकड़ी और तारों का बना एक लम्बा पुल था यहाँ और नीचे एक शान्त सी नदी बह रही थी। पुल और नदी के बीच सर चकरा देने वाला फ़ासला था। दूर-दूर तक कोई नहीं था। ये पता नहीं चल रहा था कि यही रास्ता है या कोई और। पुल से पहले एक छोटी सी पगडंडी दाईं तरफ़ मुड़ ज़रूर रही थी लेकिन ऐसा लग नहीं रहा था कि ये रूट ब्रिज का मुख्य रास्ता होगा। मैं कुछ देर 'यहाँ जाऊँ या वहाँ' वाली मुद्रा में खड़ा रहा। दरअसल पुल पर इस तरह अकेले जाने में थोड़ा डर भी लग रहा था। कहीं बीच में टूटा हुआ तो बचने का कोई चांस नहीं होगा। इससे पहले भी एक पुल आ चुका था, जो टूटा-फ़ूटा था।

लेकिन उसके इंट्रेंस पर 'डोंट क्रॉस' का बोर्ड लगा था। पर यहाँ ऐसा कोई बोर्ड भी नहीं था। मेरा असमंजस और बढ़ता इससे पहले ही एक लड़का और लड़की पीछे से आए और पुल की तरफ़ बढ़ गए। उनके जाते ही पुल ज़ोर से हिलने लगा। लड़की डर से चिल्लाने लगी। लड़का उसका हाथ पकड़कर उसे धीरे-धीरे आगे ले गया। मैं उनके पीछे-पीछे हो लिया। कुछ ही आगे बढ़ा था कि लड़की एक बार फिर ज़ोर से चीख़ी। मैं अपनी जगह पर रुक गया। नीचे बहुत गहराई पर एक साफ़-सुथरी नदी थी। किसी तरह नदी की लहरों से नज़र मिलाई और फिर सर चकराने लगा। पीछे मुड़कर देखा तो वही बंगाली अंकल अपने परिवार के साथ आ रहे थे।

"अंकल पता है कि पुल पर कितने लोगों का जाना अलाउड है?"

मैं चीख़ा।

दूर पहाड़ों से टकराकर एक आवाज़ लौटी। जिसका पीछा दूसरी आवाज़ ने किया।

"राइटर, यू आर सो अफ्रेड ऑफ़ डेथ।"

"नो, आई एम नॉट।"

मैंने ख़ुद को झूठा दिलासा दिया और उस हिलते हुए पुल पर आगे बढ़ गया।

"राइटर, यू आर सो अफ्रेड ऑफ़ डेथ।"

ये आवाज़ और उसके बाद का एक लम्बा ठहाका बार-बार मेरे कानों में लौटकर आ रहा था।

अजनबी जगहों के अकेले सुनसान रास्तों पर अकेले यात्रा करते हुए भी वाक़ई आप अकेले नहीं होते। आपके भीतर के डर लगातार आपके साथ चलते हैं। आप चाहें या ना चाहें।

पुल पार करने के बाद एक तीखी चढ़ाई थी। कुछ सीढ़ियाँ चढ़ जाने के बाद मोड़ से एक बुज़ुर्ग औरत टहलते हुए आई। मुझे देखते ही वो थोड़ा सकपकाई और पीछे चली गई। कुछ पीछे एक बूढ़े अंकल बैठे हाँफ़ रहे थे। मैंने उन्हें सहज करने के लिए पूछा—

"रूट ब्रिज कितना दूर है?"

"बस आने ही वाला है।"

उन्होंने एक लाइन में उत्तर दिया।

मैं क़रीब 3000 सीढ़ियाँ उतर चुका था और यहाँ से क़रीब पन्द्रह मिनट चलने के बाद मैं नौंग्रियाट नाम के एक सुन्दर से गाँव में था। छोटे-छोटे घर थे। घरों के आँगन में धूप खिली हुई थी। सुन्दर-सुन्दर बच्चे खेतों में खेल रहे थे।

बूढ़ी औरतें घर के दरवाज़ों पर बैठी हुई थीं। इस गाँव से कुछ ही आगे बढ़ने पर एक शानदार नज़ारा मेरे सामने था। एक बहुत बूढ़े पेड़ की जड़ें इस क़दर फैली हुई थीं कि उनसे दोमंज़िला पुल बना हुआ था। इस पुल पार लोग आ-जा रहे थे। नीचे एक छोटी सी पहाड़ी नदी बह रही थी। साफ़-सुथरा पानी जिसमें तैरती हुई मछलियाँ पेड़ की परछाईं को अपने देह के कम्पन से नचा रही थीं। ये पुल वाक़ई क़ुदरत का कोई करिश्मा ही था। पूरी दुनिया में ऐसे कुछ ही पुल हैं और इनमें से दो मेघालय में हैं।

इन पुलों को लिविंग रूट ब्रिज कहा जाता है। नौंग्रियाट गाँव के इस पुल का नाम उमशियांग डबल डेकर रूट ब्रिज है। ये पुल दरअसल लम्बे परिश्रम का नतीजा हैं। मानव निर्मित इन पुलों को बनने में सदियाँ लग जाती हैं। रबड़ के पेड़ की जड़ों को आपस में गूँथकर एक ख़ास दिशा में फैलने दिया जाता है। अक्सर ऐसे पुल नदी की धारा के पास ही पाए जाते हैं। कहा जाता है कि इस पुल की उम्र 500 साल से भी ज़्यादा है। अक्सर ज़मीन के नीचे मज़बूती से जुड़ी रहने वाली जड़ें यहाँ ज़मीन के ऊपर पनपी थीं। और उनकी मज़बूती की मिसाल ये थी कि आपस में गुंथी इन जड़ों से बना पुल पचास लोगों का भार उठा सकता था।

वहीं बने नुक्कड़ पर कुछ देर सुस्ताकर मैंने चाय पी और मैगी खायी तो पेट को भी कुछ राहत मिली। फिर नीचे पानी में पैर डालकर बैठ गया। मेरे ठीक सामने एक बूढ़े बाबा सर पर हरा साफ़ा बाँधे पानी में पैर डाले धूप सेंक रहे थे। हर चीज़ से एकदम बेपरवाह से। उनकी परछाईं भी साफ़-सुथरे पानी में मछलियों के साथ गोते लगा रही थी। मैंने पानी को उन्हीं की तरह ठहरने दिया। जब दोनों के ठहराव एक जैसे हो गए तो मैंने एक तसवीर उतारी। उस बेपरवाह आदमी को इसका कोई भान नहीं हुआ।

यहाँ कई सैलानी थे पर भीड़ नहीं थी। शान्ति बरकरार थी। क़रीब डेढ़ घंटे मैं अकेले बैठा रहा। बीच-बीच में कुछ तसवीरें उतारता रहा मैं। घंटों की थकान का हासिल पेड़ों की जड़ों से बना एक शानदार दुमंज़िला पुल और उसकी छाँव में बहती एक शान्त साफ़-सुथरी पहाड़ी नदी।

लौटने का मन तो नहीं था, लेकिन ऊपर जॉन मेरा इन्तज़ार कर रहा था। अँधेरा होने की सुगबुगाहट होने से पहले ही ऊपर पहुँचना सुरक्षित था। एक तो घना जंगल और उस पर ज़बरदस्त चढ़ाई। लेकिन अब क्योंकि रास्ते का भान था तो कम से कम आगे क्या होगा इस बारे में ऐसा कोई वहम नहीं था।

बेहद तीखी चढ़ाई में एकदम अकेले लौटते हुए मुझे अपनी साँसों की आवाज़ सुनाई दे रही थी। बीच-बीच में पंछियों की अजनबी आवाज़ें और कभी-कभी पेड़ों से कुछ गिरने की आहटें लगातार मेरे साथ चल रही थीं। जब तक गाँव के अहाते में नहीं पहुँचा, तब तक मैं लगातार चलता रहा। एक अजनबी डर का पीछा करते हुए। जैसे ही आबादी के निशान दिखाई देने लगे मैं अपने आप सहज हो गया। रोड से कुछ नीचे हरी-भरी झाड़ियों के बीच सीमेंट की पक्की पगडंडी में एक विदेशी शख़्स नीचे की तरफ़ आता हुआ दिखाई दिया तो मैंने उत्सुकता से उसकी ओर देखा। वो मुस्कुरा दिया।

"गोइंग डाउन टू रूट ब्रिज? इट्स टू फ़ार। यू विल हैव टू हरी," मैंने कहा तो उसने चौंकाने वाली घोषणा की।

"यस आई नो। कमिंग हियर फ़िफ़्थ टाइम।"

मुझे ख़ुद पर थोड़ी शर्म आने लगी। एक यह शख़्स था जो दुनिया के किसी दूसरे कोने से आकर यहाँ बेख़ौफ़ घूम रहा था। एक मैं था जो इसी देश का होने के बावजूद यहाँ पहली बार आ रहा था और डरा हुआ भी था। बातों का सिलसिला चल निकला तो उसने बताया कि वो अब तक पाँच डिप्लोमा कर चुका है। इससे पहले वो पूर्वोत्तर के कई इलाक़ों में जा चुका था। उसके मणिपुर के बारे में ख़याल बहुत अच्छे नहीं थे।

"मणिपुर इस नॉट ग्रेट। टू मच सिक्योरिटी। दे स्टॉप यू इन एंट्री विलेज। आस्क यू टु गेट डाउन। उफ़! नो ट्रस्ट।"

लेकिन मणिपुर के उलट मिज़ोरम पर उसकी राय एकदम अलग थी।

"इफ़ यू मेक कांटैक्ट, इट्स ऑलवेज़ पार्टी टाइम देयर। वेरी गुड पीपल।"

उसने नाचने का इशारा करते हुए बताया। जूलियन नाम के इस शख़्स से क़रीब पन्द्रह मिनट तक बातचीत होती रही और फिर मैं आगे बढ़ गया। मुझे उसे देखकर रश्क हो रहा था। जैसे मुझे देखकर अब तक कई लोगों को हो चुका था। कुछ ऊपर जाकर एक साइन बोर्ड पे नज़र ठिठकी जिस पर लिखा था—'फ़ोर ब्रदर्स एंड टू सिस्टर्स शॉप'। चाय पीने का मन हो रहा था और कुछ खाने की भूख भी लग ही आई थी। मैं इस दुकान पे पहुँच गया। वहाँ बैठी महिला को बताया कि मैं बोर्ड की वजह से यहाँ आया हूँ तो वो मुस्कुरा दी। मैगी और चाय एक बार फिर खाने के विकल्पों में शुमार हो गई। शाम की लौटती हुई धूप के साथ अब हमें भी लौटना था। पार्किंग में जॉन कार में लेटा था। मुझे देखकर वो उठा और मुस्कुराकर बोला—

"कैसा लगा? मज़ा-मज़ा?"

मैं कार की आगे की सीट पर बैठ गया। उसे चलने का इशारा करते हुए मैंने बताया कि मुझे बहुत मज़ा आया। जंगल को पार कर कार कुछ देर में ईस्ट ख़ासी हिल के पठारों के ऊपर जाती सड़क पर फ़र्राटा भर रही थी। दूर एक सूरज लगातार लाल होता हुआ पहाड़ के पीछे अदृश्य सीढ़ियों में उतर रहा था। हम शिलांग की ओर वापस लौट आए थे।

8

भाग्य का तीर

आठवाँ दिन
शिलांग
16 फ़रवरी

सुबह के नौ बज रहे थे। मैं नाश्ता करके सिद्धार्थ और हिमानी दी के घर से निकला। किराने की दुकान चलाने वाले जोशी जी से एक रस्मी मुलाक़ात हुई और बातचीत चल निकली। जोशी जी ने बताया कि वो पिछले 20 साल से शिलांग में रह रहे हैं।

"बहुत शान्त जगह है। हमने सुना था कि 79 में एक बार बड़े दंगे हुए थे। किसी मन्दिर को तोड़-फोड़ दिया गया था यहाँ। उसके बाद बाहरी और यहाँ के लोगों के बीच ख़ूब मार-पिटाई हुई। कई लोग मरे उन दंगों में। तब मैं तो नहीं आया था। लेकिन जब से मैं यहाँ आया, तब से कभी कोई दिक़्क़त नहीं हुई।"

उन्होंने आगे कहा—"हमारे एक रिश्तेदार थे यहाँ। बारहवीं पास करके मैं ऐसे ही घूमने आया। जगह बहुत बढ़िया लगी तो कुछ दिन यहाँ रुक गया। फिर जाने का मन ही नहीं हुआ। उन्हीं की दुकान में काम करने लगा। फिर कोयले की खदान के पास दोस्त के साथ एक दुकान डाल ली। बाद में अपनी दुकान यहीं खोल ली। तब से शान्ति से रह रहे हैं। बस घर ही नहीं बना पाए अब तक। यहाँ बाहर वालों को ज़मीन नहीं मिलती।"

जोशी जी ने बताया कि यहाँ बाहर से आए कई बड़े बिज़नेसमैन बस इसलिए यहाँ की लड़कियों से शादी कर लेते हैं, ताकि यहाँ ज़मीन खरीद सकें। यहाँ के मातृसत्तात्मक समाज में ज़मीन के अधिकार औरतों के पास रहते हैं। इसलिए समाज में उनका महत्त्व भी पुरुषों से ज़्यादा है।

कुछ देर की बातचीत के बाद जोशी जी ने मेरे लिए आज का प्लान बना दिया।

"रिंझा से सीधे पोलो की शेयर्ड टैक्सी मिलती है। पोलो से म्यूज़ियम, लेडी हेडरी पार्क और वार्ड्स लेक तीनों एकदम पास-पास हैं। दिनभर घूम लेना वहाँ।"

जोशी जी ने पोलो का ज़िक्र आने पर बताया कि अब से कुछ साल पहले तक ये इलाक़ा सुरक्षित नहीं माना जाता था। लेकिन अब कोई दिक़्क़त नहीं है।

उनसे विदा लेकर मैंने रिंझा से पोलो के लिए टैक्सी ली। काली रंग की छोटी मारुति 800 में पीछे की सीट पर लोग एक-दूसरे से इतने सटकर बैठे थे कि पता ही नहीं चलता कि कब एक देह की सीमा ख़त्म और दूसरे की शुरू होती है। लड़के-लड़कियाँ, बुज़ुर्ग, बच्चे। साथी पैसेंजर कौन है, इससे कोई ख़ास फ़र्क़ नहीं पड़ता। सब एक-दूसरे के साथ एकदम सहज नज़र आते हैं।

क़रीब दस-बारह मिनट में टैक्सी पोलो में थी। इस जगह का नाम 'पोलो' क्यूँ रखा गया होगा, ये सवाल मेरे ज़ेहन में था। पोलो एक व्यस्त सा चौराहा था जहाँ कई छोटे-छोटे काउंटर अपनी ओर ध्यान आकर्षित कर रहे थे। ये काउंटर किस चीज़ के थे ये भी एक सवाल था जो अभी अनसुलझा था। पता चला कि दरअसल यहाँ एक पोलो ग्राउंड है जिसमें एक ख़ास खेल खेला जाता है—तीर का खेल। ख़ासी जनजाति के लोगों का यह एक पारम्परिक खेल है। इन काउंटर्स पर लॉटरी के टिकट मिलते हैं। बाँस का एक टार्गेट होता है, जिसमें ख़ासी आर्चरी एसोसिएशन के तीरन्दाज़ तीर छोड़ते हैं। चार मिनट में क़रीब 1500 तीर इस निशाने पर साधे जाते हैं। जितने तीर निशाने पर लगते हैं उन्हें गिन लिया जाता है और उस नम्बर के आख़िरी दो नम्बर का जिसके टिकट से मिलान होता है उसे विजेता घोषित किया जाता है। बीबीसी की एक रिपोर्ट के मुताबिक़, मेघालय में क़रीब 5000 सट्टेबाज़ तीर के इस खेल में शामिल हैं, जिनमें से 1500 शिलांग में हैं।

शिलांग के निवासियों की दिनचर्या का हिस्सा हो गए इस खेल के पीछे मान्यताएँ बहुत पुरानी हैं। ख़ासी जनजाति के लोग मानते हैं कि तीरन्दाज़ी का यह उपहार 'का शिनम' नाम की देवी को सीधे भगवान ने दिया था। भगवान से मिला धनुष और तीर उन्होंने अपने बेटों को सौंप दिया। यू सिन्ना और यू बतितों नाम के उनके दोनों बेटे इस धनुष और बाण से खेलते-खेलते बढ़िया तीरन्दाज़ बन गए। आज भी किसी घर में जब कोई लड़का पैदा होता है तो 'का जर का थोह' नाम एक कार्यक्रम किया जाता है और बच्चे के सामने एक

धनुष और तीन तीर रखे जाते हैं। पहला तीर उसकी ज़मीन का द्योतक माना जाता है, दूसरा उसके कुल का और तीसरा उस बच्चे का। ये तीर और धनुष उसकी मृत्यु के समय तक सँभाल के रखे जाते हैं। मरते वक़्त आख़िरी तीर को उसके साथ ही दफ़ना दिया जाता है, जबकि दो तीरों को धनुष की प्रत्यंचा पर चढ़ाकर आकाश में छोड़ दिया जाता है। माना जाता है कि ये तीर उसकी आत्मा के साथ स्वर्ग तक जाएँगे।

एक काउंटर पर लगे काले बोर्ड पर सफ़ेद चौक से लिखी संख्याओं से उपजी एक छोटी सी जिज्ञासा किस तरह से कहानियों के पिटारे खोल देती है। भारत का जनजातीय समाज ऐसी मान्यताओं और उनसे जुड़ी रोचक कहानियों का ख़ज़ाना लिए बैठा है। ये हम पर है कि उस ख़ज़ाने तक कैसे पहुँच पाते हैं।

पोलो से अगली टैक्सी से मैं अब डॉन बॉस्को म्यूज़ियम में था। एकदम शान्त सी जगह के बीच एक पारम्परिक सी इमारत थी यह, जिसका मुख्य द्वार काफ़ी सज़ा-धजा था। बाहर बने काउंटर से टिकट लेकर मैं अन्दर गया तो लगा एक गली जैसे पूर्वोत्तर के इतिहास की तरफ़ चल पड़ी हो। कोट-पैंट पहने एक शख़्स मेरे पास आया और उसने बड़े प्यार से मुझे म्यूज़ियम में शुरुआत करने का रास्ता बताया।

"सर बेसमेंट से शुरुआत कीजिए और फिर साइन बोर्ड फ़ॉलो करते रहिए।"

बेसमेंट की तरफ़ एक जीना जा रहा था। इस पूरी इमारत में पाँच मंजिलें थीं और दो मंज़िलें बेसमेंट की थीं। म्यूज़ियम में जैसे-जैसे जीने चढ़ता जा रहा था, वैसे-वैसे एक ख़याल दिमाग़ में अपनी जड़ बना रहा था। अपनी लोकसंस्कृति को बचाए रखने का इससे बेहतर तरीक़ा और क्या हो सकता है।

पूर्वोत्तर की सभी जनजातियों की पोशाकें, उनके शिकार करने के हथियार, उनके खेती करने के पारम्परिक साधन, उनके चेहरे-मोहरे की झलक देती मूर्तियाँ और अलग-अलग जनजातियों के ग्रामीण जीवन की झाँकी। पाँच मंज़िल अकेले चढ़ जाने के बाद भी ऐसा महसूस ही नहीं हुआ कि किसी साथ की ज़रूरत हो। हर मंज़िल पर जैसे पूर्वोत्तर का गौरवशाली अतीत साँस ले रहा हो। पाँचवें फ़्लोर से ढलान वाली घुमावदार छत पर एक रास्ता जा रहा था जिसे स्टील की रेलिंग से पूरी तरह ढका गया था और सीखचों के बीच शिलांग का पूरा नज़ारा दिखाई दे रहा था। म्यूज़ियम के ऊपर बने इस स्काई वॉक से शिलांग का नज़ारा देखते हुए ऐसा लग रहा था जैसे वाक़ई आप किसी टाइममशीन पर बैठकर अतीत

की यात्रा पर निकले हों और फिर अब वापस वर्तमान में लौट आए हों। इतनी ऊँचाई से शिलांग को देखना अपने में एक अनोखा अनुभव था। हरियाली के बीच उगा हुआ मकानों का जंगल और बैकग्राउंड में पहाड़ियाँ। बीच-बीच में बड़ी-बड़ी पारम्परिक इमारतों वाले चर्च दिखाई दे रहे थे। इस म्यूज़ियम की एक मंज़िल पर कृशचेनिटी का पूरा इतिहास बताया गया था। धर्म का काम यहाँ भी ज़ोर-शोर से चल रहा था।

यहाँ से निकलने पर एक बस मिली जो मुफ़्त में गोल्फ़ कोर्स तक ले आई। पता चला कि ये बसें म्यूज़ियम के आस-पास से गुज़र रहे लोगों के लिए एक मुफ़्त सेवा के तौर पर चलाई जाती हैं।

दुपहरी की धूप इस हरी घास के बड़े से उभारों और ढलानों वाले मैदान में बिखरी हुई थी। पेड़ों के तलों पर प्रेमी जोड़े एक-दूसरे में मशगूल थे। बच्चे मैदान के अपेक्षाकृत समतल इलाक़े में फ़ुटबॉल खेल रहे थे। कुछ देर एक पेड़ के तले बैठकर मैं भी धूप सेंकता रहा। पास ही कैन्टोनमेंट का इलाक़ा भी नज़र आ रहा था। बिना किसी काम के इस तरह एक अजनबी शहर के एक कोने से दूसरे कोने तक अकेले फिरना और उसे जानने की कोशिश करना एक अद्‌भुत एहसास होता है। जैसे आप किसी नए प्रेम में हों और अपने प्रेमी को जानने के लिए उससे अकेले में बात कर रहे हों। इस शहर में मेरा हर नया क़दम शहर के साथ एकदम बेआवाज़ होकर एक नई बात करने की तरह ही था। गोल्फ़ कोर्स से जी भर गया तो मैं वाड्र्स लेक की तरफ़ चल पड़ा।

ब्रिटिश अधिकारी सर विलियम वाड्र्स के निरीक्षण में इस झील का निर्माण कार्य शुरू हुआ। उस वक़्त वो असम के चीफ़ कमिश्नर थे। तब मेघालय असम का हिस्सा हुआ करता था। 1894 में झील बनकर तैयार हुई। उस समय कर्नल हॉप्किन्स इस निर्माण कार्य की देखरेख कर रहे थे। झील की पृष्ठभूमि में शिलांग पीक का ख़ूबसूरत नज़ारा दिखाई देता है।

कुछ देर में मैं वाड्र्स लेक के अहाते में था। एक ख़ूबसूरत झील जिसके बीच में एक सफ़ेद पुल है। पुल के दोनों ओर लगभग ठहरी हुई इस झील में लोग बोटिंग कर रहे थे। झील के दोनों तरफ़ करीने से पगडंडियाँ बनी थीं, जिनके किनारे हरी घास के मैदान थे। देवदार के ऊँचे-ऊँचे पेड़ झील में परछाईं बनकर नावों के इर्द-गिर्द तैर रहे थे। मैदानों में बैठने के लिए कई बेंच लगाई गई थीं। हरी घास पर बत्तखें बेपरवाह टहल रही थीं। नौजवान लोग अपने दोस्तों के साथ घूम रहे थे और परिवार बच्चों के साथ। शिलांग के बीचोबीच यह एक सुकून भरी जगह थी और मौसम इतना सुहावना कि यहाँ बैठे आप

दिन-भर गुज़ार दें। पेड़ों पर बैठे पंछियों की आवाज़ें जैसे इस पूरी सेटिंग को एक बैकग्राउंड म्यूज़िक दे रही थीं। अफ़्रीकी मूल का लग रहा एक शख़्स झुंड में बैठी औरतों और लड़कियों के समूह के बीच से एक 22-23 साल की लड़की को अपनी बाँहों में झुला रहा था। सारी औरतें और लड़कियाँ इस पर ज़ोर-ज़ोर से ठहाके लगा रही थी। ज़िन्दगी के न जाने कितने रंग इस छोटे से अहाते में बिखरे हुए थे।

कुछ देर अकेले आस-पास के नज़ारों का आनन्द लेने और आते-जाते लोगों को देखते रहने के बाद मैंने गुवाहाटी में मिली अंकुर की दोस्त शीला को फ़ोन किया। शीला मुझे अपने पिताजी से मिलाना चाहती थी। उसके पिता मोहापात्रा जी ज़िले के डिस्ट्रिक्ट इन्फॉरमेशन एंड पब्लिक रिलेशन ऑफ़िसर (डीआईपीआर) के पद पर थे। शाम के वक़्त उनसे मुलाक़ात तय हो गई।

वाड्र्स लेक से निकलते वक़्त हलका सा अँधेरा घिरने लगा था। कुछ देर पुलिस बाज़ार के व्यस्त चौराहे पर तफ़रीह करने के बाद मैं मोहापात्रा जी से मिलने निकल गया। मोहापात्रा जी एक ख़ुशमिज़ाज और मिलनसार व्यक्ति लग रहे थे। हमारी थोड़ी ही बातचीत के बाद उन्होंने कई लोगों से मेरी मुलाक़ातें तय करवा दी। कई सारी मैगज़ीनें भी उन्होंने दे दीं और कहा ये आपके लिखने के काम आएँगी। वे ख़ुद भी लिखने के शौक़ीन लग रहे थे।

"आपको जो भी हेल्प चाहिए हो बताना, मुझसे जो बन पड़ेगा मैं करूँगा," मोहापात्रा जी ने आश्वासन दिया। मुझे सचमुच नहीं पता था कि मैं उनसे क्या-क्या मदद ले सकता हूँ।

क़रीब दो घंटे की मुलाक़ात के बाद रात नौ बजे मैं वापस रिंझा की तरफ़ बढ़ गया। मेरे पास पूर्वोत्तर से जुड़ी पत्रिकाओं की एक खेप थी, जो मोहापात्रा जी ने मुझे दी थी। इसमें पूर्वोत्तर के इलाक़ों की तसवीरों से सजी कुछ कॉफ़ी टेबल बुक भी रखी थीं। बैग पत्रिकाओं के बोझ से भारी हो गया था। शीला मुझे मुख्य सड़क तक छोड़ने आईं।

"अरे मैं चला जाऊँगा। इतनी रात को निकलना आपके लिए सेफ़ नहीं होगा।"

मैंने कहा तो शीला मुस्कुरा दी।

"मैं तो इससे भी देर तक अकेले यहाँ घूमती हूँ। शिलांग बहुत सेफ़ जगह है!"

इस उड़िया मूल की लड़की के चेहरे की बेपरवाही बता रही थी कि शिलांग लड़कियों के लिए वाक़ई एक सुरक्षित जगह है। 'मुख्यधारा' के शहरों में रहते

हुए अँधेरे के साथ औरतों की असुरक्षा का जुड़ा होना कितना स्वाभाविक लगने लगता है। यहाँ आकर समझ आ रहा था कि अँधेरा होने के बाद औरतों का अपनी सुरक्षा के लिए अपने घरों में दुबक जाना दरअसल एक स्वाभाविक बात नहीं है।

आस-पास एकदम ख़ामोशी थी। बाज़ार बन्द हो चुका था। एक ख़ाली चौराहे पर स्ट्रीट लाइट की रोशनी में मैं टैक्सी का इन्तज़ार कर रहा था। कुछ देर मैं ख़ाली सड़क पर भटकता रहा। पता नहीं चल रहा था कि आख़िर रिंझा के लिए टैक्सी कहाँ से मिलेगी। कोई था भी नहीं जिससे पूछता।

कुछ देर में एक टैक्सी वाला गुज़रा तो उससे पता चला कि मैं ग़लत जगह पर खड़ा हूँ। टैक्सी वाले से पता करके मैं सही स्टॉप पर पहुँचा। थोड़ी ही देर में एक टैक्सी मुझे रिंझा की तरफ़ ले गई। घर में सिद्धार्थ और हिमानी दी मेरा खाने पे इन्तज़ार कर रहे थे। मैंने उन्हें क़रीब एक घंटा लेट कर दिया था। सुबह सबको जल्दी उठना था। एक ख़ूबसूरत यात्रा हमारे इन्तज़ार में थी।

9

एक नदी जो आईना भी थी

नवाँ दिन
शिलांग-मावलीनोंग-डावकी-शिलांग
17 फ़रवरी

आज शिलांग से क़रीब 80 किलोमीटर का सफ़र तय करके हमें सबसे पहले जिस जगह जाना था उसे मावलीनोंग कहा जाता है। मेघालय के इस सुदूर गाँव को 2003 में डिस्कवर मैगज़ीन ने एशिया के क्लीनेस्ट विलेज यानी 'सबसे साफ़-सुथरे गाँव' का दर्जा दिया। तभी से मेघालय के ईस्ट ख़ासी हिल ज़िले का यह गाँव दुनियाभर के पर्यटकों के आकर्षण का केन्द्र बन गया।

मैंने टैक्सी वाले जॉन को पिछली रात ही फ़ोन कर दिया था। वो बस कुछ देर में ही आने वाला था। आज की यात्रा में सिद्धार्थ और हिमानी दी के साथ उनका बेटा पार्थ भी मेरा हमसफ़र होने वाला था। तीनों बहुत उत्साहित थे, क्योंकि उन्हें शिलांग आए हुए क़रीब दो साल होने को आए थे और वो काम की व्यस्तता के चलते बहुत ज़्यादा घूम नहीं पाए थे। वो आज पहली बार डावकी जा रहे थे। उनके साथ चलने से एक फ़ैमिली पिकनिक का सा माहौल बन गया था।

जॉन ने रिंझा पहुँचकर फ़ोन किया। उसके पास वही छोटी सी टैक्सी थी, लेकिन कुछ ही आगे चलने पर वो झटके मारने लगी थी। सिद्धार्थ कुछ परेशान लग रहे थे। बच्चा और पत्नी भी साथ में थे शायद इसलिए उन्हें कुछ ज़्यादा कम्फ़र्ट की उम्मीदें थी। लेकिन ये गाड़ी कुछ ज़्यादा ही हिचकोले खा रही थी। मैं जॉन को आज के पूरे दिन की यात्रा का कमिटमेंट दे चुका था,

इसलिए असमंजस में था। लेकिन फिर जॉन ने बताया कि आज हमारे साथ वो नहीं चलेगा बल्कि उसकी बग़ल की सीट में बैठा शख़्स हमें डावकी लेकर जाएगा। ये बात मुझे खटकी थी। मैं जॉन के साथ महज़ इसलिए जाना चाहता था क्योंकि वो यात्रा के दौरान इस इलाक़े के बारे में काफ़ी कुछ बता रहा था। लेकिन अगर वो साथ नहीं चल रहा तो इस टैक्सी से जाने का यूँ भी कोई मतलब नहीं था। पुलिस बाज़ार पहुँचते-पहुँचते सिद्धार्थ ने कह ही दिया कि हमें दूसरी गाड़ी कर लेनी चाहिए। जॉन कुछ देर ढाढ़स देता रहा कि आगे सड़क अच्छी है। दिक़्क़त नहीं होगी। मैं तो अब तक यात्रा की किसी भी असुविधा के लिए तैयार था लेकिन बुक की गई टैक्सी में एक छोटे बच्चे के साथ ऐसी असुविधा में जाना भी कोई समझदारी नहीं थी। आख़िरकार हमने जॉन को बोल ही दिया कि हम इस गाड़ी से आगे नहीं जा पाएँगे।

बहस-मुबाहिसों के बीच पुलिस बाज़ार पहुँचते-पहुँचते जॉन ने हामी भर दी। उसे कुछ रुपए दे दिए गए और वहाँ से एक दूसरी गाड़ी कर ली गई। ये गाड़ी ज़्यादा आरामदेह थी। थोड़ा आगे बढ़ते ही समझ आ गया कि वाक़ई जॉन की गाड़ी इसकी अपेक्षा बहुत ज़्यादा असुविधाजनक थी। यहाँ गाड़ी बदलने का एक और फ़ायदा हुआ। गाड़ी के ड्राइवर यादव जी थे। वो शुरुआत में ख़ामोश-ख़ामोश से थे, पर कुछ आगे बढ़ते ही वो रौ में आने लगे। पता चला कि वो भी कम बातूनी नहीं थे। क्योंकि यादव जी बाहर से आकर यहाँ बसे थे, इसलिए इलाक़े को एक दूसरे पक्ष से देखने-समझने का मौक़ा आज मेरे पास था। जैसे-जैसे गाड़ी आगे बढ़ रही थी, यादव जी और ज़्यादा खुल रहे थे और उनके अन्दर की कुंठा बाहर आने लगी थी। मैंने यादव जी से यहाँ रहने के उनके अनुभव के बारे में जानना चाहा तो वो कहने लगे—

"ये खसिया लोग अच्छा लोग नहीं हैं। ख़ूब झमेला करते हैं।"

उनकी इस बात के पीछे की वजह उनके आगे बताए क़िस्से में झलक गई थी।

"मेरा बच्चा एक खसिया के यहाँ ट्यूशन पढ़ने जाता था, तो वहाँ कुछ खाता-पीता नहीं था। पानी-पेशाब सबके लिए दौड़-दौड़ कर घर वापस आ जाता था। एक दिन ट्यूशन पढ़ाने वाली ने उससे पूछा कि वो ऐसा क्यों करता है तो बच्चा बोला—तुम लोग गौ खाता है, इसलिए। देखिए कितना समझदार है बच्चा हमारा। हम भी इन लोग के यहाँ कुछ खाते-पीते नहीं हैं।"

समझ आया कि यहाँ के स्थानीय ख़ासी लोगों के प्रति दुर्भावनाओं के पीछे उनका गाय खाना एक बड़ी वजह है। यादव जी टैक्सी चलाने के चलते पूर्वोत्तर

के कई इलाक़ों में घूम चुके थे। उनके पास क़िस्सों की कमी नहीं थी। उन्होंने बताया कि एक बार मिज़ोरम में उन्होंने ट्रैफ़िक रूल तोड़ते हुए ओवरटेक कर लिया। ट्रैफ़िक पुलिस वाला आया तो लगा अब पैसे देने पड़ेंगे। लेकिन उसने इशारा किया और क़रीब आधा-पौना किलोमीटर उन्हें गाड़ी बैक करनी पड़ी और वापस लाइन में लगना पड़ा।

"यही मेरा पनिशमेंट था। लोग बड़े अच्छे लगे मिज़ोरम के मुझे।"

यादव ने जज़मेंट दिया। और फिर टिप्पणी मणिपुर की तरफ़ शिफ़्ट हो गई।

"लेकिन मणिपुर के लोग अच्छे नहीं हैं। एक बार किसी को इम्फाल छोड़ना था। उन्हें छोड़कर लौट रहा था तो रास्ते में सवारियाँ बैठा लीं। एक जगह दो-तीन लड़के ज़बरदस्ती गाड़ी के आगे आ गए। उनके हाथ में डाउ (तलवारनुमा हथियार था)। मैंने गाड़ी रोकी तो उन्हें देखते ही पीछे बैठे लोग दरवाज़ा खोलकर भाग गए। पीछे देखा तो सब ग़ायब थे। वे लोग अपनी भाषा में कुछ कह रहे थे। बहुत ग़ुस्से में लग रहे थे। गाड़ी का शीशा पीट रहे थे। मैं क्या करता। कुछ समझ तो आ नहीं रहा था। दरवाज़ा लॉक किया और बैठा रहा। थोड़ी देर चिल्लाकर वो चले गए। कुछ देर में गाड़ी से भागे पैसेंजर लौट आए तो मैंने पूछा कि मामला क्या है? उन्होंने बताया कि ये 'अंडरवर्ल्ड' के आदमी हैं। मणिपुर में कब, कौन किसे गोली मार दे पता नहीं चलता।"

बातों-बातों में क़रीब तीन घंटे सफ़र तय करके हम रिवाई नाम के एक गाँव में थे। मावलीनोंग यहाँ से क़रीब दो किलोमीटर दूर था। ड्राइवर ने बताया कि सबसे पहले हमें रिवाई के लिविंग रूट ब्रिज की तरफ़ जाना चाहिए। यादव जी ने गाड़ी रोकी और बताया कि यहाँ से क़रीब आधा किलोमीटर चलकर ही एक ऐसा पुल है जो पेड़ों की जड़ों से बना है। एक ख़ूबसूरत पगडंडी पर चलकर थोड़ी ही देर में हम लिविंग रूट ब्रिज पर थे। रबड़ का ऊँचा पेड़ हमारे सामने था जिसकी जड़ें एक पहाड़ी से दूसरी पहाड़ी पर पहुँचती हुई एक अनूठा पुल बना रही थी। पुल के नीचे एक छोटी पहाड़ी नदी बह रही थी। मेघालय के ईस्ट ख़ासी हिल, वेस्ट ख़ासी हिल और जयंतिया में ऐसे और भी कई पुल हैं। नौंग्रियाट का पेड़ की जड़ों से बना दुमंज़िला पुल मैं पहले देख ही चुका था भारत के अलावा जावा, सुमात्रा, इंडोनेशिया ये कुछ ऐसे देश हैं जहाँ इस तरह के अनूठे पुल पाए जाते हैं। कुछ देर हम प्रकृति और मनुष्य के समन्वय से बने इस अनूठे पुल का जायज़ा लेते रहे और फिर वहाँ से वापस टैक्सी में लौट आए।

कुछ ही देर में हम एशिया के सबसे साफ़ गाँव में थे। गाड़ी से उतरकर हम गाँव को देखने चल दिए। वाक़ई यहाँ साफ़-सफ़ाई पर ख़ास ध्यान दिया गया था। गाँव के बीच से गुज़रती पगडंडियों में एक पत्ता तक नहीं गिरा था। हरे-पीले रंगों में रँगे घरों के आस-पास भी गन्दगी का नामोनिशान नहीं था। गाँव में बाँस के पेड़ भी बहुतायत में थे। खेतों में दालचीनी के पत्तों के ढेर भी रखे हुए थे जो सम्भवत: गाँव से ही इकट्ठा किए गए थे।

गाँव के बीचोबीच एक कच्ची सड़क जा रही थी और सीमेंट की पगडंडियाँ इन सड़कों से घरों की तरफ़ कट रही थीं। बीच में चौक बना हुआ था। चौक के पास एक छोटा सा बाज़ार था, जिसमें यादगारी के लिए हस्तशिल्प का सामान रखा हुआ था। ख़ासी पारम्परिक परिधान में बनी-ठनी महिलाएँ इन पोशाकों को यहाँ आए पर्यटकों को भी पहना रही थीं। पर्यटक इन्हें पहनकर बड़े उत्साह से फ़ोटो खिंचा रहे थे।

यहाँ ख़ासी जनजाति की शैली में बनाई गई बाँस और छप्पर की बनी झोंपड़ियाँ भी थीं जिनके बाहर बाँस के ही बने कूड़ेदान रखे गए थे। पेड़ों से पगडंडी पर गिरने वाले हर पत्ते तक को यहाँ की महिलाएँ और बच्चे इन कूड़ेदानों में डाल देते हैं। सफ़ाई को लेकर गाँव वालों का यह अनुशासन वाक़ई क़ाबिले तारीफ़ था।

बाँस के तनों से यहाँ एक मचान भी बनाई गई थी। क़रीब 85 फ़ीट ऊँची इस मचान से आस-पास के इलाक़े के शानदार नज़ारे दिखाई देते हैं। एक और बात जो इस गाँव के बारे में ख़ास है वो यह कि यहाँ की साक्षरता दर सौ फ़ीसदी है। घूम-घाम लेने और खाना खा लेने के बाद अब हम निकल गए अपने अगले पड़ाव यानी डावकी की तरफ़।

घने जंगलों के बीच से गुज़रती सँकरी सड़क जैसे हमें किसी बियाबान में लेकर जा रही थी। रास्ते में इक्का-दुक्का गाड़ियाँ ही गुज़र रही थीं। इस वीरानी से गुज़रती गाड़ी के भीतर यादव जी के क़िस्से थमने का नाम नहीं ले रहे थे।

"हमारे आस-पास जो जंगल हैं वो बांग्लादेश और भारत के बीच में अवैध घुसने की जगह हैं। यहाँ से दोनों देशों के बीच तस्करी भी बहुत होती है। लेकिन पुलिस ने पकड़ लिया तो फिर वो नहीं छोड़ती।"

यादव जी के साथ बातों-बातों में हम काफ़ी आगे निकल आए थे। हम एक घने जंगल से गुज़र रहे थे। जंगल के उस पार उमंगोट नदी थी और नदी के दूसरी तरफ़ बांग्लादेश की सीमा। नदी में एक तरफ़ भारत के मछुआरे हैं और दूसरी तरफ़ बांग्लादेश के। दोनों मछुआरे एक-दूसरे देश की सीमा से गुज़रती

नदी से मछली नहीं पकड़ सकते। यादव जी से बातें चल ही रही थीं कि घने जंगल के बीच से गुज़रती ऊबड़-खाबड़ सड़क पर गाड़ी एक झटके से रुकी और एक ज़ोर के धमाके की आवाज़ हवा में गूंज गई। यादव जी फ़टाफ़ट गाड़ी से उतरे। मैं मन ही मन सोच रहा था कि इस घने जंगल के बीच कहीं टायर न पंचर हो जाए। लेकिन हमारा भाग्य अच्छा था। टायर के ऊपर लगे मडगार्ड का एक प्लास्टिक का टुकड़ा टूटकर टायर के नीचे आ गया था। यादव जी ने उसे खींचकर निकाल दिया और हम आगे बढ़ गए।

क़रीब ढाई बजे हम डावकी में थे। एक सँकरी टूटी-फूटी पहाड़ी सड़क के किनारे कई गाड़ियाँ लाइनवार खड़ी थी। सड़क के नीचे एक नदी बह रही थी। एक साफ़-सुथरी और पारदर्शी नदी। इतनी ख़ूबसूरत नदी मैंने आज तक नहीं देखी थी। मैंने अपने कैमरे पर एक फ्रेम बनाया और एक तसवीर उतारी। स्क्रीन पर एक बढ़िया चित्र था। एक नाविक अपनी नाव खे रहा था। पानी इतना साफ़-सुथरा था कि लग रहा था जैसे वो हवा में नाव चला रहा हो। उसकी नाव से कुछ दूर नाव की परछाईं भी तैर रही थी। जैसे किसी पंछी के पीछे-पीछे उसका कोई नाज़ुक सा नौसिखिया बच्चा भी उड़ान भर रहा हो।

समुद्र तल से क़रीब 1800 मीटर की ऊँचाई पर मौजूद शिलांग पीक से निकलने वाली उमंगोत नदी प्रकृति के किसी साफ़-सुथरे आईने सी बिछी हुई थी। दूर एक झूला पुल नज़र आ रहा था। 1932 में बना यह पुल नैशनल हाईवे 40 का हिस्सा था जो भारत और बांग्लादेश के बीच एक अहम कड़ी बनकर नदी के छोरों पर बनी पहाड़ियों को आपस में जोड़ रहा था। दोनों देशों के बीच कोयले, चूनापत्थर से लेकर संतरे और अनन्नास तक के व्यापार के लिहाज़ से इस व्यस्त सड़क पर इस पुल का होना यहाँ की अर्थव्यवस्था की भी एक अहम ज़रूरत था।

सड़क से कटी ढलान पर एक कच्चा रास्ता नदी की तरफ़ जा रहा था। कुछ देर में हम डावकी के क़रीब बहती उमंगोट नदी पर नाव की सवारी कर रहे थे। नदी के दूसरी तरफ़ लोगों का सैलाब और शोर था। नाविक ने बताया कि ये बांग्लादेश के लोग हैं। आज उनका कोई त्योहार है इसलिए उस पार मेला लगा है। एक देश अपना जश्न मना रहा था। एक दूसरा देश दूर से उसे देख रहा था। हम उस भीड़ के दूसरी तरफ़ चले आए थे। हलकी-हलकी धूप खिली हुई थी। नाविक ने बताया कि कुछ देर हम नदी किनारे आराम कर सकते हैं। वो आधे घंटे में हमें यहाँ से वापस लेकर चला जाएगा। यहाँ नदी किनारे छोटे-बड़े पत्थरों के बीच लोग आराम कर रहे थे। कुछ लोग नदी में

पैर डालकर गुनगुने पानी के स्पर्श का मज़ा ले रहे थे। कुछ लड़कियाँ पानी में सर डुबाकर अपने बाल बिखराती हुई खिलखिला रही थीं। वहीं कुछ लोगों ने रात में यहीं ठहरने और कैम्पिंग करने की ग़रज़ से अपने टैंट लगाए हुए थे। नदी में तमाम नावें आ-जा रही थीं। हमारी नाव कभी-कभी डगमगाती तो लहरों का कम्पन शरीर में महसूस होने लगता। कई किलोमीटरों की थकाऊ यात्रा के बाद एक आदर्श पड़ाव था ये।

क़रीब पौने घंटे यहाँ ठहरकर हमने नाविक को लौटने को कहा। मन तो नहीं था लेकिन हमें कोशिश करके अँधेरा होने से पहले शिलांग के आस-पास पहुँचना था। यहाँ से लौटकर गाड़ी में पहुँचे तो ड्राइवर ने बताया कि आगे डावकी क़स्बे का बाज़ार है और उसके छोर पर बांग्लादेश का बॉर्डर है। हम बॉर्डर तक जाना चाहते थे। ड्राइवर हमें ले जाने को तैयार था। डावकी में आज कुछ अलग ही चहल-पहल थी। शराब की दुकानों पर ज़बरदस्त भीड़ थी। लड़के-लड़कियाँ डगमागते से रोड पर टहल रहे थे। यादव जी ने बताया तो याद आया अगले दिन यहाँ चुनाव हैं। ये उसी की तैयारी है। बांग्लादेश के बॉर्डर पर पहुँचे तो लगा ये भी कोई सीमा हुई भला? दो गेटों के बीच एक बैरिकेट था जो भारत बांग्लादेश की सांकेतिक सीमा था। कुछ देर इस सीमा पर खड़े रहने के बाद हम लौट आए। लौटते हुए डावकी में भीड़ का आलम कुछ और ही हो गया था। एक के बाद एक गाड़ियों का हुजूम आ रहा था। हर गाड़ी में स्थानीय भाषा में तेज़ संगीत बज रहा था और गाड़ियों की छतों में बैठे आदमी-औरत मस्ती में बेतहाशा नाच रहे थे। सबके सब नशे में धुत लग रहे थे। क्या आदमी क्या औरतें सब मदमस्त थे। ऐसा लगता था जैसे पूरे डावकी को किसी ने भांग पिला दी हो। हमारा लोकतंत्र नशे में धुत होकर अपने नुमाइंदे चुन रहा था। डावकी आकर लग रहा था कि मतदान शराब के नशे को सत्ता के नशे में बदल देने की क़वायद भर हैं।

"अभी सब पी के मस्त हैं। शाम को यही सब यहाँ झमेला करेंगे। साला ये खसिया लोग होता ही झमेलाबाज़ है।"

यादव जी ने मौक़ा मिलते ही अपने कुंठा फिर निकाल दी। लौटते हुए यादव जी ने बताया कि डावकी में रात को ट्रकों का मेला लग जाता है। ये ट्रक कोयला भर-भर के बांग्लादेश जाते हैं।

"कोयला ले जाने वाला ड्राइवर ख़ूब कमा लेता है। कोयला भी तीन तरह का होता है। एक नम्बर, दो नम्बर और तीन नम्बर। एक नम्बर कोयला कई बार जलाया जा सकता है इसलिए वो सबसे अच्छा होता है।"

कोयले का खनन मेघालय की अर्थव्यवस्था का एक अहम हिस्सा है। ख़ासी और जयंतिया की पहाड़ियों पर ऐसी कई खदानें हैं जहाँ धरती के गर्भ से कोयला निकाला जाता है। कोयले का ये धन्धा हज़ारों प्रवासियों को देश के अलग-अलग हिस्सों से मेघालय की इन खदानों तक ले आता है। अच्छी कमाई के लिए ये मज़दूर कोयले की इस स्याह दुनिया में चले आते हैं और इनमें से कई फिर कभी वापस नहीं लौट पाते। 'रैट होल माइनिंग' के धन्धे में शामिल इन मज़दूरों को पहाड़ों के बीच खोदी जाने वाली सँकरी सुरंगों में जाकर कोयला निकालना होता है। सुरंगें खोदना, इन तक पहुँचना और कई-कई घंटों, कई-कई दिनों तक इस सँकरी अँधेरी दुनिया में बिताना जीविका कमाने का एक जानलेवा तरीक़ा है। लेकिन इनसान कई बार इतना मजबूर होता है कि ज़िन्दा रहने के लिए उसे मरने की परवाह छोड़नी होती है। इन खदानों से खुदाई में पैसा तो बहुत निकलता है लेकिन विज्ञान को ताक पर रखकर की जा रही इस खुदाई से मेघालय के पानी, हवा और खेती को जो नुकसान हुआ है उसे जान-बूझकर नज़रअन्दाज़ किया जाता रहा है। 2014 में नेशनल ग्रीन ट्रिब्यूनल (एनजीटी) ने 'रैट होल माइनिंग' पर प्रतिबन्ध लगा दिया था लेकिन जिस राज्य की सत्ता में शामिल क़रीब 30 फ़ीसदी नेता इन खदानों के मालिक हों वहाँ इस प्रतिबन्ध को कौन मानेगा।

मेघालय में सन 1840 से ही कोयले की खुदाई शुरू हो चुकी थी। 1980 से खनन की इस प्रक्रिया में तेज़ी आने लगी। 1979 में कोयले का सालाना उत्पादन 39,000 टन था जो 2014 तक आते-आते 50 लाख टन हो गया। एनजीटी का यह प्रतिबन्ध मौजूदा चुनावों का एक बहुत बड़ा मुद्दा भी है। इसका आँकड़ा ज़रूर है कि मेघालय में हज़ारों की संख्या में मौजूद इन खदानों से सालभर में राज्य के ख़ज़ाने में कितना पैसा जुटता है लेकिन इसका कोई आँकड़ा नहीं है कि ये खदानें सालभर में कितने मज़दूरों की क़ब्रगाह बन जाती हैं। इन मज़दूरों में युवाओं के साथ-साथ महिलाएँ और बच्चे भी शामिल हैं। इन खदानों के भीतर होने वाली कई तरह की दुर्घटनाओं के अलावा भी मज़दूरों की मौत की कई वजहें होती हैं। सुरंगों में काम कर चुके हज़ारों मज़दूर टीबी जैसी साँस की बीमारियों की चपेट में भी आ जाते हैं। इन खदानों के आस-पास बहने वाली नदियों का पानी इनके रासायनिक अवशिष्ट से दूषित होता है। फ़सलें बर्बाद हो जाती हैं। खदानों के लिए खोदी गई 5 से 100 मीटर तक की गहरी सुरंगों में गिरने से भी कई स्थानीय और प्रवासी लोगों की मौत की ख़बरें आती रहती हैं। मौत की सुरंगों में जीने का

ज़रिया मुहैया कराती कोयला खदानों की कहानियाँ सुनते-सुनते अब अँधेरा होने लगा था।

हम शिलांग शहर में प्रवेश कर चुके थे। मैरी का कथीड्रल जगमगाती रोशनी में नहाया हुआ सा हमारी गाड़ी के किनारों से गुज़र गया। इस जगमगाहट से गुज़रते हुए हम कुछ देर बाद अपने ठिकाने पर आ पहुँचे थे।

10

एक फ़ैशनपरस्त पहाड़ी शहर

दसवाँ दिन
शिलांग
18 फ़रवरी, 2018

आज मेरे पास कोई ख़ास काम नहीं था। कहीं बाहर जाना तय नहीं था। मैं महज़ इसलिए शिलांग रुक गया था क्योंकि मोहापात्रा जी ने कुछ लोगों से मीटिंग फ़िक्स की थी और बताया था कि ये लोग इस इलाक़े में बारे में अच्छी जानकारी दे सकते हैं। आज मुझे किसी झुनझुनवाला जी से मिलना था लेकिन उन्होंने मिलने समय दिन के तीन बजे दिया था। तब तक मुझे समय काटना था। यहाँ इतनी दूर आकर घर में बैठे रहने का कोई फ़ायदा नहीं था और कहीं बाहर जाकर तीन बजे तक लौटना मुश्किल था।

मैं साढ़े दस बजे घर से निकल गया। एक नए शहर में बिना किसी काम के भटकने से बेहतर और कुछ नहीं होता।

क़रीब बारह बजे मैं भटकते हुए वार्ड्स लेक पहुँचा। वो जगह जिससे मैंने शिलांग आने के दूसरे ही दिन दोस्ती कर ली थी। वार्ड्स लेक आकर शहर की सामुदायिक संस्कृति का भी अन्दाज़ा हो रहा था। कई लोग अपने परिवारों के साथ यहाँ आए थे, कई लोग समूह में थे और युगल थे। बाहर से आए सैलानी अलग से पहचाने जा रहे थे। ख़ास बात ये थी कि इस वक़्त यहाँ सैलानियों से ज़्यादा स्थानीय लोग थे। युवा पीढ़ी सेल्फ़ी लेने में व्यस्त थी। लड़कियाँ इस कला में पूरी तरह अभ्यस्त मालूम हो रही थीं। इंस्टाग्राम पर लाइक बटोरने की अदाओं में वो माहिर हो गई सी लगती थीं। फ़ैशन के मामले में ये शहर दिल्ली को पीछे छोड़ रहा था। लड़कों का ख़ास ज़ोर हेयर स्टाइल मेंटेन करने में था।

दोपहर वार्ड्स लेक और पुलिस बाज़ार के इर्द-गिर्द बेवजह भटकते हुए बिताने के बाद मैं तीन बजे के क़रीब पुलिस बाज़ार के पास बने ईस्टर्न पनोरमा के दफ़्तर में था। ईस्टर्न पनोरमा एक पत्रिका है जिसे झुनझुनवाला जी निकालते हैं। यहाँ के सबसे पुराने मारवाड़ी प्रवासियों के परिवार से ताल्लुक़ रखने वाले झुनझुनवाला सहज स्वभाव के लगे। 19वीं सदी के पहले दशक में उनका परिवार शिलांग चला आया था। उन्होंने बताया कि उनके पुरखे बैलगाड़ी से यात्रा करके यहाँ आए।

"तब बैलगाड़ी से ही आते थे लोग। गुवाहाटी से शिलांग आने में चार दिन का समय लग जाता था और चार रुपए किराया था। तब के चार रुपए यानी आज के चार हज़ार समझ लीजिए।"

झुनझुनवाला जी से बातचीत बढ़ी तो उन्होंने बताया कि मारवाड़ियों ने इस इलाक़े के विकास में काफ़ी योगदान दिया।

"अच्छी बात ये है कि हमें यहाँ कभी किसी ने पीछे धकेलने की कोशिश नहीं की। सबने बहुत सपोर्ट किया। नॉर्थ ईस्ट के बारे में दिल्ली में ग़लत छवि बनी हुई है। ये शान्ति पसन्द लोगों की जगह है। आपने भी देखा होगा लोग कितने सरल हैं यहाँ के।"

झुनझुनवाला पूर्वोत्तर में आकर बसने के अपने पुरखों के फ़ैसले से सन्तुष्ट नज़र आ रहे थे।

"लड़के-लड़कियों का घुलना-मिलना दिल्ली में घमासान की वजह बन जाता है। यहाँ उसे ग़लत नहीं माना जाता। ये एक प्रोग्रेसिव सोसाइटी की निशानी है।"

लड़के और लड़कियों के आपसी सम्बन्धों को इससे पहले गुवाहाटी में रविशंकर जी ने भी ख़ासतौर पर रेखांकित किया था।

झुनझुनवाला जी पूर्वोत्तर को मिलने वाले सरकारी बजट से ख़ुश नहीं थे। उनका कहना था कि पहले यहाँ के राज्यों को अच्छा-ख़ासा पैसा मिलता था। अब उसमें बहुत कटौती ही गई है। उनका मानना था कि भ्रष्टाचार भी यहाँ बाक़ी राज्यों से बहुत कम है।

"आप यहाँ की सड़कों को बाक़ी जगह से कम्पेयर कर लीजिए। आपको बेहतर मिलेंगी।"

क़रीब एक घंटे तक झुनझुनवाला जी से बातचीत चलती रही। मैं उनकी बातों को अपने कैमरे पर रेकॉर्ड भी कर रहा था। इसलिए भी वो काफ़ी उत्साहित लग रहे थे।

"अब आपको बहुत मटीरियल मिल गया होगा। इतना बहुत रहेगा।"

क़रीब घंटे भर तक मेरे सवालों के जवाब देने के बाद अब वो थक गए थे शायद और उन्हें कहीं जाने की जल्दी भी थी, इसलिए उन्होंने अपना कार्ड थमाते हुए कहा—

"फिर मिलते हैं आपसे। अभी थोड़ा जल्दी में हूँ। एक ज़रूरी मीटिंग है। माफ़ कीजिएगा।"

मेरे साथ वो भी दफ़्तर को ताला लगाकर बाहर निकल आए। वो केवल मुझसे मिलने के चलते इस वक़्त दफ़्तर में आए थे। एक पत्रिका के सम्पादक को इस शहर ने 'सरल' होना सिखा दिया था शायद।

पत्रिका के दफ़्तर से लौट तो आया था मैं पर अभी मेरे पास काफ़ी समय था। मैं घर अब रात तक ही लौटना चाहता था। टहलते हुए पुलिस बाज़ार के चौराहे पर चला आया। यहाँ अच्छी-ख़ासी भीड़ थी। शायद इसलिए भी कि पूर्वोत्तर के इलाक़े में जाने वाली टैक्सी भी यहीं मिल रही थी। इसलिए सैलानी भी यहाँ काफ़ी संख्या में थे और शहर का केन्द्र तो ये जगह है ही। लोकल टैक्सी भी यहीं से चल रही थी। साथ ही कपड़ों का एक बड़ा बाज़ार और एक मॉल भी इस इलाक़े में था। कपड़े के बाज़ार में तो पैर रखने की जगह नहीं थी। यहाँ नेपाली, बंगाली और स्थानीय दुकानदार लोगों को चिल्ला-चिल्लाकर आकर्षित कर रहे थे। शाम घिरने को आई थी। पास ही के एक नुक्कड़ से लाउड स्पीकर पर ज़ोर-ज़ोर से चीख़ते हुए एक शख़्स अंग्रेज़ी में कुछ बोल रहा था। उसके साथ खड़ा दूसरा शख़्स उसका हिन्दी अनुवाद कर रहा था।

"यीशु दयालु है। वो सबकी रक्षा करता है।"

ईसाई धर्म का प्रचार-तंत्र ज़ोर-शोर से अपने काम पर लगा था। लेकिन शहर ख़ुद में मशगूल था। यीशु की दया का सारा वृत्तान्त गुवाहाटी जाने वाले टैक्सी ड्राइवरों की पुकार में कहीं दबा जा रहा था। धर्म और यात्राओं का बाज़ार भले ही गर्म हो पर मौसम लगातार ठंडा हो रहा था। इस बीच गर्म कपड़े बेचने वाला एक दुकानदार मौक़े का फ़ायदा उठाकर कुछ लड़कियों को एक फ़र वाली जैकेट बेचने की पूरी कोशिश कर रहा था।

बाज़ार के शोर ने कुछ ही देर में एक ऊब सी पैदा कर दी थी और पैर बरबस वापस वाड्र्स लेक के रास्ते की तरफ़ चल पड़े थे। वहाँ सुकून पसरा हुआ था। एक लड़का एक लड़की को डांस करना सिखा रहा था। दोनों के हाथ एक-दूसरे की कमर में फिसल रहे थे। तीन लड़कियाँ बग़ल की बेंच में बेस्ट सेल्फ़ी लेने की कोशिश कर रही थीं। फ़ोटो किस एंगल से हो इस पर

एक संक्षिप्त बहस चल पड़ी थी। तसवीरों से रोशनी धीरे-धीरे कम होती जा रही थी। शहर का उजाला मेरे अन्दर समाता जा रहा था।

एक शहर जिसके पास पहाड़ हों, पेड़ हों, सारी मूलभूत सुविधाएँ हों, झीलें हों, झरने हों, भाषाएँ हों, अपनी कला-संस्कृति को बचाए रखने की ताब हो और सबको अपना लेने का सब्र हो। शिलांग एक ऐसा ही शहर है। यहाँ होना वहाँ होना है जहाँ आप ख़ुशी-ख़ुशी अक्सर होना चाहते हैं।

11

ब्रह्मपुत्र के दूसरे छोर पर

ग्यारहवाँ दिन
शिलांग-तेजपुर
19 फ़रवरी

पिछली रात मैंने तय किया कि सुबह-सुबह मैं तेज़पुर के लिए निकल जाऊँगा। मेरे होस्ट सिद्धार्थ ने तेज़पुर में मेरे रहने का इन्तज़ाम कर दिया था। उनके विभाग में काम करने वाले एक शख़्स तेज़पुर में रहते हैं। उन्होंने उनसे बात कर ली और एक अनजान शहर में मेरा रहने का इन्तज़ाम हो गया। लेकिन रहने के इन्तज़ाम से बड़ी बात यह थी कि अब मुझे वहाँ कोई गाइड करने वाला था।

"वैसे मैं भी कभी मिला नहीं हूँ अजीत से। पर फ़ोन पर हमारी इतनी बात होती है कि अच्छी दोस्ती हो गई है। ख़ाली फ़ोन पर इतनी अच्छी दोस्ती है, मिले होते तो पता नहीं क्या होता।"

सिद्धार्थ अपनी इस दोस्ती के लिए बहुत ख़ुश लग रहे थे। और मैं अपनी इतने दिन की मेज़बानी के लिए अन्दर से उनका कृतज्ञ हुआ जा रहा था।

मुझे पता चला था कि सुबह शेयर्ड टैक्सी यहाँ से तेज़पुर के लिए निकलती है। इसलिए क़रीब नौ बजे मैं टैक्सी के तयशुदा स्थान होटल सफ़ायर के बाहर खड़ा था। ये वही जगह थी जहाँ मैं परसों झुनझुनवाला जी से मिला था। टैक्सी को दस बजे निकलना था। अब ग्यारह बजने वाला था। पिछले दो घंटे से टैक्सी का इन्तज़ार करते हुए अब बोरियत होने लगी थी। टाइम तो जाया हो ही रहा था। टैक्सी में दो सवारियों की जगह अभी बची थीं। लेकिन टैक्सी में बैठी सवारियाँ, जिनमें मैं भी शामिल था, उस पर लगातार दबाव बनाए जा रही

थीं। आख़िरकार क़रीब सवा ग्यारह बजे इस दबाव ने काम किया और हम शिलांग से निकल गए।

मेघालय की सीमा पार कर अब हम असम में थे। जोराबाट पहुँचकर ड्राइवर ने बताया कि तेज़पुर जाने के लिए मुझे यहीं उतरना होगा। मैं अपना बैगपैक लादे सड़क के दूसरी तरफ़ गाड़ी का इन्तज़ार करने लगा। एक टैम्पो ट्रैवलर आकर रुकी।

"कहाँ जाओगे?" दरवाज़े से बाहर लटकता हुआ कंडक्टर चिल्लाते हुए बोला।

"तेजपुर," मैंने कहा।

"गाड़ी कमती है। बैठ जाओ। नौगाँव तक छोड़ देंगे।"

मैंने गटफ़ीलिंग के वशीभूत कंडक्टर पर भरोसा नहीं किया। ट्रैवलर गुज़री भी नहीं थी कि एक बस आई। सामने शीशे पर टंगे बोर्ड पर लिखा था—तेजपुर। मैंने ट्रैवलर के कंडक्टर की तरफ़ देखा। उसके चेहरे पर एक निर्लज्ज सी हँसी तैर रही थी। उसका झूठ पकड़ा गया था, लेकिन वो इससे बेपरवाह सवारियों को आवाज़ देता रहा। कुछ देर में दरवाज़े पर उसने अपनी हथेली से एक ज़ोरदार प्रहार किया और ट्रैवलर आगे बढ़ गई।

बस में पीछे की तरफ़ मुझे एक सीट मिल गई। हाईवे पर बस ने रफ़्तार पकड़ ली थी। टायर के ऊपर वाली सीट होने की वजह से धक्के बहुत लग रहे थे। कंडक्टर इधर-उधर नज़रें फिराता हुआ मेरी तरफ़ आ रहा था। उसकी नज़र मेरे दूसरी तरफ़ की सीट पर जाकर टिकी। वहाँ एक लड़की लेटी हुई थी। हवा से उसकी टीशर्ट नाभि से कुछ ऊपर आ गई थी। कंडक्टर की नज़र बार-बार उसी जगह पर चली जा रही थी। मुझसे किराया लेने के बाद भी कुछ देर तक उसकी नज़रें वहीं भटकती रहीं। क़रीब बीस-बाईस साल की उस लड़की की बेपरवाही हवा से उड़ते बेतरतीब बालों में किसी परचम की तरह लहरा रही थी।

जोरबाट से तेज़पुर का टिकट उस सरकारी बस में 170 रुपए का था। मैंने तेज़पुर के अपने होस्ट अजीत को फ़ोन किया। भारी आवाज़ वाले अजीत के लहज़े में एक सरलता थी। उन्होंने कहा कि क़रीब तीन घंटे बाद ब्रह्मपुत्र नदी पर एक बड़ा सा पुल आएगा। आप वहीं पहुँचकर एक बार फ़ोन कर दीजिएगा। फिर पूर्वा चार्ली में उतर जाइएगा। आपको तेज़पुर नहीं जाना है। उससे पहले ही पूर्वा में उतरना है। ये एक स्पष्ट सा सन्देश था जिसे उसी स्पष्टता के साथ समझ लिया गया।

बस की खिड़की के बाहर अब असम की हरियाली लहराने लगी थी। सुन्दर-सपाट खेत थे और उनमें नए-नए रोपे हुए धान के पौधे लहरा रहे थे। रोपाई के पानी में खेतों के बीच खड़े बड़े-बड़े पेड़ों और आस-पास उड़ते पंछियों के प्रतिबिम्ब दिखाई दे रहे थे। बीच-बीच में आसमान भी पानी से लबालब उन खेतों में अपनी परछाईं देखकर ख़ुश हो रहा था। मौसम खुला हुआ था। आसमान के चेहरे पर बने अदृश्य होंठों से एक रौशन सी मुस्कुराहट झांक रही थी। सुपारी के ऊँचे-ऊँचे पेड़ अपनी ही धुन में नाच रहे थी। हवा उनसे न जाने किस बात पर अठखेलियाँ किए जा रही थी।

दरवाज़े और खिड़की के बाहर जहाँ भी छोटी-छोटी रिहाइशें दिखाई देतीं वहाँ स्कूल से लौटते लड़के-लड़कियाँ भी दिखाई देते। एक प्यारी सी धूप उनके चेहरों को ताज़ा कर देती। उनमें से कुछ हमारी बस में चढ़ जाते और छोटी सी दूरी तय करने के बाद कहीं उतर जाते। उनके आने-जाने से बस एक में चहल-पहल सी हो गई थी। उनकी खिलखिलाहटों ने सफ़र को कुछ और ख़ुशनुमा सा बना दिया था।

बस नौगांव से आगे निकल आई थी। अजीत से बात किए अब तीन घंटे होने वाले थे। मुझे वो पुल अब तक नज़र नहीं आया था जिसके बारे में अजीत ने बताया था। कहीं मैं आगे न निकल जाऊँ, ये सोचकर मैं अपने बग़ल में बैठी 30-35 साल की लड़की से बार-बार पूछ रहा था कि पूर्वा चार्ली अभी कितनी दूर है और पुल आया कि नहीं?

"अरे ऊ बहोत बारा पुल है। आएगा तो पक्का दिखाई देगा।"

लड़की ने असमिया अन्दाज़ में कहा। मैं अजीत को फ़ोन करने की सोच ही रहा था कि अजीत का ही फ़ोन आ गया।

"कहाँ पहुँचे सर? पुल आया कि नहीं?"

मेरे मना करने पर उन्होंने शान्त भाव से कहा—

'कोई नहीं अब आने ही वाला होगा। '

अजीत के फ़ोन रखने के कुछ देर बाद एक मोड़ आया। बस अब एक पुल पर चढ़ चुकी थी। एक पुल जो शुरू हुआ तो फिर ख़त्म होने का नाम ही नहीं ले रहा था।

"आ गिया पुल।"

मेरे बग़ल में बैठी औरत ने मुस्कुराते हुए कहा।

ये कालिया भोमोरा पुल था जिसकी लम्बाई तीन किलोमीटर से भी ज़्यादा थी। अहोम राजा कालिया भोमोरा फूकन के नाम पर बना यह पुल 1987

में बनकर तैयार हुआ। यह पुल ब्रह्मपुत्र नदी के उत्तरी किनारे पर शोणितपुर और दक्षिणी किनारे पर नौगांव को जोड़ता है। इसकी नींव के लिए 25 खुले कुएँ खोदे गए जिनकी गहराई 56 मीटर तक थी। ब्रह्मपुत्र की विशालता एक बार फिर अचम्भित कर रही थी। 6 साल में बने इस पुल ने घंटों में तय की जाने वाली दूरी को मिनटों का बना दिया। यहाँ ब्रह्मपुत्र असम को दो हिस्सों में बाँट रही थी। इस पुल ने न केवल असम को मुख्यधारा से जोड़ा बल्कि पूर्वोत्तर के बड़े हिस्से को भी शेष भारत से जोड़ने में अहम भूमिका निभाई।

कुछ ही देर में हमने पुल पार कर लिया और कंडक्टर ने बताया कि पूर्वा आ गया है। मैं बस से उतर गया। पूर्वा के आगे 'चार्ली' लगाने का तुक मुझे समझ नहीं आ रहा था। जिस जगह पर बस ने मुझे उतारा था वो किसी पिछड़ी देहाती जगह का आभास दे रही थी। ये दरअसल चौराहा था जहाँ से दाईं तरफ़ तेज़पुर यूनीवर्सिटी को एक सड़क जा रही थी। सामने एक बोर्ड लगा था। जिस पर लिखा था 'पूर्वा चाराली'। तो ये 'चार्ली' नहीं चाराली था। मैं अजीत को फ़ोन पर अपने पहुँचने की सूचना दे चुका था। अजीत की कोई पहचान मेरे पास नहीं थी। लेकिन कुछ देर में एक स्कूटी मेरे पीछे आकर रुकी। उस पर बैठे लड़के ने मुझसे मुख़ातिब होते हुए मुझसे पूछा—"उमेश?"

फ़ॉर्मल पैंट-शर्ट पहने ये शख़्स अजीत थे।

"आपका बैग देखकर समझ आ गया था कि आप ही होगे।"

अजीत ने मुस्कुराते हुए कहा। अब मैं भी स्कूटी पर था।

एक शहर में जहाँ मैं पहली बार आया था, एक ऐसे शख़्स के साथ जिससे मैं पहली बार मिला था। पिछली सीट पर बैठे हुए मैंने सवाल किया—

"ये चाराली क्या होता है? मैं अब तक चार्ली समझ रहा था।"

अजीत ने बताया कि चाराली दरअसल चौराहे को कहते हैं। और असम के इलाक़ों में कई बस्तियों के नाम इसी चाराली पर पड़े हैं। कहीं चौक, कहीं राउंड अबाउट, कहीं चाराली। कई भाषाओं वाले इस देश में एक चौराहे के न जाने कितने ही और नाम होंगे।

हम असम की जिस शुरुआती हरियाली को पीछे छोड़ आए थे वो यहाँ आकर वाक़ई में पीछे छूट गई लगती थी। एक छोटी बेरंग सी दुकानों वाली एक उदासी भरी जगह लग रही थी पूर्वा चाराली। अजीत मुझे अपने कमरे पर ले आए। उनकी पत्नी कुछ दिन पहले ही अपने गाँव गई थी। अजीत ने बताया कि वो इलाहाबाद से हैं। यहाँ एक सरकारी नौकरी करते हैं। प्रतियोगिता परीक्षाओं की किताबें उनके बिस्तर पर बिखरी हुई थीं। वो किसी बेहतर

सरकारी नौकरी की तैयारी में जुटे हुए थे। अजीत की रुचि लिखने-पढ़ने में थी। शाम होने तक वो मेरी वेबसाइट खंगाल चुके थे और एक लेख के बारे में पूछ चुके थे।

"जब आप ऐसा लिख रहे थे, तो क्या सोच रहे थे?"

ये एक लेखक से पूछा जाने वाला बहुत आम सवाल नहीं था। पर उसका जवाब देते हुए हमने कुछ देर चर्चा ज़रूर की। शाम के वक़्त अजीत मुझे पूर्वा के पास की एक सब्ज़ी मंडी में ले गए। वो सब्ज़ियों को लेकर मोल-भाव करते रहे और मैं मंडी का जायज़ा लेता रहा।

शाम को मैंने पुलाव बनाने का ऑफ़र दिया। लेकिन पुलाव बनाने के बाद खाने बैठा तो खाने का एकदम मन नहीं हुआ। मैं बेमन से खा रहा था।

अजीत ने देखा और कहा—

"मैं देख रहा हूँ आप ठीक से खा नहीं रहे? कोई दिक़्क़त लग रही है?"

मैंने अजीत को अपने सिमटम बताए और उन्होंने किसी मझे हुए डॉक्टर की तरह कहा—

"वजह हमने पकड़ ली है। आपको गैस हो रही है। हमें भी बहुत दिक़्क़त हुई है, इसलिए हम जानते हैं।"

वाक़ई में परेशानी की वजह यही थी। मुझे इस वक़्त यात्रा के दूसरे दिन मिला वो फ़ौजी नौजवान याद आ रहा था।

"असम का पानी बहुत ख़राब है।"

उसकी इस बात के साथ गैस की दवाओं के वो सैकड़ों पत्ते मेरी आँखों के सामने नाचने लगे। लेकिन इस वक़्त उनमें से सिर्फ़ एक गोली की चाह भी कहाँ पूरी होनी थी। देर हो चुकी थी। अब रात अजवाइन के सहारे ही कटनी थी।

12

एक और इनरलाइन पास

बारहवाँ दिन
तेजपुर
20 फ़रवरी

सुबह देर से नींद खुली। अजीत नाश्ता बना चुके थे।

"आप गहरी नींद में थे, इसलिए डिस्टर्ब नहीं किया।"

सुबह की शुरुआत अजीत के इस वाक्य से हुई। उनको ऑफ़िस के लिए निकलना था और वो जल्दबाज़ी में थे।

"आप नाश्ता कर लीजिएगा। मुझे अभी निकलना है। दिन में 12 बजे तैयार रहिएगा। आपका इनरलाइन पास बनवाने चलना है।"

इनरलाइन पास! तो मैं अब एक और इनरलाइन पास बनवा रहा था। पिछली बार इस इनरलाइन पास ने एक ताउम्र याद रखे जाने वाले सफ़र और एक किताब की बुनियाद रखी थी। इसलिए ये दो शब्द सुनकर एक रोमांच सा हुआ। पिछली बार उत्तर भारत में उत्तराखंड के चीन से लगे उच्च हिमालयी इलाक़े में जाने के लिए इस इनरलाइन पास की ज़रूरत पड़ी थी। इस बार पूर्वोत्तर भारत के चीन से लगे हिमालयी इलाक़े में जाने के लिए मुझे इसकी ज़रूरत पड़ रही थी। अरुणाचल प्रदेश के प्रमुख पर्यटन केन्द्रों तवांग, सेला पास, बोमडीला और ज़ीरो वैली जाने का रास्ता तेज़पुर से ही गुज़रता है। मेघालय से निकलकर असम होते हुए मेरा अगला पड़ाव अब अरुणाचल प्रदेश होना था। पूर्वोत्तर के तीन राज्यों में जाने के लिए इनरलाइन पास की ज़रूरत होती है—मणिपुर, नागालैंड, और मिज़ोरम।

सुदूर असम के एक शहर में एक शख़्स पिछली रात की मुलाक़ात भर के भरोसे अपने घर की चाभी एक अजनबी को देकर जा रहा था। मैंने चाभी के साथ वो भरोसा भी सँभाल लिया जो अजीत मुझे सौंपकर जा रहे थे।

मैं बारह दिनों से यात्रा कर रहा था। सारे कपड़े अब गन्दे हो गए थे। पूरा घर अब मेरे हवाले था। बाथरूम में पानी की कोई कमी नहीं थी। बाहर धूप भी आ रही थी। कपड़े धोने का इससे मुफ़ीद मौक़ा फिर कहाँ मिलना था। यात्राओं में जहाँ ऐसे मौके मिलें उन्हें भुना लेना चाहिए। और मैं जिस तरह की यात्रा कर रहा था मुझे ख़ुद नहीं मालूम था कि अगले दिन मैं पूर्वोत्तर के किस कोने में मिलूँगा। आज कई सालों बाद मैंने इतने कपड़े हाथों से धोए थे। दिल्ली में पढ़ने के दौरान अपने कपड़े ख़ुद ही धोने होते थे। तब वॉशिंग मशीन वाली हैसियत नहीं बन पाई थी। क़रीब पाँच-छह साल पहले जब मशीन आई थी तो लगा जैसे एक बहुत बड़ा बोझ कम हो गया हो। कपड़े धोना वाक़ई एक थका देने वाला काम है। वे काम जो हमारी पितृसत्ताओं ने औरतों के हिस्से लाद दिया। आलम ये है कि कई भारतीय मर्द अपनी चड्डियाँ तक घर की औरतों से धुलवाते हैं। काश कि कपड़ों के साथ-साथ ऐसे लोगों के दिमाग़ की सफ़ाई भी की जा सकती।

कपड़े धोकर उन्हें छत पर सूखने डालने के बाद मैंने नाश्ता किया। पेट की गैस अब भी परेशान कर रही थी। नाश्ता करने के बाद जब तक मैं तैयार हुआ ही था कि गेट के बाहर अजीत की स्कूटी की आवाज़ सुनाई देने लगी। वो वादे के मुताबिक़ एकदम टाइम पर पहुँच गए थे।

तेजपुर की सड़कों में घूमते हुए हम अरुणाचल भवन की तरफ़ जा रहे थे। यह शहर के दूसरे हिस्से में था इसलिए मुझे इसी बहाने शहर का जायज़ा लेने का मौक़ा भी मिल गया था। अजीत स्कूटी चलाते हुए बता रहे थे कि हम किन जगहों से गुज़र रहे हैं। क़रीब पाँच-छह किलोमीटर की यात्रा करके जब हम अरुणाचल भवन पहुँचे तो दफ़्तर के गेट पर ताला और एक नोटिस बोर्ड लगा था जिस पर लिखा था कि आज अरुणाचल दिवस होने की वजह से दफ़्तर बन्द रहेगा। ये एक अजीब सी विडम्बना थी कि अरुणाचल दिवस की वजह से अरुणाचल प्रदेश जाने का अनुमति-पत्र मिलना कम से कम आज के लिए तो रद्द हो गया था। हम कुछ देर वहीं पर खड़े इसी बारे में सोचकर अफ़सोस करते रहे। ये हम दोनों के लिए एकदम अप्रत्याशित था। आज इनरलाइन पास मिल जाता तो कल ही मुझे अरुणाचल के लिए निकल जाना था। लेकिन इस एक क्षण ने दिमाग़ में बनी यात्रा की शक्ल को बदलकर रख दिया था।

निराश होने से बेहतर था कि इस मौक़े का अपने फ़ायदे में इस्तेमाल किया जाए। वो इस तरह कि अब तेज़पुर घूमने के लिए आज का ही नहीं कल का दिन भी मेरे पास था। लेकिन तेज़पुर में घूमने के लिए होगा ही क्या? मेरे दिमाग़ में यही चल रहा था। तेज़पुर का पहला इम्प्रेशन मेरे दिमाग़ में कुछ बहुत अच्छा नहीं बना था।

"तो अब या तो आप घर वापस चले जाओ। या फिर अगर चाहो तो आप अकेले ही घूम लो। मुझे ऑफ़िस जाना होगा वरना मैं भी आपके साथ चल पड़ता।"

पास बनवाने का काम टल जाने से अजीत भी थोड़ा निराश लग रहे थे।

"कहाँ जा सकते हैं?"

मेरे पूछने पर अजीत ने बताया कि वो मुझे अग्निगढ़ पार्क के गेट पर छोड़ देंगे और शाम को मैं जहाँ भी रहूँ वहाँ मुझे लेने आ जाएँगे।

"बहुत बढ़िया पार्क है। वहाँ से ब्रह्मपुत्र नदी भी दिखाई देती है।"

अजीत के ये कहने से पहले मुझे नहीं पता था कि तेज़पुर में ब्रह्मपुत्र नदी भी बहती है। यहाँ आते हुए बस ब्रह्मपुत्र पर बने पुल से ही गुज़री थी पर वो नदी इस शहर से होकर भी गुज़रती है, यह मेरे लिए एक सुखद आश्चर्य था। नदी के किनारे बसा कोई शहर घूमने लायक़ न हो ऐसा अक्सर कम ही होता है। माने तेज़पुर बाहर से जैसा दिखता है, भीतर से वैसा है नहीं, मैंने मन में सोचा।

"हम गणेश घाट होते हुए जाएँगे ताकि आप जब पार्क के साथ-साथ घाट भी देख लो"

अब मुझमें तेज़पुर को लेकर एक उत्सुकता पैदा हो गई थी और इनरलाइन पास का बनना यूँ टल जाना खल नहीं रहा था। दिन का क़रीब एक बज रहा था और मेरे पास इस शहर से दोस्ती करने के लिए अच्छा-ख़ासा वक़्त था।

अग्निगढ़ पार्क के गेट से एंट्री टिकट लेकर जैसे ही मैंने पार्क में प्रवेश किया तो वहाँ की हरियाली देखकर मन ख़ुश हो गया। क़रीने से बनी पगडंडी एक पहाड़ी टीले पर चढ़ रही थी। स्कूल के बच्चों का एक समूह अपने अध्यापकों के साथ घूम रहा था। बच्चे लाइनवार पार्क में लगी मूर्तियों को देख रहे थे। मैं यहाँ लगी तमाम मूर्तियों की तसवीरें लेता हुआ अब टीले की चोटी में आ पहुँचा था। चोटी एक मैदान पर ख़त्म होती थी जहाँ से एक मचान के लिए सीढ़ियाँ बनी हुई थी। मचान पर खड़े होकर लहराती हुई ब्रह्मपुत्र नदी की विशालता मेरी आँखों के सामने एक बार फिर बाँहें पसार कर खड़ी हो

गई। अग्निगढ़ के इस क़िले के बारे में पता चलते ही मिथकों और मुहब्बतों के इस शहर का एक अलग ही परिचय मिलता है। तेज़पुर अपने अतीत की गोद में अठखेलियाँ करता एक शहर है।

लहराती हुई विशाल ब्रह्मपुत्र नदी के उत्तरी किनारे पर बसे तेज़पुर शहर को असम की सांस्कृतिक राजधानी कहा जाता है। अपने मन्दिरों, घाटों और हज़ारों साल पुरानी स्थापत्य कला के खंडहरों के लिए मशहूर तेज़पुर असम का पाँचवाँ सबसे बड़ा शहर है। अरुणाचल प्रदेश के पहाड़ों की तलहटी पर बसा ये शहर अपनी भौगोलिक बसावट की वजह से सामरिक दृष्टि से भी अपनी ख़ास अहमियत रखता है। तेज़पुर को 'सिटी ऑफ रोमांस' यानी मोहब्बत का शहर भी कहा जाता है और इस नाम के पीछे छिपा है शहर से जुड़ी मिथक कथाओं का एक रोमांचक क़िस्सा।

तेजपुर को शोणितपुर भी कहा जाता है। संस्कृत के शब्द शोणित का मतलब है लाल रंग। असम की लोकथाओं में मान्यता है कि तेज़पुर भगवान शिव के अनन्य भक्त बाणासुर की राजधानी हुआ करता था। बाणासुर की पुत्री उषा बेइन्तहा ख़ूबसूरत थी और उसे लोगों की नज़र से बचाने के लिए बाणासुर ने उसे अग्निगढ़ नाम के अपने क़िले में क़ैद कर लिया था। उषा सपने में एक पुरुष को देखा करती थी और मन ही मन उससे प्यार कर बैठी थी। ये बात उसने अपनी सहेली चित्रलेखा को बताई। चित्रलेखा ने उषा के कहे मुताबिक़ उस पुरुष का एक चित्र बनाया और उसे खोज लाई। वो पुरुष अनिरुद्ध था जो भगवान कृष्ण का पोता था। उषा और अनिरुद्ध ने गन्धर्व विवाह कर लिया। चित्रलेखा ने अग्निगढ़ के क़िले में उषा और अनिरुद्ध को मिला तो दिया लेकिन जब ये बात बाणासुर को पता चली तो उसने अनिरुद्ध को बन्दी बना लिया। अनिरुद्ध को छुड़ाने के लिए कृष्ण ने तेज़पुर पर धावा बोल दिया। बाणासुर ने भगवान शिव से मदद की गुहार लगाई और फिर हुआ दो भगवानों के बीच एक महासंग्राम जिससे तेज़पुर की धरती ख़ून से रंग गई। महासंग्राम के बाद लहूलुहान हुई यह धरती तभी से तेज़पुर के नाम से मशहूर हो गई। उषा और अनिरुद्ध के अलौकिक प्यार की याद में यह मुहब्बत का शहर बन गया।

पहाड़ की चोटी पर बनी अग्निगढ़ की मूर्तियों से न केवल भगवान शिव और कृष्ण के युद्ध की कहानी ताज़ा हो जाती है बल्कि चोटी पर बनी मचान से ब्रह्मपुत्र नदी की अद्‌भुत छटा भी देखने को मिल जाती है। कहा जाता है कि बाणासुर की बेटी उषा की सुरक्षा के लिए यह किला हमेशा आग की सुरक्षा दीवार से घिरा रहता था इसलिए इसका नाम अग्निगढ़ पड़ा।

अग्निगढ़ पार्क में कुछ देर बिताने के बाद मैं लौट आया। यहाँ से पैदल चलता हुआ मैं गणेश घाट की तरफ़ बढ़ रहा था। वे बच्चे जो मेरे पार्क में जाते वक़्त पार्क से लौट रहे थे, अब यहाँ एक मैदान में जमा थे।

कुछ देर यहाँ बिताने के बाद मैं एक अनिश्चित दिशा की तरफ़ चल दिया। मेरे सामने एक बहुत बड़ा द्वार था जिसके बाहर गणेश की मूर्ति बनी हुई थी। यही गणेश घाट का मुख्य द्वार था।

मेरे पास अब भी काफ़ी समय था लेकिन अब समझ नहीं आ रहा था कि मुझे कहाँ जाना चाहिए। मुझे लगा तब तक क्यों ना शहर के बारे में कुछ जानकारियाँ जुटा ली जाएँ। एक ठेले पर चाय पीकर मैं सोच ही रहा था कि ये काम कैसे किया जाए कि तभी फ्रेंच कट दाढ़ी वाला एक शख़्स मेरे बग़ल में आकर खड़ा हुआ। मैं चाय वाले से पूछ रहा था—

"यहाँ कोई टूरिस्ट सेंटर होगा जहाँ से तेज़पुर के बारे में कुछ जानकारियाँ मिल पाएँ?"

चाय वाले ने बताया कि पास ही में ऐसा एक सेंटर है तो सही। मैं कुछ और पूछता इससे पहले मेरे बग़ल में खड़ा वो फ्रेंच कट दाढ़ी वाला शख़्स ही बोल पड़ा—

"आप चाहो तो लाइब्रेरी भी जा सकते हो। यहीं एकदम सामने है।"

उसने इशारा करके बताया। इस शख़्स से बातचीत शुरू हुई तो पता चला कि उसका नाम इमरान हुसैन है।

"मैं ऑल इंडिया रेडियो में अनाउंसर हूँ। एक्टिंग भी कर लेता हूँ। असमी सीरियल हैं कुछ जो अभी कर रहा हूँ।"

इमरान ने आगे बताया कि वो यहाँ जोनार टीवी नाम के एक चैनल के लिए डांस शो में एंकरिंग करने आए हैं।

"जोनार का मतलब उगता हुआ सूरज होता है। मुझे लगा आपको ये सुनकर अच्छा लगेगा।" इमरान ने मुस्कुराते हुए कहा।

शो ग्यारह बजे ही शुरू होने वाला था लेकिन तकनीकी वजहों से दो बजे तक भी शुरू नहीं हो पाया था।

"एक काम कीजिए, मैं आपके साथ डिस्ट्रिक लाइब्रेरी तक चलता हूँ। उन्हें असमी में समझा दूँगा कि आपको क्या चाहिए। यहाँ कई लोग हिन्दी या अंग्रेज़ी नहीं समझ पाते।"

इमरान वाक़ई मेरे साथ एकदम बग़ल में मौजूद लाइब्रेरी तक आ गए थे। उन्होंने लाइब्रेरियन को कुछ समझाया तो लाइब्रेरियन ने कहा, "यहाँ तो

सब असमी में ही मिलेगा। हिन्दी या अंग्रेज़ी तो नहीं है।"

तो बात ख़त्म हो गई। हम लाइब्रेरी से लौट आए। इमरान ने मुझे ऑडिटोरियम चलने का न्योता दिया। मैं भी अब तक काफ़ी थक चुका था। कुछ देर ऑडिटोरियम में बैठकर सुस्ताता रहा। स्टेज पर बड़े-बड़े स्पीकर लगे थे जिनमें तेज़ आवाज़ में असमी गाने बज रहे थे। छोटे बच्चे अपना-अपना कॉस्ट्यूम पहने यहाँ-वहाँ टहल रहे थे। उनमें से कुछ के माँ-बाप कुर्सियों में बैठे ऊँघ रहे थे। लगता था कि सब शूटिंग शुरू होने का इन्तज़ार करते-करते बोर हो चुके थे। कोट-पैंट, टाई पहने इमरान भी कमरे से बाहर निकल गए थे। थोड़ी देर सुस्ता लेने के बाद मैं टूरिस्ट इन्फॉर्मेशन सेंटर की तरफ़ चल दिया।

यहाँ रिसेप्शन पर दो लोग बैठे हुए थे।

"आप लोगों के पास तेज़पुर के बारे में कोई ब्रोशर या कोई किताब होगी?"

मैंने पूछा।

"मतलब? क्या चाहिए आपको?"

मैंने अपनी तरफ़ से स्पष्ट रूप से बता ही दिया।

"मतलब लिखित में कोई ऐसी चीज़ जिससे तेज़पुर में घूमने के लिए क्या-क्या है ये पता चल पाए।"

मैंने आगे समझाया।

"नहीं कुछ नहीं है।"

रिसेप्शन पर बैठे एक शख़्स ने बिना कोई रुचि दिखाए हुए कहा।

"मैं एक जर्नलिस्ट हूँ। दिल्ली से आया हूँ। एक आर्टिकल लिख रहा हूँ तेज़पुर पर। आपके कोई सीनियर हों तो उनसे बात कराइए।"

मैंने थोड़ा सख़्त लहजे में कहा तो दोनों शख़्स एक-दूसरे की ओर देखने लगे।

"सर आ रहे हैं अभी। आप वेट कीजिए।"

उनमें से एक ने कहा। थोड़ी देर में एक शख़्स कॉरिडोर में आया और एक कमरे में चला गया। रिसेप्शन पर बैठे शख़्स ने इशारे से बताया कि यही हैं। कमरे के बाहर लगे बोर्ड में लिखा था—बासब बोरा, टूरिस्ट इन्फॉर्मेशन ऑफ़िसर।

मैंने बोरा जी के कमरे के दरवाज़े पे नॉक किया और उस शख़्स को अपना परिचय दिया जो अब अपनी आधिकारिक कुर्सी पर बैठा था। बोरा जी ने मुस्कुराकर मुझे अन्दर बुला लिया। बोरा जी से क़रीब घंटे भर बात होती

रही। एक ख़ुशमिज़ाज शख़्स थे वो। उन्होंने तेज़पुर के बारे में कुछ ज़रूरी जानकारियाँ, कुछ ब्रोशर और एक बुकलेट दे दी। मैंने अपने सम्भावित आर्टिकल के लिए उनका ये साक्षात्कार रिकॉर्ड भी कर लिया।

बोरा जी से मिलने के बाद मैं वापस ऑडिटोरियम की तरफ़ बढ़ गया जहाँ डांस शो होने वाला था। हॉल के बाहर एक लड़का खड़ा था मैंने जब उससे पूछा कि शो शुरू हुआ कि नहीं, तो वो बोला—

"अरे नहीं। पागल बना के रख दिया है। पता नहीं आज होगा भी कि नहीं। वैसे आप कौन?"

मैंने लड़के को अपना परिचय दिया तो उसने बातचीत शुरू कर दी। सूरज नाम का ये लड़का मूलतः नेपाल से था। यहाँ अपने माँ-बाप के साथ आ गया था। डांस का शौक़ था और उच्च शिक्षा के सख़्त ख़िलाफ़।

"आगे पढ़के कुछ नहीं होता। मुझे डांस में अपना कैरियर बनाना है। पढ़ना बेकार है।"

सूरज की राय एकदम स्पष्ट थी। कुछ देर उससे बात करते-करते वक़्त कट गया।

शाम हो ही चुकी थी। मैं एक ऑटो में बैठकर जहाज़ घाट चला आया था। कहा जाता है पुराने समय में विदेशों से माल लाने ले जाने के लिए जहाज़ घाट पर जहाज़ी बेड़े आते-जाते थे। इसलिए इसका नाम जहाज़ घाट पड़ा। सुबह-सुबह सब्ज़ियाँ बेचने आए किसान सूरज के लौटते ही जहाज़ घाट से अपने-अपने ठिकानों पर लौट रहे थे। नदी के उस पार खेत-खलिहान हैं। नदी के इस पार बाज़ार। बीच में रोशनी की कई किरणें हैं जो हर शाम मद्धम पड़ जाती हैं और हर सुबह पूरी ऊर्जा के साथ लौट आती हैं। ब्रह्मपुत्र का ये नद मेहनतकशों के संघर्ष का शान्त गवाह बन जाता है। मैंने अभी-अभी बिहार के एक हिन्दू आदमी से इन मुसलमान किसानों की कहानी सुनी थी। नागालैंड के दीमापुर के दो युवा ख़ाली पड़ी मोटरबोट पर चढ़कर फ़ोटो खिंचा रहे थे। दूर बालू पर चलती साइकिल के पीछे दौड़ता बच्चा साथी को चिढ़ा रहा था—तू बांग्लादेशी है...बांग्लादेशी। उत्तराखंड का एक लड़का जो दिल्ली से मेघालय में भटकता हुआ असम चला आया था, सोच रहा था कि ढूँढ़ो तो पूर्वोत्तर के इस घाट पर पूरी दुनिया मिल जाएगी। लेकिन अगले ही पल सब कुछ, रेत-बालू, पानी, मेहनत, देश, बाज़ार, अर्थहीन लगने लगा। शायद अँधेरा अपना असर दिखाने लगा था। लगा कि अब मुझे यहाँ से लौट जाना चाहिए।

थोड़ी देर में अजीत का फ़ोन भी आ गया। मैंने उन्हें गणेश घाट पर ही बुला लिया और मैं भी उसी तरफ़ चल दिया। शाम घिर रही थी। कुछ देर अजीत और मैं गणेश घाट पर बैठे शान्ति का मज़ा लेते रहे और फिर अजीत के घर की तरफ़ लौट आए। आज मैंने अजीत को मटर-पनीर खिलाने का वादा किया था। आज की रात मुझे अपना वादा निभाना था।

13

नए शहर में नया दोस्त

तेरहवाँ दिन
तेजपुर
21 फ़रवरी

अजीत सुबह-सुबह ऑफ़िस के लिए निकल गए। आज फिर पिछले दिन की प्रक्रिया को दोहराया जाना था। क़रीब ग्यारह बजे अजीत अपनी स्कूटी लिए मुझे लेकर अरुणाचल भवन की ओर जा रहे थे। अरुणाचल भवन में पास बनाने के काउंटर पर एक महिला बैठी हुई थीं। उन्होंने बताया कि एक बार में केवल दो ही जगह जाने की अनुमति मिलती है। अगर और भी कहीं जाना हो तो पास दुबारा बनवाना होता है। मैंने अजीत से सलाह लेकर तवांग और ज़ीरो वैली का नाम पास में डाल दिया। हम चाहते थे कि हमें हाथोहाथ पास मिल जाए। लेकिन महिला ने बताया कि पास शाम तक ही बन पाएगा। इसमें जिस अधिकारी के हस्ताक्षर होने हैं, वो बाद में ही आएँगे।

अजीत की अगली बात ने मेरी चिन्ता को कुछ कम कर दिया।

"एक काम करिएगा। या तो आप घर पे आराम करिएगा या कहीं घूम आइएगा। पास मैं ले लूँगा दफ़्तर से लौटते हुए।"

अजीत वाक़ई मेरी बहुत मदद कर रहे थे। वरना एक अनजान शहर में सरकारी काम करवा लेना इतना आसान कहाँ होता है? अजीत ने ही बताया कि यहाँ से बोमडिला के लिए शेयर्ड टैक्सी चलती हैं। इन टैक्सियों में पहले ही बुकिंग हो जाती है। बुकिंग के लिए काउंटर बने हैं, जहाँ आपको उपलब्ध सीट नम्बर बता दिए जाते हैं। ड्राइवर के बग़ल वाली सीट एक नम्बर। खिड़की वाली दो नम्बर। इसी तरह पीछे की सीट के नम्बर हैं। बुकिंग कराने

पर आपका नाम, फ़ोन नम्बर और पिक-अप की जगह रजिस्टर में दर्ज कर दी जाती है। सुबह गाड़ी आपको पिक कर लेती है। ये व्यवस्था टैक्सी चालकों और सवारियों दोनों के लिए मुझे बहुत वाजिब और सुविधाजनक लगी। ऐसे ही एक काउंटर में मेरी सीट भी बुक कर ली गई। अगर इनरलाइन पास मिल गया तो मुझे अगली सुबह असम से अरुणाचल की यात्रा पर निकल जाना था।

मैं अजीत के घर लौट आया और अजीत अपने दफ़्तर लौट गए। मैं एक लेख लिखने के सिलसिले में तेज़पुर के बारे में और भी जानकारियाँ जुटाता रहा। हर जगह तो मैं नहीं जा सकता था। उनके बारे में पढ़ना अच्छा लग रहा था। पता चला कि शहर के किसी कोने में 600 ईसवी सन के स्थापत्य का जीवन्त नमूना पेश करता दा-पार्बतिया के मन्दिर का दरवाज़ा है। बामुनी हिल्स नाम की जगह है जहाँ नवीं और दसवीं सदी के कलात्मक अवशेष देखने को मिलते हैं। भारत छोड़ो आन्दोलन के दौरान शहीद हुई कनकलता की याद में बना एक कनकलता उद्यान है जिसे ओगुरी हिल भी कहा जाता है। भैरवी मन्दिर, मैथन जैसे मन्दिरों के साथ ही महाभैरव मन्दिर भी आस्था का अहम केन्द्र है। मान्यता है कि इस मन्दिर में स्थापित शिवलिंग दुनिया का सबसे पुराना और सबसे बड़ा शिवलिंग है। असम का पहला सिनेमाघर जोनाकी भी तेज़पुर शहर के बीचोबीच है।

किसी शहर को केवल जगहें ही नहीं उसके लोग भी बनाते हैं। जगहों का इतिहास पत्थरों और इमारतों में मिलता है और लोगों का इतिहास दिमाग़ों और किताबों में। पढ़ते-पढ़ते पता लगा कि असम की तीन मशहूर सांस्कृतिक हस्तियाँ तेज़पुर की ही देन हैं। ज्योति प्रसाद अग्रवाल, बिष्णु प्रसाद राभा और भूपेन हज़ारिका। इन तीनों दिग्गजों का तेज़पुर से गहरा रिश्ता रहा है। बिष्णु राभा असम के संगीत जगत का एक बड़ा नाम हैं और भूपेन हज़ारिका को कौन नहीं जानता। 'आमी एक जाजाबर' और 'दिल हूम-हूम करे' जैसे मशहूर गाने लिखने वाले भूपेन हज़ारिका का बचपन यहीं बीता था। भूपेन हज़ारिका की याद में यहाँ 'भूपेन हज़ारिका कला स्थान' नाम से एक ओपन एयर थिएटर भी बना है। कल तेज़पुर में चक्कर लगाते हुए मैं इस जगह से गुज़रा भी था। भूपेन हज़ारिका की मूर्ति को कुछ देर देखता भी रहा था। एक नाम और आ रहा था ज्योति प्रसाद अग्रवाल। असम के संगीत और साहित्य जगत में यह एक जाना-माना नाम है। उन्होंने 1935 में असम के सिनेमाजगत की पहली फिल्म 'जौयमती' बनाई थी। शहर के बीचोबीच बने उनके पुरखों के घर 'पोकी' को अब एक संग्रहालय में तब्दील कर दिया गया है।

तेजपुर के बारे में एक और अहम बात पता चली कि सामरिक लिहाज़ से यह भारत के लिए एक बहुत अहम शहर है। भारत और चीन की सीमा से लगे अरुणाचल प्रदेश के लिए ये शहर एक एंट्री पॉइंट है। भारत-चीन युद्ध के दौरान एक बड़ी रोचक घटना यहाँ घटी थी।

वो सन 1962 के भारत-चीन युद्ध का दौर था। नवम्बर का महीना था, जब भारत की सेना को कामेंग सेक्टर से पीछे हटना पड़ा था। कामेंग सेक्टर अब अरुणाचल प्रदेश है जिसे तब नॉर्थ ईस्ट फ्रंटियर एजेंसी (नेफ़ा) के नाम से जाना जाता था। भारत के पीछे हटने की खबर से नज़दीकी शहर तेज़पुर में ये बात फैल गई कि चीन की सीमा कभी भी यहाँ तक पहुँच सकती है। पूरा शहर उस वक़्त दहशत में आ गया। जानमाल के नुकसान से बचने के लिए एहतियातन पूरे शहर को ख़ाली करवा दिया गया। हज़ारों लोग बैलगाड़ियों में सामान लादकर ब्रह्मपुत्र नदी के किनारे जमा होने लगे, ताकि स्ट्रीमर की मदद से वो नदी पार करके सुरक्षित ठिकानों तक पहुँच सकें।

तब कालिया भोमोरा पुल नहीं बना था। लोगों को फ़ेरी से नदी पार करनी पड़ती थी। उस वक़्त सभी लोग जान बचाने के लिए असम के ऊपरी इलाक़ों की तरफ़ भाग रहे थे। ऐसा कहा जाता है कि शहर छोड़ने से पहले लोगों ने अपनी धन-सम्पत्ति को बचाने के लिए उसे शहर के बीचोबीच बनी झील में डाल दिया। कुछ लोग जो शहर में सुरक्षित बचे रह गए, लड़ाई ख़त्म हो जाने के बाद वो इस धन-सम्पत्ति की बदौलत मालामाल हो गए। हालाँकि इतिहास ही जानता है कि यह बात कितनी सच है।

यहाँ की लीची भी बहुत मशहूर है। अपने अलग आकार और गहरे लाल रंग की वजह से यह अलग से पहचान में आ जाती है। तेज़पुर के पोरोवा नाम के गाँव में 'लीची पुखुरी' नाम की जगह पर उगने वाली इस लीची की देश ही नहीं विदेश में भी मांग है। तेज़पुर की लीची को ज्योग्रेफिकल इंडिकेशन (जीआई) टैग भी मिल चुका है। इस टैग के मिलने के बाद किसी भी उत्पाद को अन्तर्राष्ट्रीय स्तर पर मान्यता मिलती है, साथ ही यह भी सुनिश्चित किया जाता है कि उस उत्पाद को उसी जगह पर उगाया जाए जहाँ वह मूल रूप से पैदा होता है। इस तरह तेज़पुर की लीची अब दुनियाभर में अपनी मिठास घोल रही है।

तेजपुर अब एक अजनबी शहर नहीं रह गया था। इसके बारे में मुझे अब ठीक-ठाक जानकारी मिल गई थी। मैंने दिनभर बैठकर एक राष्ट्रीय दैनिक अख़बार के लिए लेख लिखकर तैयार कर लिया। शाम को अजीत लौटे तो

उन्होंने मेरा इनरलाइन पास मुझे दे दिया। पास को देखकर दिनभर की शिथिलता दूर जाती रही और इसकी जगह एक नए उत्साह ने ले ली।

अजीत ने मेरा लिखा लेख पढ़ने की इच्छा ज़ाहिर की। एक शहर जब आपकी दिनचर्या में शुमार हो जाता है तो नज़रें उसे उस दिनचर्या से अलग देख ही नहीं पातीं। जिस शहर में हम लम्बे समय तक रहते हैं उसे हम बड़े घिसे-पिटे तरीके से देखने लगते हैं। लेकिन फिर किसी दिन कोई नया शख़्स आकर हमें उसके बारे में कुछ ऐसा बता जाता है, जो हम देखते हुए भी नज़रन्दाज़ करते रहे या सामने होते हुए भी उस तक हमारी नज़र ही नहीं गई। अपनी रिहाइश के पुराने शहर को नई नज़र से देखना चाहते थे अजीत भी। उन्हें लेख पसन्द आया और मैंने उसे मेल कर दिया। अजीत भी पहले बोमडिला और तवांग जा चुके थे।

"मौक़ा मिले तो बुम-ला भी जाइएगा।"

अजीत की सलाह मैंने दिमाग़ में दर्ज कर ली। रात को हम देर तक बात करते रहे। ऐसा लग रहा था कि हम पुराने दोस्त हैं। अजीत के व्यवहार में एक सहजता थी और मुझे भी सहज लोगों से घुलने-मिलने में देर नहीं लगती।

अजीत के साथ रहते हुए मेरे दिमाग़ में एक और बात आ रही थी कि यात्राओं में संयोग बड़ी अहम भूमिका निभाता है। ये संयोग ही था कि जिस तेज़पुर का नाम तक मैंने पूर्वोत्तर की यात्रा से पहले नहीं सुना था, वहाँ मैं एक शख़्स के परिवार के सदस्य की तरह रह रहा था। उसकी रसोई को अब उससे ज़्यादा मैं जानता था। एक बात ये भी कि कई बार रसोइयाँ आपको कुछ और नज़दीक लाने का काम करती हैं। किसी के घर की रसोई एक ऐसी जगह है, जहाँ ज़्यादातर आपको तभी प्रवेश मिलता है जब आप घनिष्टता का एक ख़ास स्तर पार कर लेते हैं। इस मामले में बैठक के कमरे सबसे ज़्यादा सर्वग्राही होते हैं। घर के नए मेहमान और मेज़बान के बीच की पहली कड़ी होते हैं बैठक के कमरे। लेकिन वहाँ एक औपचारिकता भी हमारे साथ अदृश्य रूप में सकुचाई हुई बैठी हुई होती है। रिश्तों की क़रीबी दरअसल औपचारिकता से अनौपचारिकता की तरफ़ एक मनोवैज्ञानिक सफ़र है। बैठकों से शुरू हुआ रिश्ता रसोई तक पहुँचते-पहुँचते मनोवैज्ञानिक सफ़र भी तय कर लेता है। अजीत की रसोई में खाना बनाकर मैंने भी ये सफ़र तय कर लिया था।

14

ये लड़की बड़ी बदमाश है

चौदहवाँ दिन
तेजपुर-बोमडिला
22 फ़रवरी

सुबह के क़रीब छह बज रहे थे। बाहर इस वक़्त ठीक-ठाक ठंड थी। अजीत मुझे उसी जगह पर छोड़ने आए थे, जहाँ से उन्होंने मुझे पहले दिन पिक किया था। पूर्वा चाराली पर वो और मैं टैक्सी का इन्तज़ार कर रहे थे। इस वक़्त सड़क पर इक्का-दुक्का गाड़ियाँ ही थीं। ड्राइवर को फ़ोन करके पूछा तो उसने बताया कि वो बस पहुँच रहा है। अजीत ने बताया कि वो दिल्ली ट्रांसफ़र लेने की कोशिश में जुटे हैं। इसलिए यह सम्भव था कि ये हमारी आख़िरी मुलाक़ात हो। सफ़र में अक्सर ऐसे कई लोग मिलते हैं जो आपसे कुछ ही देर में बहुत घुल-मिल जाते हैं। उनसे विदा लेते हुए एक कसक सी होती है। लेकिन यात्राओं के अगले पड़ाव उस कसक के चिह्नों को मिटा देते हैं। इस तरह यात्राएँ मोह करना सिखाती हैं और मोहभंग करना भी।

टैक्सी आ चुकी थी। तेज़पुर की रिहाइश में तमाम तरह की मदद के लिए मैंने अजीत का शुक्रिया अदा किया।

"आपका बनाया खाना याद आएगा।"

ये कहते हुए अजीत कुछ भावुक लग रहे थे। उन्होंने गाड़ी में अपना सामान चढ़ाने में मेरी मदद की। टाटा-सूमो की आगे वाली सीट पर बैठकर मैंने अजीत को अलविदा कहा। गाड़ी आगे चल पड़ी। जहाँ मुझे जाना था उसकी कोई तसवीर इस वक़्त मेरे ज़ेहन में नहीं थी। इसी वजह से वहाँ जाने को लेकर एक रोमांच ज़ेहन में तारी हो गया था। ख़ाली सड़क पर दौड़ती हुई टैक्सी में शहर

के अलग-अलग भूगोलों से तमाम चेहरे अपनी जगह बना रहे थे। धीरे-धीरे धूप खिलने लगी थी। हलकी-हलकी ठंड गालों को सहला रही थी। मैदानों से गुज़रती सड़क अब पहाड़ों पर चढ़ने लगी थी।

पीछे वाली सीट पर एक जवान नेपाली लड़की अपनी बमुश्किल सालभर की बच्ची के साथ बैठी हुई थी। टैक्सी का हँसमुख नेपाली ड्राइवर उससे लगातार चुहल कर रहा था। उनके संवाद की भाषा नेपाली थी। बीच-बीच में एक्स बॉयफ्रेंड, माया, दिल, प्यार, लव जैसे शब्दों की आवाज़ाही हो रही थी। दोनों ही एक-दूसरे को छेड़ रहे थे और इस छेड़-छाड़ में कुछ भी अश्लील नहीं था। उनकी बातचीत हवा में एक रूमानियत घोल रही थी।

कुछ आगे चलकर गाड़ियों का एक क़ाफ़िला रुका हुआ था, जिसके पीछे हमारी गाड़ी भी रोक दी गई। पता चला कि यहाँ सड़क चौड़ी करने का काम चल रहा है। सीमा सुरक्षा बल ने बैरिकेट लगाए हुए थे। नौ बजे के बाद ही गाड़ी आगे जा सकती थी। मेरे लिए ये एक अप्रत्याशित रुकावट थी। नौ बजने में अभी पैंतालीस मिनट शेष थे। इतनी देर गाड़ी के अन्दर बैठे रहने का कोई मतलब नहीं था। मैं गाड़ी से उतरकर बाहर पैराफ़िट पर बैठ गया। ड्राइवर अब पिछली सीट पर बैठी नेपाली लड़की के क़रीब आ गया था। वे अब भी हँसी-ठिठोली में मशगूल थे। बीच-बीच में लड़की बच्चे को चुप करा रही थी।

"ये लड़की बड़ी बदमाश है।"

पैराफ़िट पर मेरे बग़ल में बैठे बिहार मूल के एक शख़्स ने दूसरे शख़्स से भोजपुरी में कहा। दोनों अधेड़ थे और लगातार लड़की को घूरे जा रहे थे। ड्राइवर और लड़की का हँस-बोल कर बात करना इन दोनों लोगों को न जाने क्यों इतना खल रहा था। पूर्वोत्तर के लोगों के लिए ये आम बात है। लोगों से बात करके अब तक मेरी यही राय बनी थी। इसमें कुछ ग़लत भी नहीं था। अगर दोनों की सहमति से हो, तो इस तरह की चुहल जिसे अंग्रेज़ी में फ़्लर्टिंग कह सकते हैं, इसमें ख़राबी ही क्या है। लेकिन हमारे देश में न जाने क्यों लोग बेलौस अभिव्यक्ति से ख़ौफ़ खाते हैं। वो चाहे रोमांस की हो या विचारों की। पूर्वोत्तर के लोग इस मायने में शेष भारत से अलग हैं। पूर्वोत्तर में स्त्री और पुरुषों के सम्बन्धों की सहजता को हर उस बाहरी व्यक्ति ने रेखांकित किया था, जिससे मैं मिला था इसलिए ये एक ऐसी बात थी जिस पर सहज ही मेरा ध्यान जा रहा था।

मौसम आज ज़्यादा खुला हुआ नहीं था, लेकिन जैसे-जैसे हम पहाड़ी पर चढ़ रहे थे आस-पास के नज़ारों की ख़ूबसूरती भी बढ़ती जा रही थी। बोमडिला पहुँचने से पहले रास्ते में एक सड़क टेंगा नदी के किनारे बसी रूपा वैली के

लिए कट गई। भारतीय सेना की छावनियों के बीच से गुज़रते हुए हम इस घाटी में पहुँचे तो अद्‌भुत शान्ति का एहसास हो रहा था। यह एक डीटूअर था। रूपा में कुछ यात्रियों को उतरना था। पहाड़ों के बीच बसे इस छोटे से क़स्बे को देखकर लग रहा था कि इसे आप पैदल ही नाप सकते हैं। पता चला कि यहाँ क़रीब 100 साल पुराना एक गोम्पा भी है जो तिब्बत की पारम्परिक बौद्ध शिल्पकला का अद्‌भुत नमूना है। और यहाँ से एक सड़क पहाड़ की चोटी पर बने चिलीपम गोम्पा की तरफ़ ले जाती है। पता लगा कि चिलीपम से रूपा वैली का ख़ूबसूरत नज़ारा भी देखने को मिलता है।

ख़ैर रूपा के नज़ारों को देखने का काम वक़्त के किसी और हिस्से के लिए सुरक्षित कर लिया गया और हम बोमडिला की तरफ़ बढ़ गए। दूर बर्फ़ से ढके पहाड़ नज़र आने लगे थे। बोमडिला क़रीब आ रहा था।

क़रीब दो बजे गाड़ी ने हमें बोमडिला पहुँचा दिया। पूर्वोत्तर के शान्त पहाड़ों की ख़ामोशी को महसूस करना हो तो बोमडिला एक बेहतरीन ठिकाना है। सूर्योदय के प्रदेश कहे जाने वाले अरुणाचल प्रदेश के वेस्ट कामेंग ज़िले का मुख्यालय है बोमडिला। 'ला' दरअसल स्थानीय भाषा में दर्रे को कहा जाता है। बोमडिला दर्रा भारत को डिब्बत के ल्हासा से जोड़ता है। यहाँ की चोटियों से भूटान को जाती हुई सड़कें भी दिखाई देती हैं। चीन और भारत के बीच यह इलाक़ा लम्बे समय तक विवाद का विषय भी बना रहा है।

समुद्रतल से 2217 मीटर की ऊँचाई पर बसा बोमडिला न केवल अपने क़ुदरती सौन्दर्य के लिए पर्यटकों को लुभाता है बल्कि चीन की सीमा से अपनी नज़दीकी की वजह से भी यह पूर्वोत्तर के महत्त्वपूर्ण इलाक़ों में शुमार हो जाता है। पहली झलक में, सुदूर पर्वतों की चोटियों के बीच घिरा गौतम बुद्ध के अनुयायियों का यह छोटा शहर उनके ही जीवन मूल्यों की तरह शान्त भी लग रहा था। सड़कों पर आहिस्ता-आहिस्ता चहलक़दमी करते अलग-अलग जनजातियों से जुड़े यहाँ के लोगों की तबीयत में भी वो शान्ति सहज ही दिख रही थी। मोंपा, मिजी, आका, बेगुन या शेरडुकपेन जनजातियों की रिहाइश वाले बोमडिला में तिब्बती संस्कृति का प्रभाव साफ़ नज़र आ रहा था। छोटे से बाज़ार के बीच में हवा में लहराती रंग-बिरंगी कपड़े की कतरनें इस प्रभाव की साक्षी थीं। साथ ही, इस बाज़ार में टहलते नौजवान लड़के-लड़कियों को देखकर साफ़ पता चल रहा था कि फ़ैशन के मामले में वो देश के बड़े महानगरों से एकदम पीछे नहीं हैं।

तेज़पुर से बोमडिला पहुँचाने वाली सड़क दुर्गम भूगोल की वजह से बीच-बीच में टूटी-फूटी ज़रूर थी लेकिन जब आपकी मंज़िल इतनी ख़ूबसूरत हो तो

फिर रास्तों की मुश्किलें मायने ही कहाँ रखती हैं।

कहीं दूर बर्फ़ से ढकी चोटियाँ भी नुमाया हो रही थीं। ये शायद अरुणाचल प्रदेश की सबसे ऊँची चोटियाँ केंगटो और गोराइचेन थीं। कहा जाता है कि मध्यकाल में बोमडिला तिब्बत के साम्राज्य का हिस्सा हुआ करता था। कुछ साक्ष्य इस बात के भी हैं कि यहाँ पर भूटान की जनजातियों का भी शासन रहा है। 1962 के भारत-चीन युद्ध में चीन की सेना ने बोमडिला पर क़ब्ज़ा कर लिया था लेकिन बाद में उन्हें वापस लौटना पड़ा।

यह शान्त पहाड़ी क़स्बा बुद्ध के अनुयाइयों की आस्था का एक अहम केन्द्र है। यहाँ प्रवेश करते ही मुख्य चौराहे पर एक गोम्पा मुझे नज़र आ रहा था। पता चला कि यहाँ ऐसे 3 गोम्पा हैं। बौद्ध धर्म को मानने वाले लोगों के लिए तो ख़ास अहमियत रखते ही हैं, देशभर से आने वाले पर्यटकों को भी ये अपनी ख़ास शिल्पकला की वजह से अपनी ओर आकर्षित करते हैं।

इनमें पहला है ऊपरी गोम्पा जो बोमडिला के मुख्य बाज़ार से क़रीब 5 किलोमीटर की दूरी पर बना है। यह 15वीं शताब्दी में बनी दक्षिणी तिब्बत की त्सोना गोंट्से मोनेस्ट्री की नकल है। इस गोंपा के निर्माण की शुरुआत 12वें रिंपोचे के दौर में 1965-66 में हुई। यहाँ बुद्ध के मन्दिर के साथ-साथ एक बड़ा प्रार्थना कक्ष और बौद्ध संन्यासियों के रहने के लिए कमरे भी बने भी हैं। इस गोंपा से बोमडिला का सुन्दर नज़ारा भी देखने को मिलता है।

खड़ी चढ़ाई चढ़ने के बाद आप बोमडिला के सबसे पुराने गोम्पा यानी मध्य गोम्पा में पहुँचते हैं। मुख्य बाज़ार से क़रीब 2 किलोमीटर चलने के बाद जब आप पहाड़ की चोटी पर बने इस गोम्पा के अहाते में पहुँचते हैं तो यहाँ का नज़ारा देखकर सारी थकान मिट जाती है। इस गोम्पा में गौतम बुद्ध के अलग-अलग अवतारों की तसवीरें भी लगी हैं। मान्यता है कि यहाँ आकर पूजा-अर्चना करने से भगवान बुद्ध सारी बीमारियाँ हर लेते हैं।

निचले गोम्पा को थूबचोंग गेटसेल लिंग मॉनेस्ट्री भी कहा जाता है। बाज़ार के बीचोबीच बने इस गोम्पा में भी एक बड़ा प्रार्थना कक्ष है। बोमडिला के टैक्सी स्टैंड के दूसरी ओर मौजूद इस गोम्पा के अहाते में सांस्कृतिक कार्यक्रम भी आयोजित किए जाते हैं।

ख़ैर अब मुझे रहने की कोई जगह ढूँढ़नी थी। सोचा क्यों ना सर्किट हाउस का पता किया जाए। मैंने सुना था कि बोमडिला का सर्किट हाउस बहुत ख़ूबसूरत है। पीठ पर बैगपैक लादे एक पहाड़ी क़स्बे में आसरे की उम्मीद लिए मैं आगे बढ़ रहा था। घुमावदार सड़क लगातार पहाड़ पर चढ़ती जा रही थी। एक तीखी

चढ़ाई थी ये और इतना लम्बा पहाड़ी सफ़र करने के बाद बोझ के साथ चलने में अब मेरी साँस फूलने लगी थी। लोगों से पूछते हुए मैं आख़िरकार सर्किट हाउस पहुँचा लेकिन वहाँ दूर-दूर तक इनसान नाम की कोई चिड़िया नहीं थी।

इमारत ख़ूबसूरत लग रही थी पर वहाँ एक वीरानी पसरी हुई थी। मैं शीशे का एक गेट खोलकर रिसेप्शन पर चला गया। वहाँ दो-तीन बार 'कोई है' पुकारने के बाद जब मुझे कोई जवाब नहीं मिला तो मैं लॉबी में चला आया। वहाँ भी कोई था नहीं और मैं बेरोकटोक पूरे सर्किट हाउस का जायज़ा ले चुका था। क़रीब दस मिनट के इन्तज़ार के बाद में इमारत से बाहर आ गया। लौट ही रहा था कि इमारत के पीछे दो लोग दिखाई दिए। उनके पीछे-पीछे मैं एक कमरे में पहुँचा। वहाँ मौजूद शख़्स ने मुझे बताया कि सर्किट हाउस में ऐसे कमरा बुक नहीं होता। बुकिंग पहले से करानी होती है। उसने मुझे कुछ नीचे मौजूद गेस्ट हाउस जाने की सलाह दी, जिसे मैंने मान लिया।

गेस्ट हाउस पर पहली घटना की पुनरावृत्ति हुई। रिसेप्शन पर वहाँ भी कोई नहीं मिला। वहाँ लगे काउच पर अपना बैग टिकाकर मैं कुछ देर सुस्ताता रहा। सन्नाटा मेरे बग़ल में चुपचाप बैठा रहा। रिसेप्शन के टेबुल पर एक मेन्यू सा कुछ रखा था, जिस पर एक नम्बर लिखा हुआ था। मैंने उस नम्बर पर कॉल किया तो पता चला कि ये किसी दूसरे होटल का नम्बर है। महिला ने बताया कि उनके पास रहने को कमरे मिल जाएँगे। फ़ोन पर अपने होटल की जो लोकेशन उन्होंने बताई वो यहाँ से काफ़ी दूर लगती थी।

अब कम से कम एक ठिकाने की उम्मीद मेरे पास ज़रूर थी। लेकिन इस वक़्त मैं जल्द से जल्द एक कमरा तलाशकर आराम करना चाहता था। गेस्ट हाउस से कुछ आगे चलकर एक होटल दिखाई दिया। वहाँ उसने जो कमरे दिखाए उनमें साँस तक लेने की जगह नहीं थी। खिड़कियाँ नदारद थीं। क़ीमत आसमान छू रही थी। आसमान छूती क़ीमत में खुले आसमान की गुंजाइश वाला कमरा लेना बेहतर था। इसलिए मैं यहाँ से वापस चला आया।

क़रीब आधे घंटे की मशक़्क़त के बाद मुझे एक कमरा सस्ते दाम पर मिला। इस होटल को एक फुरतीली महिला चला रही थी। उसकी बेटी, जो कुछ दिनों के लिए छुट्टी में आई थी, उसकी मदद कर रही थी। महिला ने कमरा दिखाया, जहाँ रहने भर की जगह थी। क़ीमत केवल चार सौ रुपए थी। यहाँ रात भर तो टिका ही जा सकता है, ये सोचकर मैंने कमरा ले लिया।

कमरे में लेटा ही था कि लाइट चली गई। थोड़ी देर में होटल की मालकिन की लड़की मोमबत्ती लेकर आ गई। उसके लहज़े से पता चल रहा था कि वो

यहाँ नहीं रहती। मोमबत्ती मुझे पकड़ाते हुए उसने कहा

"आपका आईडी और इनरलाइन पास चाहिए होगा। एंट्री करनी है।"

मैंने दोनों चीज़ें उस हमउम्र लड़की को देकर उसका नाम पूछा—

"आइ एम प्रियंका।" उसने बताया।

"अपने लहज़े से आप यहाँ की नहीं लगती।"

" एक्चुली मैं बेंगलोर से बिज़नेस मैनेजमेंट कर रही हूँ। आजकल छुट्टी है, तो मॉम को हेल्प कर रही हूँ।"

ये कहते हुए उसने मेरा इनरलाइन पास चेक किया और आइडी नम्बर अपने रजिस्टर में लिख लिया।

अभी तीन बज रहे थे और अच्छी-ख़ासी ठंड होने लगी थी। नहाने के लिए गरम पानी ज़रूरी था। इसलिए मैंने उससे पूछ ही लिया—

"सुबह गरम पानी मिल जाएगा ना?"

"एक्चुअली आई डोंट नो। मॉम नोज़ एवरीथिंग। मैं पूछ के बताती हूँ।"

प्रियंका से कुछ देर बात होती रही फिर वो दूसरे सैलानियों के पास चली गई।

"मॉम नोज़ एवरीथिंग" ये बात दरअसल पूर्वोत्तर के सामाजिक ताने-बाने की भी झलक दे रही थी।

अभी मेरे पास वक़्त था तो उस वक़्त को होटल में ही जाया कर देने का कोई तुक नहीं था। थोड़ी देर आराम करने के बाद मैं टहलने के लिए निकल गया। शहर शान्त था। कॉलेज जाने वाले कुछ लड़के-लड़कियाँ टहलते हुए दिखाई दे रहे थे। दुकानें भी पूरी तरह खुली नहीं थीं। लगता था कि बाज़ार किसी वजह से बन्द है या फिर अपनी रवानी में नहीं है। कुछ आगे चला तो देखा सड़क के ऊपर रंगबिरंगे कपड़ों की कतरनें लहरा रही थीं। ऐसा लगता था कि यहाँ या तो कोई उत्सव होने वाला है या हो चुका है। ऐसी कतरनें और भी कई जगह पर लटकी हुई दिख रही थीं। मैं क़रीब आधे घंटे तक पहाड़ी सड़कों पर बेमंज़िल भटकता रहा। लेकिन अब मैंने महसूस किया कि बारिश की कुछ बूँदें मेरे शरीर पर पड़ी हैं। आकाश बुरी तरह घिरा हुआ था। काले बादल मँडरा रहे थे। ठंडी हवाएँ भी चल रही थीं। ऐसे में बारिश में भीग जाना अच्छा विकल्प नहीं था।

लम्बी यात्राओं के दौरान आपको अपनी तबीयत की ज़िम्मेदारी ख़ुद लेनी होती है क्योंकि तबीयत ख़राब होने पर यात्रा का सारा मज़ा किरकिरा हो सकता है। यात्राएँ तबीयत ठीक करने के लिए की जाती हैं, इनसे तबीयत ख़राब करके लौटने का कोई तुक नहीं बनता।

बारिश से बचने के लिए मैंने वापसी का रास्ता ले लिया। घूमती हुई सड़क मुझे वापस होटल ले आई। बाहर बारिश अपनी रवानगी में आ चुकी थी और अन्दर इस डब्बे से कमरे में मैं बोर हो रहा था। तभी मेरे बग़ल के कमरे से एक शख़्स निकला। मैं उसे देखकर मुस्कुरा दिया। किसी बहाने से उससे बातचीत शुरू हुई। वो भी यहाँ फ़िलहाल अकेला ही था।

"शोंती दास नाम है मेरा।"

उसने पूछने पर बताया। शोंती से बातचीत में पता चला कि वो असम का है और नौकरी के सिलसिले में यहाँ आया है। केबल नेटवर्किंग का काम करता है और एक नए खुल रहे बैंक में उसे नेटवर्किंग करनी है। उसे बैंक तक जाना था। कुछ देर हम बारिश थमने का इन्तज़ार करते रहे। बारिश के बन्द होते ही मैं भी उसके साथ इस उम्मीद में चल दिया कि उसका काम ख़त्म होने के बाद हम साथ में बोमडिला के कुछ और इलाक़ों में घूम आएँगे।

बैंक पहुँचे तो वो अपने काम में व्यस्त हो गया। मैं काफ़ी देर उसका इन्तज़ार करता हुआ बोर होता रहा। दूर एक मॉनेस्ट्री दिखाई दे रही थी। क़रीब पैंतालीस मिनट बाद जब मैं बुरी तरह पक गया तो मैं बिना उसे बताए वहाँ से अकेले निकल पड़ा। क़रीब डेढ़ घंटे में मैंने पूरे शहर को पैदल छान मारा। ठंड अब और बढ़ गई थी। अँधेरा होने लगा था। अरुणाचल में यूँ भी अँधेरा जल्दी हो जाता है और सूरज सुबह सबसे जल्दी उग जाता है।

सूर्योदय के इस देश की एक और ख़ास बात है कि यहाँ की कुछ जनजातियाँ एक ऐसे धर्म को मानती हैं जिनके लिए दोन्यी यानी सूरज ही उनके भगवान हैं। दोन्यी-पोलो नाम के इस धर्म के पीछे कई मान्यताएँ हैं, जिनमें से एक ये है कि सृष्टि की उत्पत्ति के मूल में सेदी हैं। सेदी को एक झरने के रूप में माना जाता है। सृष्टि में मौजूद सभी चीज़ें और जीव सेदी के शरीर के हिस्से हैं। रचना प्रक्रिया के दौरान सेदी के बाल पृथ्वी और बाक़ी ग्रह बन गए। उसके आँसू बारिश और पानी बने। सेदी की हड्डियाँ पहाड़ और चट्टान बनीं। उसकी दो आँखें दोन्यी (सूरज) और पोलो (चन्द्रमा) बन गईं। प्रकृति के रूपों में अपने भगवान देखने वाली अरुणाचल की जनजातियों का यह आध्यात्मिक चिन्तन बड़ा रहस्यमय लगता है। आदि, तानी, गालो, आपातानी जैसी अलग-अलग जनजातियों में दोन्यी-पोलो नाम के इस धर्म की कई व्याख्याएँ हैं। यह दर्शन कहता है कि जैसे इनसान की दो आँखें होती हैं, वैसे ही दोन्यी और पोलो सृष्टि की दो आँखें हैं, जो सब देख रही हैं। प्रकृति के नियमों का पालन करना सही है, जो ख़ुशियों की तरफ़ ले जाता

है। झूठ बोलने या ग़लत काम करने के बाद उसे छिपाने पर अन्तरआत्मा की दो आँखें (दोन्यी-पोलो) एक मनोवैज्ञानिक दबाव बनाने लगती हैं और इससे इनसान ख़ुशियों से दूर जाने लगता है।

इस अनूठे दर्शन वाले प्रदेश में अँधेरे में भटकता हुआ मैं एक छोटी सी दुकान के बाहर लगी बेंच पर बैठ गया। चाय और छोले ऑर्डर किए। एक महिला चाय बना रही थी। एक छोटा सा बच्चा उसकी मदद कर रहा था। परिवार बिहार से था। बच्चे के मुँह से बढ़िया हिन्दी सुनकर इस परदेस में एक अपनापन सा महसूस हुआ। कई बार आपकी भाषा भी आपको लोगों के क़रीब ले आती है लेकिन कई बार यही भाषा दूरियों की वजह भी बन जाती है। पूर्वोत्तर में भाषायी आधार पर हुई हिंसाओं का एक भरा-पूरा इतिहास रहा है। भाषा की इस लड़ाई में हुए नरसंहार में न जाने कितनी जानें कुर्बान हुई हैं। लेकिन अरुणाचल में पूर्वोत्तर के शेष प्रदेशों की तरह हिन्दी से स्थानीय लोगों की उतनी दूरी नहीं है। स्थानीय लोगों का हिन्दी में संवाद करना यहाँ आम बात है। यूँ भी जीविका की तलाश लोगों को कहाँ-कहाँ नहीं पहुँचा देती। इस यात्रा में अब तक मुझे भारत के अलग-अलग कोनों के न जाने कितने लोग मिले थे, जो केवल जीविका की तलाश में पूर्वोत्तर की तरफ़ चले आए थे और फिर यहीं बस गए।

ढाबे से लौटकर होटल पहुँचा तो शोंती लौट चुका था। रात के वक़्त शोंती और मैं कमरे में बैठकर ओल्ड मोंक पी रहे थे। ये द्रव्य बाहर के एकदम ठंडे तापमान में राहत देने के लिए एकदम मुफ़ीद था। पीते हुए शोंती कुछ भावुक हो गया था।

"डिफ़ेंस में जाना चाहता था, लेकिन कलर ब्लाइंडनेस की वजह से बाहर हो गया।"

उसकी देहभाषा से लग रहा था कि उसे इस बात का बहुत अफ़सोस है। मैंने उसे ढाढ़स बँधाया—

"अभी तो बहुत उम्र है तुम्हारे पास। आगे पढ़ो-लिखो। केवल डिफ़ेंस ही सब कुछ नहीं होता।"

कई बार दुनिया को देखने की हमारी सीमाएँ हमारी छोटी-छोटी असफलताओं को बहुत बड़ा बनाकर पेश कर देती हैं। हम ताउम्र उन असफलताओं के अफ़सोस में अपनी ज़िन्दगी का बेहद ख़ूबसूरत समय जाया कर देते हैं। शोंती मुझे इसी अफ़सोस में बेवजह घिरा हुआ नज़र आ रहा था।

हम काफ़ी देर तक बातें करते रहे। रम पीने से शरीर में अब अच्छी-ख़ासी गर्मी आ गई थी। थोड़ी देर में शोंती अपने कमरे में चला गया। एक

ख़याल मेरे ज़ेहन में आ रहा था कि बोमडिला में अगले दिन रुकने की कोई ख़ास वजह मेरे पास नहीं है, क्यों ना कल ही तवांग के लिए निकल जाया जाए। लेकिन अगले दिन की टैक्सी बुक नहीं थी। मैंने इस फ़ैसले को कल के लिए छोड़ दिया और हलके-हलके सुरूर में जो आँखें बन्द हुईं वो सुबह जाकर ही खुलीं।

15

बर्फ़ के पार बुद्ध की धरती पर

पन्द्रहवाँ दिन
बोमडिला-तवांग
23 फ़रवरी

सूर्योदय के देश में सूर्योदय की एक तसवीर लेने की ग़रज़ से मैं सुबह-सुबह उठा और एकदम ठंडे पानी से हाथ-मुँह धोकर बाहर निकल आया। बाहर जनशून्यता अपने चरम पर थी और सन्नाटे का विराट साम्राज्य चारों ओर फैला हुआ था। कुछ एक कुत्तों के भौंकने की आवाज़ के अलावा यहाँ कुछ और सुनाई नहीं दे रहा था।

मौसम घिरा हुआ था तो सूर्योदय की तसवीर क्या ही मिलनी थी। टहलते-टहलते मैं टैक्सी स्टैंड तक पहुँचा तो लगा तवांग जाने के टिकट के लिए एक चांस ले लेना चाहिए। काउंटर पर पूछा तो एक टिकट मिल भी गया। मैंने होटल तक जाने के लिए फटाफट एक टैक्सी की। होटल पहुँचकर फटाफट सामान समेटा। होटल की मालकिन को नींद से जगाया, उसे कमरे के पैसे दिए और फिर वापस स्टैंड पर लौट गया। टिकट पर जिस गाड़ी का नम्बर लिखा था उसे जाने में अभी वक़्त था। अभी और पैसेंजर आने थे।

बाहर अब धूप खिलने लगी थी। मैं गाड़ी के बाहर अगले पड़ाव की यात्रा शुरू होने का इन्तज़ार कर रहा था। सामने गोम्पा की इमारत के बाहर लगे रंग-बिरंगे झंडे लहरा रहे थे। खिली हुई धूप में एक खिला हुआ चेहरा मुस्कुराकर मेरी तरफ़ देखकर पूछ रहा था—

"पहली बार तवांग जा रहे हो?"

"हाँ। नॉर्थ ईस्ट में पहली बार ही हूँ।"

"किसी काम से या सोलो ट्रैवलर?"

"हाँ सोलो ट्रैवलर ही समझ लो।"

"आई एम जुगान्तर।"

सफ़र की शुरुआत में ही किसी शख़्स से जान-पहचान बढ़ जाए तो सफ़र की सहजता बढ़ जाती है। नई जगह पर वहाँ के बारे में एक छोटी सी जानकारी भी बहुत अहम हो जाती है। इस लिहाज़ से क़रीब 27-28 साल के जुगान्तर से बातचीत का ये सिलसिला मेरे लिए अच्छा ही था। उसने बताया कि वो असम का रहने वाला है और तवांग मोनेस्ट्री में बच्चों को पढ़ाता है।

"दिल्ली में मैं भी रहा कुछ महीने। पर मन नहीं लगा वहाँ। वापस आ गया।"

जुगान्तर के लिए मेरा अगला सवाल तैयार था—

"तो यहाँ इतनी दूर कैसे पहुँच गए?"

"असम से तो नज़दीक ही है तवांग।"

ओह हाँ। मैं उसकी दूरी अपने हिसाब से तय कर रहा था। यूँ भी किसी को जो बहुत दूर लगता है, किसी और को वो नज़दीक लग सकता है। दूरियाँ दरअसल भौगोलिक से ज़्यादा मानसिक होती हैं। वरना अब तक जो पूर्वोत्तर मुझे दिल्ली से युगों जितना दूर लगता था वो यहाँ आने के बाद इतना दूर लग कहाँ रहा था। जुगान्तर की बात सुनकर महसूस हुआ कि दिल्ली और पूर्वोत्तर के लिए मेरे मन में अब युगान्तर नहीं रह गया था।

गाड़ी अपनी मंज़िल की तरफ़ चल पड़ी थी। मैं पीछे की सीट पर बैठा था और मेरे बग़ल में जो लड़की बैठी थी वो लगातार फ़ोन पर किसी से बात किए जा रही थी।

गाड़ी का ड्राइवर मेरी ही उम्र का एक लड़का था जो किसी बात पर परेशान लग रहा था। सफ़र आगे बढ़ा तो पता चला कि उसके पैसेंजर कोई दूसरी गाड़ी वाला ले उड़ा था। वो किसी पैसेंजर से फ़ोन पर ज़ोर-ज़ोर से बात कर रहा था

"तो आप कैसे चला गया उस गाड़ी में? ऐसे थोड़ी होता है। मेरे पास पैसेंजर कहाँ से आएगा अब?"

ड्राइवर फ़ोन पर बुरी तरह झल्ला रहा था और उसकी झल्लाहट उसके गाड़ी चलाने के तरीक़े में साफ़ नज़र आ रही थी। गाड़ी की स्पीड भी काफ़ी तेज़ थी। ऐसा लग रहा था कि वो उस गाड़ी का पीछा करना चाह रहा है, जिसमें उसके पैसेंजर ग़लती से चले गए थे।

तीखे पहाड़ी ढलान से उतरती सड़क अब सपाट ज़मीन पर उतर आई थी। हम अब टेंगा नदी के किनारे अपेक्षाकृत खुली जगह पर चल रहे थे। क़रीब डेढ़ घंटे बाद गाड़ी एक ढाबे पर रुक गई। जुगान्तर ने बताया कि यहाँ पर हमें नाश्ता करना है। ढाबे में एकदम गरमागरम पराँठे मिल गए। यहाँ नेपाली लड़कियाँ खाना बना और परोस रही थीं। कुछ मुझे मारवाड़ी सी भी लग रही थीं। कुछ के चेहरे एकदम भावहीन और ऊबड़खबड़ थे। मेरे बग़ल के टेबुल पर बौद्ध भिक्षुओं की पारम्परिक पोशाकों में चार-पाँच बच्चे बैठे हुए थे, जो बड़े प्यार से पराँठे खा रहे थे। उनमें से एक बड़ी उम्र का लड़का सारे बच्चों को बार-बार पूछ रहा था कि अब उन्हें क्या चाहिए। ये बच्चे एकदम शान्ति से खा रहे थे। पहाड़ी बच्चे अक्सर पहाड़ की तरह ही शान्त होते हैं। संगत का असर तो बच्चों पर वैसे भी ज़्यादा पड़ता है।

जब तक हम गाड़ी में लौटे ड्राइवर अपनी भागी हुई सवारियों की पड़ताल कर उन्हें तलाश चुका था। ये एक बूढ़ा बंगाली युगल था। आंटी पीछे बैठी हुई थी और अंकल आगे की सीट पर। कुछ देर से दोनों शायद साथ बैठना चाह रहे थे। उन्होंने ड्राइवर से अनुरोध किया तो ड्राइवर ने मुझे बोला—

"आप आगे आ जाओगे?"

मैं ख़ुशी-ख़ुशी आगे की सीट पर चला आया। अब मेरे बग़ल में जुगान्तर था। उसके बग़ल में खिड़की और सामने के शीशे से बाहर का साफ़ नज़ारा। मुझे अपनी उम्मीद के मुताबिक़ सीट मिल गई थी। यहाँ से तसवीरें खींचना भी ज़्यादा आसान था और पैरों को फैलाने की बेहतर जगह भी थी। पहाड़ी सफ़र में कोशिश करें कि आपको आगे की सीट मिल जाए। लेकिन अगर आपको नींद आती है तो फिर ये विकल्प ना चुनें क्योंकि ड्राइवर के बग़ल में बैठकर झपकियाँ लेना पूरी गाड़ी की सवारियों की जान को संकट में डाल सकता है। यक़ीन मानिए नींद संक्रामक होती है। आपकी आँख से ड्राइवर की आँख तक पहुँचने में उसे वक़्त नहीं लगता।

हमारी गाड़ी के आगे और पीछे अब और भी गाड़ियाँ चल रही थीं। ड्राइवर ने बताया कि यहाँ गाड़ियाँ अक्सर कारवाँ बनाकर चलती हैं क्योंकि तवांग जाते हुए हम सेला पास जैसी ऊँची जगहों से गुज़रते हैं जहाँ अक्सर बर्फ़ पड़ी रहती है। बर्फ़ में चलते हुए गाड़ी कहीं भी रपट सकती है और मदद की ज़रूरत पड़ सकती है।

इस वक़्त हम समुद्र तल से 2500 मीटर की ऊँचाई पर थे। हमें क़रीब साढ़े चार हज़ार मीटर यानी 13 हज़ार फ़ीट की ऊँचाई से गुज़रना था। ये

सुनकर ही मेरा उत्साह कई गुना बढ़ गया था। कारवाँ में चलती हुई गाड़ियों के पीछे-पीछे हम नदी घाटी से गुज़रते हुए अब बहुत ऊँचाई पर आ गए थे। जैसे-जैसे ऊँचाई बढ़ रही थी, ख़ूबसूरती भी बढ़ती जा रही थी और एक क़िस्म की वीरानगी भी। ख़ामोश पहाड़ों की संगत का असर ही था कि गाड़ी का हर पैसेंजर ख़ामोश था। बाहर के वातावरण में इससे भी गहरी ख़ामोशी छाई हुई थी जैसे हम किसी रहस्यमय दुनिया में प्रवेश कर रहे हों। सड़क बग़ल में पहाड़ों पर अब हलकी-हलकी बर्फ़ की कतरनें दिखाई देने लगी थीं। हर नए मोड़ पर पहाड़ों पर पसरी बर्फ़ का दायरा बढ़ता जा रहा था और ठंड भी उसी अनुपात में बढ़ रही थी। सवारियों ने अपने जैकेट-मफ़लर कस लिए थे और धीरे-धीरे वो नींद के हवाले हो रही थीं।

पहाड़ों पर मोड़ दर मोड़ गुज़रती सड़क पर एक मोड़ के बाद एक बौद्ध शैली में बना एक बड़ा सा गेट आया जिस पर तवांग में हमारे स्वागत की बाबत कुछ लिखा हुआ था। इस गेट के बाद एक चौकी आई जिसके आगे सेना की छावनी बनी हुई थी। धीरे-धीरे हम चीन की सीमा के क़रीब आ रहे थे। कुछ किलोमीटर आगे एक मोड़ पार करते ही जैसे कोई चमत्कार हुआ हो, ऐसे सारा भूगोल एकदम बदल गया। आँखें कुछ-कुछ चौंधियाने लगी थीं। आस-पास के पहाड़ों पर बर्फ़ ही बर्फ़ थी और उन पहाड़ों के बग़ल में एक शान्त झील बनी हुई थी। पूर्वोत्तर यात्रा का अब तक का सबसे ख़ूबसूरत नज़ारा मेरी आँखों के सामने था। गाड़ियों का कारवाँ यहाँ आकर थम सा गया था। सेना के भी कई ट्रक अब इस कारवाँ के बीच में थे। सड़क किनारे पसरी हुई एक शान्त झील में बर्फ़ से ढके हुए पहाड़ों के प्रतिबिम्ब नज़र आ रहे थे। हमारी गाड़ी धीरे-धीरे रेंग रही थी और गाड़ी में बैठा हर शख़्स पूरे उत्साह से अपने फ़ोन पर तसवीरें खींच रहा था। इस ख़ूबसूरत नज़ारे ने सबकी नींद को छूमन्तर कर दिया था।

सेला लेक दरअसल उन सबसे पवित्र कुछ झीलों में शामिल है, जिनका बौद्ध धर्म ग्रंथों में उल्लेख किया गया है। सेला पास, जहाँ से हम गुज़र रहे थे वो तवांग को शेष भारत से जोड़ने वाली एक एक अकेली कड़ी है।

समुद्र तल से क़रीब 4170 मीटर की ऊँचाई पर मौजूद सेला पास चीन की सीमा से लगे तवांग को बोमडिला और देश के बाक़ी हिस्सों से जोड़ता है। यह झील तिब्बत के बौद्ध धर्म में पवित्र मानी जाने वाली 101 झीलों में से एक है। उजली बर्फ़ से घिरी ये गहरी नीली झील इतनी ख़ूबसूरत लगती है कि सैलानियों ने इसे 'पैराडाइस लेक' नाम दे दिया है। ये दर्रा लगभग सालभर बर्फ़

से घिरा रहता है और चारों ओर चौंधयाती बर्फ़ के बीच सेला लेक की ख़ूबसूरती देखने लायक़ होती है। इस इलाक़े में साल-भर बर्फ़ पड़ती है इसलिए बॉर्डर रोड ऑर्गनाइज़ेशन यहाँ हमेशा चौकसी बनाए रखता है ताकि सड़क मार्ग में रुकावट न आने पाए। सर्दियों में यहाँ का तापमान-10 डिग्री तक चला जाता है और सेला लेक फ्रीज़ हो जाती है।

कुछ आगे एक ढाबे पर ड्राइवर ने गाड़ी रोक दी। शरीर ठंड से काँप रहा था। उतरकर सबसे पहले एक गरमागरम चाय पी। ढाबे के बग़ल में एक टीला था जो बर्फ़ से लबालब भरा था। टीले के ऊपर छोटा एक गेट बना हुआ था जिसके आस-पास न कोई दीवार थी, न कोई दूसरी संरचना। सिर्फ़ बर्फ़ ही बर्फ़ थी जिसने धूप में पिघली हुई ठंड ओढ़ी हुई थी। इस सांकेतिक दरवाज़े के मायने समझने की कोशिश करते हुए मैं तसवीरें ले ही रहा था कि मेरी पीठ पर बर्फ़ एक ढेला आकर लगा। मैंने चौंककर पीछे देखा तो पता चला कि ये जुगान्तर था जिसने मुझे बर्फ़ का ढेला फेंककर मारा था। वो मेरी ओर देखकर मुस्कुरा रहा था। उसके हाथों में बर्फ़ का एक और गोला था जिसे उसने टीले पर कहीं उछाल दिया।

"लाइए आपके कुछ फ़ोटो ले लेता हूँ।"

ये कहकर उसने मेरे हाथ से कैमरा ले लिया। उसके तसवीरें लेने के बाद मैंने भी उसकी कुछ तसवीरें उतार लीं।

"मुझे मेल कर देना।"

ये कहकर उसने अपनी ईमेल आईडी मुझे नोट करा दिया।

क़रीब आधे घंटे रुककर गाड़ी यहाँ से आगे बढ़ गई। हमारे चारों ओर बड़े-बड़े पहाड़ थे। इन पहाड़ों पर बर्फ़ ऐसे बिखरी हुई थी जैसे किसी ने छत में बड़ियाँ सुखाने डाल दी हों।

पहाड़ों के बीच बची सँकरी जगह में वो सड़क थी जिस पर हमारी गाड़ी धीमी रफ़्तार में इस दर्रे को पार कर रही थी। हम अरुणाचल के सीमान्त इलाक़े तवांग की ओर बढ़ रहे थे। 13 हज़ार फ़ीट की ऊँचाई पर बसे सेला पास का विहंगम दृश्य अब पीछे छूट रहा था। ये पहाड़ शौर्य की एक अद्‌भुत रूमानी कहानी कह रहे थे। सेला और जसवन्त सिंह रावत की कहानी।

क़िस्सा कुछ यूँ है कि 1962 के भारत-चीन युद्ध के दौरान चीन की सेना तवांग से आगे बढ़ चुकी थी। सेला के पास तैनात जसवन्त सिंह रावत नाम का एक वीर सिपाही चीन की सेना से अकेला लोहा ले रहा था। उसकी वीरता को देखकर एक आदिवासी महिला सेला बहुत प्रभावित हुई और उसके लिए

खाना और पानी लेकर आई। अकेले दुश्मन से लोहा लेता हुआ ये सिपाही आख़िरकार वीरगति को प्राप्त हुआ। कहा जाता है कि उसकी लाश को जब सेला ने देखा तो दुखी होकर उसने आत्महत्या कर ली। जसवन्त सिंह की वीरता और शहादत को याद करने के लिए यहाँ एक स्मारक भी बनाया गया है। अनूठी मोहब्बत की ये दर्द भरी कहानी आज भी कहीं बर्फ़ के नीचे दफ़्न है। यहाँ पसरी हुई सर्द नीरवता के बीच चलती तेज़ हवाएँ सेला का शोकगीत दोहरा रही हों जैसे।

दिन के क़रीब डेढ़ बजे थे। लगातार उतरती हुई सड़क अब एक बार फिर से एक पहाड़ चढ़ने लगी थी। दूर बुद्ध की एक विराट प्रतिमा नज़र आ रही थी। हम जैसे-जैसे पहाड़ चढ़ रहे थे उस प्रतिमा की विराटता बढ़ती जा रही थी। उस प्रतिमा में एक सम्मोहन सा था। जैसे साक्षात बुद्ध किसी समाधि में लीन अपने विराट रूप में दर्शन दे रहे हों।

तवांग के बीच बाज़ार में जाकर गाड़ी रुक गई। पीछे वाली सीट पर बैठे बंगाली बुज़ुर्ग ड्राइवर से लगातार ज़िद कर रहे थे कि वो उनके होटल तक उन्हें छोड़ दे। ड्राइवर न जाने किस बात की जल्दबाज़ी में था। वो मान ही नहीं रहा था। मैंने और जुगान्तर ने भी उससे ज़िद की वो उन बुज़ुर्गों को उनकी बताई जगह पर छोड़ दे। कुछ देर के मान-मनौवल के बाद वो तैयार हो गया। हमें बाज़ार में उतारकर वो बुज़ुर्ग दम्पती को छोड़ने के लिए आगे बढ़ गया। जाते हुए उन्होंने हमें ड्राइवर को मनाने के लिए धन्यवाद दिया।

जुगान्तर ने मुझे कुछ होटल बताए, जिनमें से एक में वो मेरे साथ आया और तब तक साथ रहा जब तक मैंने कमरा फ़ाइनल नहीं कर लिया। मुझे मेरे कमरे में छोड़कर वो अपने घर की तरफ़ चल दिया। होटल में गीज़र की सुविधा थी और मुझे नहाने की ज़रूरत। एकदम ठंड में गरम पानी से नहाकर मैं तरोताज़ा हो गया था। तवांग के मौसम ने यूँ भी मेरी थकान उतार दी थी।

होटल से बाहर आया तो बुद्ध की वो विराट प्रतिमा एक बार फिर नज़र आ गई। उसके सम्मोहन से खिंचा हुआ मैं उसकी तरफ़ बढ़ गया। सड़क पर क़रीब पौन घंटे की ट्रैकिंग करने के बाद मैं उस प्रतिमा के एकदम क़रीब था। वहाँ मेरे अलावा और कोई नहीं था। इस जगह से तवांग के चारों ओर का नज़ारा दिखाई दे रहा था और दूर एक पहाड़ पर तवांग की मशहूर विशाल मॉनेस्ट्री नज़र आ रही थी। इसी मठ में तवांग के नामकरण की कहानी भी छिपी है। 'ता' का मतलब होता है घोड़ा और 'वांग' का मतलब चुनना। कहते हैं कि बौद्ध धर्म के लामा मेरा लामा गोंपा के लिए जगह का चुनाव नहीं कर पा

रहे थे। वो अपने घोड़े पर सवार होकर यहाँ आए। घोड़ा इस जगह पर आकर रुक गया और लामा ने इस जगह को गोंपा के लिए चुन लिया। तभी से इसका नाम तवांग पड़ा। समुद्र तल से 10 हज़ार फ़ीट की ऊँचाई पर बना यह भारत का सबसे बड़ा गोंपा है। 350 साल पुराने इस गोंपा में 500 लामाओं के रहने का इन्तज़ाम है।

इस जगह एक ख़ास क़िस्म की शान्ति थी। यहाँ आकर एक आध्यात्मिक तृप्ति सी महसूस हो रही थी। इस प्रतिमा की विशालता के तले होना ऐसा लग रहा था जैसे ये यात्रा शायद इसी क्षण के लिए थी। कुछ भावनाओं को लफ़्ज़ों में उकेरना बहुत मुश्किल होता है। कुछ-कुछ वही एहसास था जैसा विशाल आदि कैलास पर्वत के तले होने पर महसूस हो रहा था। यहाँ जो महसूस हो रहा था उसे बाँटने के लिए मेरे साथ कोई नहीं था। मुझे 'इंटू द वाइल्ड' फ़िल्म की एक पंक्ति याद आ रही थी—हैप्पीनेस इज़ व्हेन शेयर्ड।

क़रीब घंटे भर हलकी ख़ुशनुमा धूप से अपने मन को तर कर लेने के बाद अब यहाँ से लौटने का ख़याल ज़ेहन में आ रहा था। साथ में कोई होता तो शायद यहाँ कुछ और घंटे बिताए जा सकते थे। यहाँ बैठे हुए एक क़िस्म का अकेलापन मुझे घेरने लगा था। बौद्ध मंत्र लिखे कई रंग-बिरंगे परचम मेरी आँखों के सामने लहरा रहे थे। मन्द-मन्द हवा के झोंकों से लहराती इन कपड़ों की कतरनों में जो लिखा था शायद वही मेरी यात्रा का सार था। एक ऐसी भाषा जिसका एक शब्द भी मेरी समझ में नहीं आ रहा था, लेकिन जिसका अर्थ धीरे-धीरे मेरे अन्दर घुल रहा था। कुछ भाषाओं में यूँ भी शब्द बेमानी हो जाते हैं। कुछ भाषाएँ पढ़कर नहीं, महसूस करके समझ आती हैं। यात्रा भी एक ऐसी ही भाषा तो है।

ये एक ऐसी जगह थी जहाँ आप रास्ता पूछते-पूछते पहुँचते हैं और फिर वापसी का रास्ता पूछने का मन नहीं होता।

ख़ैर अब चार बजने को आए थे। साढ़े पाँच बजे के क़रीब यहाँ अँधेरा होने लगता है। इसलिए अब वापस तो जाना ही था। इंटरनेट पर पढ़ा था कि यहाँ एक वार मेमोरियल है, जहाँ भारत-चीन युद्ध में शहीद हुए जवानों का स्मारक बना है। होटल में ही किसी ने बताया था कि शाम को वहाँ एक लाइट एंड म्यूज़िक शो होता है। मैं वार मेमोरियल की तरफ़ बढ़ना चाहता था। पर रास्ते से अनजान था। रास्ते में लोगों से पूछते-पूछते मैं पूरा पहाड़ उतर गया था। बोमडिला की लगभग तलहटी में एक मोड़ पर बनी दुकान में मैंने एक बार फिर रास्ता पूछना चाहा। दुकान में दो लड़कियाँ बैठी हुई थीं। उनमें से एक

लड़की ने मुझे पहचान लिया।

'आप हमारे साथ गाड़ी में बैठे थे ना?'

मैंने उस लड़की को देखा। ये वही थी जो लगातार फ़ोन पर बतिया रही थी। मैंने मुस्कुराकर हामी भरी।

'बस इसी रास्ते पर चले जाओ। दो मिनट लगेगा।'

मैं आगे बढ़ गया। रोड इतनी ढलान भरी थी कि क़दम ख़ुद ब ख़ुद नीचे चले जा रहे थे। ढलान में मैं काफ़ी नीचे उतर आया था पर वार मेमोरियल का रास्ता मुझे नहीं दिखाई दिया। नीचे से आ रहे सेना के एक जवान से पूछा तो उसने बताया मैं काफ़ी नीचे आ गया हूँ।

'यहाँ से शॉर्टकट है। आप चले जाओ।'

जवान ने जिस तरफ़ इशारा किया था वहाँ से एक आधी बनी सी पगडंडी सेना के एक कैम्प की तरफ़ जा रही थी। इस पगडंडी को पार करके मैं एक तार-बाड़ के सामने पहुँच गया। आगे कोई रास्ता नहीं था। तार-बाड़ को फाँदना ही एक अकेला विकल्प था। इस बाड़ को फाँदकर में कैम्प में पहुँच गया। सामने ही वार मेमोरियल का बोर्ड दिखाई दिया।

मेमोरियल के अन्दर युद्ध के अवशेष थे। शहीदों के नाम थे, उनकी बन्दूकें थी। कुछ नक़्शे थे। युद्ध के बारे में लिखी कुछ इबारतें थीं लेकिन और कोई नहीं था। मैं कुछ देर मेमोरियल के भीतर इन चीज़ों को देखता युद्ध के बारे में सोचता रहा। ऐसा लग रहा था जैसे मृत्यु की प्रदर्शनी लगाई गई हो। युद्ध के स्मारक मरने वालों के क़रीबियों के लिए उनकी स्मृतियों के खंडहर ही तो होते होंगे। वीरता की महिमामंडित कहानियों के पीछे मुझे आँसुओं की रक्तिम कहानियाँ दिखाई दे रही थीं। सेना का एक जवान इस स्मारक की दीवारों पर जब अपने नाम के गढ़े होने की सम्भावना देखता होगा, तो क्या वो अन्दर तक सिहर नहीं जाता होगा? क्या ये स्मारक उसके लिए एक दु:स्वप्न नहीं होती होगी?

यही सोचता हुआ मैं यहाँ से बाहर निकल आया। बाहर एक पार्क था जिस पर कई सैनिकों के पुतले बने हुए थे। जिन जगहों पर युद्ध लड़ा गया था उनके भौगोलिक मानचित्र शीशों के भीतर क़ैद थे। दूर एक टैंक था जो बाहर फैले उजाले को ध्वस्त कर रहा था। मुझे अपने चारों ओर अँधेरा गहराता हुआ नज़र आने लगा था। लग रहा था कि मुझे अब लौट जाना चाहिए।

जब तक मैं अपने होटल के क़रीब पहुँचा अँधेरा पूरी तरह गहरा चुका था। मेरे ज़ेहन में एक ख़याल आ चुका था कि कल मुझे वापस लौट जाना

चाहिए। होटल के बेसमेंट में एक शराब की दुकान थी, जिसके बग़ल में टैक्सी बुक करने का काउंटर बना हुआ था। वहाँ जाकर मैंने बुम-ला जाने के लिए टैक्सी का पता किया।

"सर पाँच हज़ार लग जाएँगे। आपके साथ और कितने लोग हैं?"

काउंटर पर बैठे शख़्स को मैंने बताया कि मैं अकेला हूँ और कहा कि अगर किसी गाड़ी में एक सीट अतिरिक्त हो तभी मैं बुम-ला जा सकता हूँ। मैं इतने पैसे देकर अकेले वहाँ नहीं जाना चाहता था। बुम-ला में भारत और चीन की सीमा है। वहाँ से चीन सामने नज़र आता है। काउंटर वाले ने बताया कि ऐसे किसी का मिलना मुश्किल है। मुझे लगा ऐसे में वापस लौट जाना बेहतर है। वापसी बोमडिला से ही होनी थी। बोमडिला के लिए टिकट का पता किया तो उसने बताया कि अगले चार दिन तक कोई सीट नहीं है।

"सर वो लोसर के चक्कर में गाड़ियाँ कम हैं। जो हैं वो भी मॉनेस्ट्री वालों ने बुक की हुई हैं। उनका कोई बड़ा प्रोग्राम है। इसलिए किसी को सीट नहीं मिल रही। आप बाक़ी काउंटर पर पता कर लो।"

यहाँ लोसर के बारे में बताना ज़रूरी हो जाता है। अगर आप फ़रवरी के महीने में अरुणाचल जाएँ और वहाँ के बाज़ार में आपको सड़कों के ऊपर लहराती हुई कपड़े की रंग-बिरंगी सैकड़ों पताकाएँ दिखाई दें तो समझ लीजिएगा लोसर चल रहा है। लोसर दरअसल बौद्धों के नए साल पर मनाया जाने वाला त्योहार है जो एक हफ़्ते से पन्द्रह दिन तक चलता है। स्थानीय भाषा में 'लो' का मतलब होता है साल और 'सर' मतलब नया। फ़रवरी के दूसरे हफ़्ते में मनाए वाले इस त्योहार की तैयारियाँ हर घर में पहले ही शुरू हो जाती हैं। लोग अपने-अपने घरों में साफ़-सफाई करते हैं, पुरानी चीज़ों को घर से हटाते हैं और घरों में मंत्र लिखे हुए कपड़े टाँगते हैं। माना जाता है कि इन कपड़ों में लिखे मंत्रों से बुरी शक्तियाँ दूर रहती हैं। लोसर के दौरान बौद्ध मठों में तरह-तरह के कार्यक्रम किए जाते हैं और धार्मिक पूजाओं का भी आयोजन होता है। लोग अपने पारम्परिक परिधानों को पहनते हैं और दिन-भर नाचते-गाते हैं। पहले यह त्योहार केवल बौद्ध अनुयायियों के बीच लोकप्रिय था लेकिन अब स्थानीय हिन्दू जनजातियाँ भी इस त्योहार को मनाने लगी हैं। लोसर के दौरान धार्मिक पूजाएँ कराने वाले लामा लोगों को मारमे कहा जाता है। लोसर के कार्यक्रमों में स्थानीय परम्पराओं में शामिल लामसाम नृत्य और याक नृत्य का आयोजन भी किया जाता है। स्थानीय

पेय छांगकोल इन दिनों आस-पास के हर घर में बनता है और जलसे के दौरान इसे सबको पिलाया जाता है। पहले बौद्ध मठों और अपने-अपने घरों तक सीमित रहने वाले इस आयोजन को अब सामुदायिक रूप से मनाने की परम्परा भी शुरू हो गई है। अरुणाचल प्रदेश के सामुदायिक जीवन और उत्सवधर्मी संस्कृति की एक बेहतरीन झलक देखनी हो तो लोसर उत्सव में शिरकत ज़रूर करनी चाहिए।

ख़ैर मैं होटल से बाहर आया। एक बूढ़े राहगीर से पता किया कि काउंटर कहाँ है?

"कहाँ जाओगे? बोमडिला?"

मैंने हामी भरी तो वो बोला—

"आओ मैं बता देता हूँ। कहीं न कहीं तो मिल ही जाएगी सीट।"

ये कहकर छोटे क़द का वो बुज़ुर्ग तेज़-तेज़ भागता हुआ सा मेरे आगे चलने लगा। उसके पीछे-पीछे मैं चलता रहा। वो बुज़ुर्गवार मुझे क़रीब पाँच-छह काउंटर्स पर लेकर गया। लेकिन आख़िरकार निराशा ही हाथ लगी। आख़िरी काउंटर काफ़ी दूर था। लौटते हुए वो शख़्स मेरे साथ चढ़ाई चढ़ने लगा।

"क्यों आपको आगे नहीं जाना?"

"मैं तो आपको बताने के लिए ही आया था। अकेले ढूँढ़ना तो मुश्किल हो जाता आपके लिए।"

क़रीब सत्तर साल का बूढ़ा सिर्फ़ मुझे काउंटर दिखाने के लिए इतनी दुकानें छान चुका था और अब खड़ी चढ़ाई चढ़कर लौट रहा था। ऐसे मददगार लोग आपको छोटी जगहों पर ही मिल सकते हैं। पूर्वोत्तर की इस सरलता ने एक बार फिर मेरा दिल जीत लिया था।

निराश होकर मैं होटल की तरफ़ लौट आया। एक बार फिर उम्मीद लेकर होटल के बेसमेंट पर बने काउंटर पर गया।

"सर आप वेट करिए तो, क्या पता कुछ हो जाए। मैं कोशिश करता हूँ आपके लिए।"

काउंटर पर बैठे शख़्स ने कहा। मैं वहीं बेंच पर बैठ गया। मेरे वहाँ रहते चार-पाँच लोग सीट के लिए आए और निराश होकर लौट गए। तभी वहाँ एक महिला आई। वो फ़ोन पे कुछ बात कर रही थी। वो स्थानीय भाषा में कुछ बोल रही थी। जितना समझ आ रहा था उसमें मुझे अपने लिए एक हलकी सम्भावना नज़र आ रही थी। बात पूरी करके वो काउंटर पर बैठे शख़्स से कुछ बोली।

काउंटर वाले शख़्स ने रजिस्टर खोला और उस पर कुछ निशान बनाए। वो महिला लौट गई और शख़्स मेरी तरफ़ मुस्कुराकर देखने लगा

"सर लक अच्छा है आपका।"

"हाँ वो मुझे पता है, पर अभी हुआ क्या?"

"इन्होंने किसी और गाड़ी में भी टिकट बुक करा लिया था। दो सवारियाँ थीं। अब आगे की दोनों सीट ख़ाली हैं। आपको सीट मिल गई वो भी आगे की।"

वो शख़्स भी मेरे लिए ख़ुश लग रहा था। मेरे लिए जश्न मनाने का मौक़ा था। मैंने एक ओल्ड मोंक का क्वार्टर लिया और होटल के कमरे में चला गया।

हलके-हलके सुरूर में एक चैन की नींद मेरा इन्तज़ार कर रही थी।

16

अनजान लोक में किसने पुकारा

सोलहवाँ दिन
तवांग-बोमडिला-गुवाहाटी
24 फ़रवरी

सुबह-सुबह मैं तैयार था। होटल के बाहर आकर खड़ी हुई गाड़ी ने हॉर्न बजाया तो मैं अपना सामान लेकर बाहर आया।

ड्राइवर छत पर सामान चढ़ा रहा था। वो मेरी ओर देखकर मुस्कुराकर बोला—

"अरे आप तो कल मेरे साथ ही आया था।"

मैंने ड्राइवर की शक्ल देखी। कल इसी की गाड़ी में मैं तवांग आया था।

ड्राइवर ने कहा—"इतनी जल्दी लौट रहे हो?"

वाक़ई मैं जल्दी ही लौट रहा था। लेकिन यहाँ अकेले घूमने के लिए ऐसा था भी क्या? प्रकृति के नज़ारे ज़रूर थे पर उनके साथ अकेले आप कितना समय बिता सकते हो? और यहाँ लोग भी बहुत कम ही थे। सैलानी तो ख़ैर ना के बराबर थे। हर कोई इस बात से हैरान था कि मैं यहाँ अकेले घूमने आया हूँ। मुझे बस कसक इसी बात की थी कि चीन की सीमा से लगे बुम ला के इलाक़े में मैं नहीं जा पा रहा था। बुम ला के रास्ते में बौद्ध धर्म में वर्णित कुछ प्रसिद्ध झीलें भी थीं जिन्हें देखने से मैं वंचित रह जाने वाला था।

सच कहूँ तो मेरे लिए ये भूगोल एकदम नया नहीं था। उत्तराखंड के जिन इलाक़ों से मैं ताल्लुक़ रखता हूँ, वो एकदम ऐसे ही हैं। मुझे लग रहा था कि मैं अपने गृह नगर में ही हूँ। यहाँ आने से पहले यहाँ के लोगों के बारे में जो संशय थे वो भी टूट रहे थे। यहाँ भी लोग उतने ही सरल और मददगार थे जितने

उत्तराखंड के पहाड़ों में।

मैं आगे की सीट पर बैठा था। गाड़ी कुछ रुकी तो एक लड़की उसमें चढ़ने लगी। आगे वाली सीट की खिड़की के पास खड़े होकर उसने मुझसे पूछा, "आप पीछे बैठ जाओगे?"

मुझे लगा कि वो सबसे पीछे वाली सीट की बात कर रही है। और उस सीट की घुटन इतनी देर तक बर्दाश्त करना मुश्किल होता है। और फिर पीछे की सीट का एक नुकसान यह भी था कि मैं रास्ते भर नज़ारे देखने और उनकी तसवीरें खींचने से वंचित रह जाता। मैंने बड़े सम्मान के साथ लड़की को मना कर दिया। लड़की आगे की सीट में मेरे बग़ल में बैठ गई और उसके साथ आई दूसरी महिला पीछे बैठ गई। गाड़ी कुछ आगे बढ़ी तो मुझे इस लड़की की सिसकियाँ सुनाई देने लगी। अपनी पहनी हुई हाईनेक स्वेटर को बार-बार अपनी आँखों तक ले आती और उससे चेहरा ढकने की कोशिश करती। बीच-बीच में हथेलियों के बीच दबाए हुए रूमाल से अपनी आँखें और नाक पोंछने लगती।

मैं उम्मीद कर रहा था कि उसे सीट देने से मना कर देना इसके पीछे की वजह न हो। पर इतनी छोटी सी बात के लिए कोई ऐसे फूट-फूट के तो नहीं ही रोएगा। मन कर रहा था कि पूछ ही लूँ कि वो ठीक तो है? आख़िर ऐसे क्यों रो रही है? पर हम भारतीय हैं। भावनाओं की अभिव्यक्ति के मामले में यूँ भी हम इतने प्रगतिशील नहीं होते। पता नहीं पूछने पर ये जवाब देगी भी या नहीं? इसे मेरी भाषा समझ आएगी भी या नहीं? उसे एक अजनबी का इतना निजी सवाल करना अच्छा लगेगा भी या नहीं? फिर ऐसे ही किसी की इतनी नितांत निजी भावनाओं में दख़ल देना भी तो ठीक नहीं था। उससे कुछ भी पूछने का ख़याल मैंने बड़े अफ़सोस के साथ अपने ज़ेहन में दबा लिया और एक सम्भावित कहानी कहीं अपनी मौत मर गई।

मौसम कुछ खुलने लगा और धूप दस्तक देने लगी। धूप के साथ-साथ मेरे बग़ल में बैठी उस लड़की की सिसकियाँ भी कम होने लगीं। उसके चेहरे से उसकी हाईनेक वाली स्वेटर उतरकर गर्दन पर लौट आई। कहीं उसे सर्दी की वजह से ज़ुकाम तो नहीं था और मैं यूँ ही भावनाओं में बह रहा था? मैं इस सम्भावना के बारे में सोचकर मन ही मन हँस दिया और मेरे बग़ल में बैठी वो लड़की भी किसी से फ़ोन पर मुस्कुराती हुई बात करने लगी।

थोड़ी ही देर में एक घर आया जहाँ पर वो गाड़ी रुक गई। वहाँ से उस लड़की के कुछ रिश्तेदार आए और वो उनके साथ गाड़ी की पिछली सीट पर जाकर बैठ गई। मेरे बग़ल में अब एक शख़्स आकर बैठ गया।

जब मैं तवांग की ओर आ रहा था उस दिन मौसम आज जितना साफ़ नहीं था। आज आसमान एकदम नीला था। दूर-दूर की पहाड़ियाँ भी नज़र आ रही थीं। धीरे-धीरे विस्तार और खुलने लगा। सामने बर्फ़ से ढकी पहाड़ियाँ नज़र आने लगी थीं। मेरे हाथों में कैमरा आ चुका था। मैं लगातार उन बर्फ़ीले पहाड़ों की तसवीरें ले रहा था और मेरे बग़ल में बैठा शख़्स कैमरा देखकर उत्साहित हो गया था।

"उन पहाड़ों पर तो हम जाते रहते हैं। दूसरी तरफ़ भूटान लग जाता है। हमारा तो गाँव भी वहीं है।"

ये कहते हुए उस शख़्स के चेहरे पर एक गर्व का भाव था। इन विराट पहाड़ों का निवासी होने का गर्व।

पाँच घंटे में हम बोमडिला में थे। इस बीच मेरे दिमाग़ में चल रहा था कि क्या मुझे रात को बोमडिला ही रुकना चाहिए या फिर आगे बढ़ जाना चाहिए? जैसे ही मैं बोमडिला टैक्सी स्टैंड के पास उतरा तो वहाँ पर एक बस लगी हुई थी। बस के आगे जो बोर्ड था उस पर लिखा हुआ था—गुवाहाटी।

रात होटल में बिताकर सुबह-सुबह निकलने से बेहतर था कि रात बस में बिताई जाए। अगर ये बस मुझे सामने नज़र न आती तो शायद मेरा फ़ैसला कुछ और हो सकता था। लेकिन सामने खड़ी बस ने मुझे इशारा कर दिया था। काउंटर से बस का टिकट लिया तो पता चला बस डेढ़ घंटे बाद जाएगी।

बाहर अच्छी धूप खिली हुई थी। मैं धूप का मज़ा लेते हुए इस शान्त से शहर को जीता हुआ देख रहा था कि तभी पीछे से किसी ने कन्धे पे हाथ रखा

"उमेश भाई।"

इस अनजान लोक में किसी को अपना नाम पुकारते सुनकर मुझे आश्चर्य होता लेकिन उससे पहले ही वो चेहरा मेरे सामने था। ये शोंती था, जो बोमडिला में मेरे ही होटल में ठहरा था। तो क़रीब 14 घंटे का सफ़र काटने के लिए मेरे पास अब एक साथी था।

बस अपने तय समय पर चल पड़ी थी। अँधेरा अपने तय समय पर गहरा चुका था। रात में चलने का ये फ़ायदा ज़रूर है कि आपके समय की बचत होती है पर ये नुकसान भी है कि आप जिन जगहों से गुज़र रहे होते हैं, उन्हें देख नहीं पाते। बस बीच में एक बार डिनर के लिए रुकी और फिर उसने सीधे गुवाहाटी में हमें ला छोड़ा।

रात के तीन बजे हम गुवाहाटी में थे। सबसे पहले एक चाय पीने का मन था। एक नुक्कड़ पर चाय छन रही थी। चाय पीते हुए देखा कि एक लड़की

एक दुकान के आधी खुली शटर को लगातार खटखटा रही है और किसी को गाली दे रही है। लड़की की वेशभूषा और उसके चलने-फिरने का अन्दाज़ उसके बारे में कुछ बता रहा था।

"रंडी है साली।"

चाय वाला फुसफुसाया। आस-पास मौजूद सभी लोग उसे ही देखे जा रहे थे। वो उनमें से कुछ लोगों को छूती हुई आगे निकल गई। पूर्वोत्तर आकर इस तरह का कोई दृश्य पहली बार दिखा था मुझे।

चाय पीने के बाद अब शोंती और मुझे होटल ढूँढ़ना था। एक आदमी हमारे सामने आकर बोला—"सर होटल-वोटल चाहिए?"

हमारे पीठ पर बँधे बैगपैक बता रहे थे कि हम अभी-अभी इस शहर में पहुँचे हैं। मैंने हामी भरी तो वह आदमी हमें अपने रिक्शे तक ले गया। तीस रुपए में बात तय हो गई। आस-पास होटल की तलाश में यात्री को घुमाने की ये रक़म कम नहीं थी। होटल वालों से इनका कमीशन भी बँधा होगा ये बात समझना मुश्किल नहीं था।

रात के साढ़े तीन बजे शोंती और मैं गुवाहाटी के पलटन बाज़ार में होटल तलाश रहे थे। रिक्शे वाला हमें जो भी होटल दिखा रहा था उनकी हालत इतनी ख़राब थी कि वहाँ रात नहीं गुज़ारी जा सकती थी। हम क़रीब छह होटल देख चुके थे और सब के सब बद से बदतर। एक बार तो मन किया कि सुबह तक का इन्तज़ार ही कर लिया जाए। रिक्शे वाला भी हमें इतने होटल दिखाकर उकता चुका था। हमने तय किया कि थोड़ी देर हम ख़ुद ही होटल तलाश लें।

"होटल तो एक से एक हैं। पर पैसा भी तो ज़्यादा लगता है वहाँ।"

रिक्शे वाले ने उकताकर कहा। लेकिन गुवाहाटी में 500-700 रुपए में कैसा होटल मिल सकता है, ये मुझे अपने पुराने अनुभव से मालूम था। एक ठीक-ठाक बिस्तर, साथ में साफ़-सुथरा बाथरूम इससे ज़्यादा अपेक्षा मुझे थी भी नहीं। रिक्शे वाले को दस रुपए ज़्यादा देकर हमने विदा किया और फिर हम ख़ुद ही होटल तलाशने के अभियान में पैदल-पैदल निकल पड़े।

यह इस व्यस्त रहने वाले इलाक़े का न्यूनतम चहल-पहल वाला समय था। सुबह होते ही यहाँ की रौनक़ देखने वाली होती है। धीरे-धीरे बाज़ार सजने लगता है और लोग उमड़ने लगते हैं। शाम तक यहाँ पैर रखने की जगह नहीं मिलती।

दस मिनट टहलने के बाद हमें एक होटल मिल गया जो बेहतर भी था और बजट में भी था। शोंती फ्रेश हुआ और मेरे रुक कर जाने के प्रस्ताव को सौम्यता से नकारते हुए थोड़ी देर में निकल गया। सफ़र की थकान थी ही, उसके जाने के कुछ देर बाद मुझे नींद भी आ ही गई।

17

कुछ प्यारी सी मुलाक़ातें

सत्रहवाँ दिन
गुवाहाटी
25 फ़रवरी

आज का दिन गुवाहाटी के नाम था। ये मेरी यात्रा का एक अनमना सा ठहराव था। एक असमंजस कि अब आगे कहाँ जाया जाए। मुझे लग रहा था कि मैं आवाज़ों के केन्द्र में हूँ और चारों ओर से आती कई क़िस्म की पुकारों से घिरा हुआ। मुझे किस आवाज़ की तरफ़ बढ़ना चाहिए, ये समझ नहीं आ रहा था। असम अभी अनछुआ सा ही था। त्रिपुरा जाने का ख़याल भी ज़ेहन में था। मणिपुर, मिज़ोरम, नागालैंड, सिक्किम, कितना कुछ है पूर्वोत्तर की इस रहस्यमय दुनिया में। मैं फिर से पूर्वोत्तर के प्रवेश द्वार पर था। इस दरवाज़े से किसी भी दिशा में जाया जा सकता था। मैं सत्रह दिनों से घूम रहा था। लेकिन अभी मेरे लिए पूर्वोत्तर क़रीब-क़रीब पूरी तरह अछूता ही था। कई महीनों की यात्रा भी शायद कम पड़ जाए। फिर किस ओर बढ़ना चाहिए? कितने दिन और? होटल के कमरे में बैठा मैं असमंजस के भँवर में डूब रहा था कि तभी एक फ़ोन आया। ये फ़ोन शीला का था। उस से बातचीत के बाद जैसे ये असमंजस अचानक दूर हो गया।

"एक काम कीजिए। आज गुवाहाटी रुक जाइए। थोड़ा आराम हो जाएगा। कल माजुली के लिए निकल जाइए। उसके बाद चाहें तो अगरतला चले जाइएगा।"

कई बार जब आपको रास्ते समझ नहीं आ रहे होते और आपको यूँ ही कोई सलाह मिल जाए तो मन कुछ शान्त सा हो जाता है। शीला से फ़ोन पर

हुई इस बातचीत ने जैसे एक रास्ता दिखा दिया था। अब सवाल ये था कि आज क्या किया जाए?

फ़ेसबुक पर स्क्रॉल करते हुए अचानक ख़याल आया कि इतनी बड़ी मित्रता सूची में कोई तो होगा जो गुवाहाटी में रहता हो। देखा तो कुछ लोग निकल आए। इनमें से एक मेहदी जहाँ भी थे। मेहदी एमसीरसी में मेरा एक साल जूनियर था। एक दिलचस्प आदमी जो फ़िल्मों के पीछे पागल था। आपको दुनिया-जहाँ की जिस फ़िल्म के बारे में पूछना हो आप मेहदी से पूछ सकते हैं। उनमें से ज़्यादातर का कलेक्शन भी उसके पास मिल जाएगा। मेहदी से मुम्बई के दिनों के रतजगों की दोस्ती थी। बातों का सिलसिला चलता तो रात कब कट गई पता नहीं चलता। उसका इस वक़्त यहाँ होना एक बेहद अच्छी ख़बर थी मेरे लिए। मेहदी से सम्पर्क किया और तय हो गया कि हम लंच पर मिल रहे हैं उसके पसन्दीदा होटल में। लंच पर नूडल्स और फ्राइड राइस खाते हुए हम काफ़ी देर तक बात करते रहे। उसने बताया कि वो यहाँ किसी स्कूल में पढ़ा रहा है और साथ में एक फ़िल्म भी बना रहा है। बातों-बातों में कार्बी-आंगलोंग के अतरंगी क़िस्से चल पड़े।

मेहदी ने बताया कि कार्बी जनजाति की अपनी एक अलग रामायण है जिसे 'साबिन आलुन' (जिसका मतलब है साबिन का गाना) कहा जाता है। रामायण के स्थानीय संस्करण में साबिन शूर्पणखा हैं। रामायण की ये कहानी शूर्पणखा के गीत के तौर पर गाई जाती है। सीता इस कहानी में सिन्ता हैं। लक्ष्मण लोकोन हैं। इस कहानी में जनक झूम खेती करते हैं। सीता उन्हें चावल और चावल की बनी बीयर देने आती हैं। सीता क्योंकि बुनकर का काम करती हैं, तो वो चाहती हैं कि वो सुनहरे हिरन का शिकार करें ताकि बुनाई-कताई करते हुए हिरन की खाल का आसन बनाया जा सके। साबिन आलुन की ख़ास बात यह है कि इसे अलग-अलग किरदारों द्वारों लयबद्ध तरीक़े से गाया जाता है। साबिन गाकर अपना पक्ष रखती है, सिन्ता अपना। इसी तरह हर किरदार का अपना पक्ष है। इन किरदारों में आपस में लयबद्ध संवाद होते हैं। गाँव में पुश्तैनी तौर पर ये किरदार स्थानान्तरित होते हैं। असम के एक फ़िल्मकार अलताफ़ माज़िद ने 'ब्रोकन सांग्स' नाम से एक डाक्यूमेंट्री बनाई है जिसमें साबिन आलुन के बारे में बड़े रोचक तरीक़े से बताया गया है।

कार्बी लोककथाओं में एक देवीय संगीतज्ञ रंगसिना सार्पो का ज़िक्र

आता है। यहाँ के मिथकों में कहा जाता है कि पश्चिमी कार्बी आंगलोंग में रंगसीना सीधे स्वर्ग से अवतरित हुए और उनके बाद यहाँ का लोक संगीत मुँहज़बानी एक पीढ़ी से दूसरी पीढ़ी तक पहुँचता रहा। माना जाता है कि कार्बी लोगों की समृद्ध लोकसंगीत परम्परा में तुकबन्दी के सौ से ज़्यादा पैटर्न हैं। छेंगपी (कार्बी ड्रम), मुरी-टोंगपो (लकड़ी या बाँस की बनी तुरही) और मुरी-जेंगकेक (बाँसुरी) जैसे कई पारम्परिक वाद्य-यंत्र कार्बी लोकसंगीत का हिस्सा हैं।

क़रीब ढाई-तीन घंटों तक मेहदी से तमाम बातें हुई और फिर मैं अपने होटल में वापस आ गया। शाम के क़रीब पाँच बजे मैंने गुवाहाटी में रह रही एक फ़ेसबुक मित्र को हाई लिखा। इस ग़रज़ से कि यहाँ के बारे में उससे कुछ जानकारियाँ ही मिल जाएँ। निवि ने जवाब दिया और बताया कि उसे पता चला है कि मैं उसके शहर में हूँ। उसने मिलने का प्रस्ताव भी दिया। मैं ब्रह्मपुत्र के घाट पर मिलना चाहता था।

उसने कहा—"डोंट किल मी फ़ॉर दिस बट आइ डोंट नो मच अबाउट दैट एरिया।"

फिर एक मॉल में मिलना तय हुआ। निवि से मैं आमने-सामने पहली बार मिल रहा था। एक अजनबी शहर में किसी से पहली बार मिलना थोड़ा अटपटा ज़रूर था। पर अगर थोड़ी अटपटी न हों तो वो यात्राएँ ही कैसी। निवि काफ़ी सहज थी। उससे बात शुरू करते हुए मुझे लगा ही नहीं कि हम पहली बार मिल रहे हैं। उसने मुझे पढ़ा था और जो पढ़ा था उसके लिए प्रशंसा का भाव मैं उसकी बातों में पढ़ सकता था। क़रीब घंटे भर की बात में इतनी सहजता आ गई थी कि उसने अपने फ़िआँसे से वीडियो चैट करवाई। वो एक विदेशी लड़का था। निवि के लहजे में भी वेस्टर्न टच था और हिन्दी बोलते हुए वो लहजा और जवान हो जाता।

ख़ैर निवि की वजह से एक अच्छी शाम गुवाहाटी में बीत गई। इसके लिए मैं उस प्यारी सी लड़की का शुक्रगुज़ार था।

18

दुनिया के सबसे बड़े नदी द्वीप पर

अठारहवाँ दिन
गुवाहाटी-जोरहाट-माजुली
26 फ़रवरी

सुबह क़रीब छह बजे मैं गुवाहाटी के अपने होटल से निकल गया। रिसेप्शन पर बैठे शख़्स ने बताया था कि खानपारा से जोरहाट के लिए बस मिलती है और वहाँ से माजुली जाया जा सकता है। मैं जल्द ही ये यात्रा पूरी कर लेना चाहता था ताकि अँधेरा होने से पहले माजुली पहुँच सकूँ। इस वक़्त मुझे माजुली के बारे में इससे ज़्यादा कुछ भी नहीं पता था कि वो किसी नदी पर बना दुनिया का सबसे बड़ा द्वीप है।

पलटन बाज़ार से खानपारा के लिए बस तुरन्त मिल गई। खानपारा में भी जोरहाट की बसें सवारियों का इन्तज़ार कर रही थीं। कुछ ही देर में बस जोरहाट के रास्ते पर रवाना भी हो गई। बस अभी क़रीब घंटा भर ही चली थी कि बारिश की बूँदें शीशों पर नज़र आने लगीं। ये मेरी पूर्वोत्तर यात्रा की पहली बारिश थी। सबसे ज़्यादा बारिश वाली जगह चेरापूंजी में भी जिस बारिश से मुलाक़ात नहीं हो पाई वो आज यहाँ अकस्मात मिल गई थी।

इस हलकी-हलकी बारिश के बीच अब बस चाय के बाग़ानों से गुज़रने लगी थी। इन ख़ूबसूरत चाय बाग़ानों को देखकर मेरे ज़ेहन में भूपेन हज़ारिका का गाना 'एक कली दो पत्तियाँ' बार-बार दस्तक दे रहा था। यहीं कहीं भूपेन दा का रतनपुर बाग़ीचा होगा, मैं मन ही मन सोच रहा था। कई-कई किलोमीटर तक चाय के छोटे-छोटे पौधे पूरी रवानी से बढ़ती हुई गाड़ी की खिड़की के बाहर गुज़र रहे थे। गाड़ी कुछ देर रुकी तो चाय के ये पौधे भी

अपनी जगह थम गए। इस यात्रा की पहली बारिश, भीगते चाय-बाग़ान और उनमें उगे साफ़-सुथरे, व्यवस्थित और अनुशाषित नन्हे-नन्हे पौधे। ऐसा लगता था जैसे घर से नहा-धोकर प्रकृति के स्कूल आए बच्चे हरी स्कूल यूनिफॉर्म पहने प्रार्थना के लिए सावधान की मुद्रा में खड़े हों। मुझे बस से गुज़रते हुए सरसराती हवा में उनकी प्रार्थना सुनाई देने लगी थी, जिसे सुनकर जैसे आत्मा हरी-भरी हो गई हो। बस चल पड़ी तो लगा जैसे ये पौधे भी भागने लगे हों, ठीक वैसे जैसे स्कूल के बच्चे छुट्टी के बाद बड़े उत्साह से घर की ओर भागते हैं।

गाड़ी में बैठा एक विदेशी सैलानी कुछ बेचैन सा लग रहा था। वो बार-बार उचककर कंडक्टर की तरफ़ देखता जैसे कुछ पूछना चाह रहा हो। फिर थोड़ी देर में उसने पूछ ही लिया—

"काज़ीरंगा?"

तो क्या ये बस काजीरंगा नेशनल पार्क से होकर गुज़र रही थी। ये लीजिए मुझे मालूम ही नहीं था कि इतनी प्रसिद्ध जगह मेरे रास्ते में आ रही है। एक बार मन हुआ कि काजीरंगा उतरकर उन प्रसिद्ध गेंडों का दीदार कर लिया जाए जो केवल यहाँ पाए जाते हैं। लेकिन इस ख़याल को शीशे पर पड़ी उस बूँद के बुलबुले के टूटने के साथ ही मैंने भुला दिया।

क़रीब चार घंटे का सफ़र पूरा हुआ और अब मैं जोरहाट में था। बस के कंडक्टर ने पहले ही बता दिया था कि बस से उतरकर मुझे टेम्पो लेना होगा जो मुझे ऐसी जगह छोड़ेगा जहाँ से निमाटी घाट के लिए गाड़ियाँ मिलती हैं।

बस से उतरते ही मैंने एक टेम्पो को हाथ दिया। सत्रह-अठारह साल का एक लड़का टेम्पो चला रहा था।

"यहाँ से ओम्नी मिलेगा आपको निमाटी घाट के लिए। हम ओम्नी तक छोड़ देगा। बुक कर लो। 100 रुपया लगेगा।"

इस वक़्त मैं ज़्यादा बहस करने की हालत में नहीं था। ऊपर से हलकी बारिश अब भी जारी थी। लिहाज़ा मैं तुरन्त टेम्पो में चढ़ गया। लड़के का नाम सूरज था। उसने ओम्नी तक पहुँचाने के बाद बताया कि ओम्नी क़रीब घंटे भर में निमाटी घाट छोड़ेगी।

क़रीब पन्द्रह-बीस मिनट इन्तज़ार करने के बाद ओम्नी जाने को तैयार हुई। लोगों से पूरी तरह लद जाने के बाद उसमें सब्ज़ियों के कट्टे भी लाद दिए गए। जब पैर हिलाने तक की जगह नहीं बची तो दरवाज़े बन्द कर दिए गए। पीछे वाली जिस सीट पर मैं बैठा था वहाँ कुछ महिलाएँ और एक लड़का बैठा

हुआ था। सभी महिलाओं के मुँह पान के कत्थे से लाल थे। यहाँ रसमी तौर पर हर महिला ही पान खाती हुई दिखाई दे रही थी। उनकी जीभ के बीच कहीं तम्बाकू अब भी रेंग रहा था। मैंने हिन्दी में कुछ पूछना चाहा। लेकिन मेरे हर सवाल का जवाब असमी में ही दिया गया। और मुझे उस भाषा का एक भी शब्द समझ नहीं आ रहा था। कुछ देर के असफल संवादों के बाद मैंने पूछना ही छोड़ दिया। पहली बार भाषा स्थानीय लोगों से संवाद करने के रास्ते में रोड़ा बन रही थी। कुछ देर बार एक जगह एक महिला टेम्पो में चढ़ी। वो हुलिए से कुछ ज़्यादा पढ़ी-लिखी नज़र आ रही थी।

"माजुली जाने के लिए कहाँ उतरना होगा?"

मैंने पूछा।

"माजुली में कहा जाएगा?"

महिला के इस सवाल ने मुझे और असमंजस में डाल दिया। मुझे तो बस माजुली पता था। उसमें कहाँ जाना होता है इस बारे में मुझे कोई भी आइडिया नहीं था।

"मैं घूमने आया हूँ। कहाँ जाना ठीक रहेगा?"

मेरे इस जवाब पर महिला ने मुझे ज़रा अजीब सी निगाहों से देखा।

"कमलाबाड़ी उतर जाओ। वहीं होटल मिल जाएगा।"

मैंने मुस्कुराकर अपनी मुश्किल कुछ आसान करने के लिए शुक्रिया अदा किया।

"कहाँ से आया?"

"दिल्ली से।"

"इतना दूर अकेले आया?"

एक बार फिर ये सवाल मेरे सामने था। इस बार इसके जवाब में मैं केवल मुस्कुरा दिया।

ओम्नी अब रेत के ऊपर चल रही थी और दूर एक समन्दर लहरा रहा था। दरअसल वह समन्दर नहीं था। यहाँ आकर एक नदी समन्दर हो गई थी। ब्रह्मपुत्र की विशालता एक बार फिर चौंकाने की हद तक मेरे सामने लहरा रही थी।

मैं कुछ देर खड़ा नदी की तरफ़ देखता रहा। नदी में दूर कहीं एक फ़ेरी यात्रियों को पार ले जा रही थी। एक महिला नदी के क़रीब जा रही थी। वही नदी किसी के लिए सफ़र का एक ज़रिया भर है और किसी के लिए रोज़गार का। फ़ेरी में लोग थे, कारें थीं, मोटरसाइकिलें थीं और एक मशीन, जो उसे नदी पार करने की ऊर्जा दे रही थी। नदी में फ़ेरी थी, पानी था, मछलियाँ थीं और

वो ख़ूबसूरती जो होती नहीं पर दिखाई देती है। जो चीज़ें होती नहीं पर दिखाई देती हैं वे शायद सबको नहीं दिखाई देतीं। हमारी नज़रों का एक कोना है जो तभी जागता है जब हम उसे जगाते हैं। नज़रों का वो दरवाज़ा तभी खुलता है, जब हम उसे खोलते हैं। और उस दरवाज़े के पार एक अलग दुनिया है। वो दुनिया जिसमें रहने वाली चीज़ें अनमोल हैं। जैसे ख़ूबसूरती, जैसे प्यार। लेकिन हमारे सफ़र अक्सर किसी काम से बँधे होते हैं और इस कामकाज के फेर में हम अक्सर उस दरवाज़े को नहीं खोल पाते। हम अनन्त जल्दबाजियों से घिरी हुई दुनिया में रहते हैं, कहीं पहुँचने के संकट से ग्रस्त। लेकिन वो दरवाज़ा इत्मीनान की चाभी से खुलता है। यात्राएँ उस दरवाज़े को खोलने की सबसे उम्दा वजहों में से एक होती हैं। वो देखिए, वो दरवाज़ा अभी खुला हुआ है। मुझे नदी के इत्मीनान वाले आईने में अब भी उसकी परछाईं दिखाई दे रही है। वो परछाईं अब मेरा पीछा कभी नहीं छोड़ेगी। मैंने उस परछाईं को अपनी आँखों में बन्द कर लिया है। वो परछाईं अब मेरा आईना हो गई है। मैं जब भी उसमें खुद को देखूँगा मुझे नदी में तैरता इत्मीनान दिखाई देगा। आप जल्दबाजी में हों तो शायद इस बात से कोई इत्तफ़ाक न रखें। मुझे भी अपनी बात समझाने की कोई जल्दबाजी नहीं है।

निमाटी घाट पर गाड़ी से उतरकर मुझे फ़ेरी तक जाना था। एक फ़ेरी लोगों से लद रही थी। उस पर लकड़ी की तख़्तियाँ लगाई जा रही थीं। फिर एक के बाद एक बाइक सवार उस पर अपनी बाइक चढ़ा रहे थे। दो कारें पहले ही डेक पर लाद दी गई थीं। लोग एक दुनिया से दूसरी दुनिया में जाने की तैयारी कर रहे थे। ये नज़ारा देख के नदी पार वो द्वीप मुझे अब और रहस्यमय लगने लगा था। एक ज़ोरदार घड़घड़ाहट और झटके के साथ फ़ेरी विशाल ब्रह्मपुत्र की लहरों के हवाले हो गई। लहरें आपस में टकराती-छलछलाती कभी-कभी चेहरे तक आ-जा रही थीं।

बीच-बीच में बालू के कुछ टीले आते जिन्हें लहरों का प्रवाह लगातार काट रहा था। कुछ मछुवारे अपनी नावें लिए बड़े-बड़े जालों के साथ मछलियों के फँसने का धैर्यपूर्ण इन्तज़ार कर रहे थे। पंछियों का एक झुंड पानी की ऊपरी परत पर तैरता हुआ सा गुज़र रहा था। ऐसी ही कुछ फ़ेरी, कई-कई यात्रियों को लिए उस नदी द्वीप की ओर जा रही थीं और कई लौट रही थीं। सब लोग शान्ति से बैठे नदी के विस्तार से गुज़रते उस अनन्त की तरफ़ देख रहे थे, जहाँ इत्मीनान छलक रहा था, जिसमें सबकी चिन्ताएँ कुछ धुल रही थीं और कुछ उभर रही थीं।

क़रीब डेढ़ घंटे के इस सुकून भरे सफ़र के बाद फ़ेरी ब्रह्मपुत्र के किनारे लगा दी गई। रेतीले घाट पर गाड़ियों की भीड़ थी। फ़ेरी से उतरे पैसेंजर माजुली की अलग-अलग जगहों के लिए लगे शेयरिंग टेम्पो, मारुति वैन वग़ैरह में चढ़ रहे थे। मुझे इस वक़्त माजुली के अलावा एक ही नाम मालूम था—कमलाबाड़ी।

मैंने एक गाड़ी वाले से पूछा तो उसने बता दिया कि कमलाबाड़ी कौन सी गाड़ी जाएगी। कुछ ही देर में पैसेंजरों से बेतरह लदी वो गाड़ी दुनिया के सबसे बड़े नदी द्वीप की तरफ़ बढ़ गई। धीरे-धीरे रेत का असीम साम्राज्य ख़त्म हो रहा था और रेत से लदी झाड़ियाँ दिखाई देने लगी थीं। समझ आ रहा था कि अब हम बसावटों की तरफ़ बढ़ रहे हैं। क़रीब आधे घंटे बाद गाड़ी वाले ने बताया कि कमलाबाड़ी आ गया है।

अब मैं एक अविकसित सी जगह के अस्त-व्यस्त चौराहे पर खड़ा था। कच्ची सड़कों के इर्द-गिर्द धूल-धूसरित सी दुकानें थी जो अब बन्द होने की तैयारी में थीं। मुझे अँधेरा होने से पहले एक आसरा तलाशना था पर समझ नहीं आ रहा था कि ऐसी कोई जगह किस दिशा में मिलेगी।

तभी मझले से क़द का एक शख़्स एक टेम्पो से उतरकर मुझसे मुख़ातिब हुआ।

"कहाँ जाएगा?"

इसका कोई ठीक-ठीक जवाब मेरे पास नहीं था।

"रहने को कमरा कहाँ मिल जाएगा?"

मैंने पूछा।

"अकेला आया है?"

एक बार फिर ये सवाल मुझसे पूछा गया।

"आ जाओ मैं कमरा दिला देगा। जैसा चाहिए वैसा मिलेगा।"

"बहुत महँगा नहीं चाहिए। सस्ते में कोई ठीक-ठाक सा हो तो बताओ।"

इस संवाद के बाद शख़्स कुछ ज़्यादा ही जोश में आ गया। उसने मुझे अलग-अलग होटलों में तीन-चार कमरे दिखाए। पर सब बेवजह महंगे और बेकार से थे।

"एक काम करो। मेरे साथ चलो। थोड़ा आगे है कमरा। सस्ता भी है और जैसा आपको चाहिए वैसा है।"

न जाने क्यूँ इस शख़्स पर मुझे शक सा हो रहा था। ये मुझे कमरा दिलाने में इतनी रुचि क्यूँ दिखा रहा था? एक अनजान द्वीप में ऐसे ही किसी पे कैसे भरोसा कर लिया जाए? लेकिन फिर चारा भी क्या था? इस पर नहीं तो किसी

और पर तो मुझे भरोसा करना ही होगा।

ज़ेहन में उठ रहे इतने सवालों के बीच मैंने पूछा—

"नाम क्या है तुम्हारा?"

"भाबेन।"

मैंने उसे नज़र चुराकर ऊपर से नीचे तक घूरा। वो अब जैसे कुछ भाँप गया था।

"अरे चिन्ता मत करो। यहाँ चोर-उचक्का नहीं होता कोई। ये जगह ऐसी नहीं है।"

मैं कुछ भौचक्का सा था। इस शख़्स ने मेरे मन में चल रही भावनाओं को कैसे पढ़ लिया आख़िर? हमारे ज़ेहन में जो चल रहा होता है कई बार वो हमारे हाव-भाव और हमारी आँखों तक में झलकने लगता है। मुझे ख़ुद पे एक शर्म सी आई। किसी पर भरोसा करना इतना मुश्किल क्यूँ होने लगा है अब? लेकिन सतर्क रहना भी तो ज़रूरी है। ये दुनिया जितनी अच्छी है उतनी ही बुरी भी तो है। भाबेन नाम के शख़्स के साथ चौराहे पर खड़ा मैं अपने ही अन्दर चलती तर्क और भावनाओं की इस लड़ाई का नतीजा आने का इन्तज़ार कर रहा था।

मैंने कहा—"चलो। दिखाओ कहाँ है वो कमरा।"

और अपना बैग लेकर उसके टेम्पो में बैठ गया।

"यहाँ सब अच्छे लोग रहते हैं। कोई डर का बात नहीं है। आपको अच्छा कमरा दिला देगा। हॉस्टल है। आपके जैसे ही घूमने वालों के लिए बना है।"

भाबेन लगातार बोलता जा रहा था। थोड़ी ही देर में एक बड़े से मैदान के बग़ल में बनी एकमंज़िला इमारत के सामने उसने टेम्पो रोका।

"चलो यही है।"

वो आगे-आगे चल दिया। मैदान में एक गाय दूसरी गाय के पीछे भाग रही थी। कुछ कुत्ते दुम हिलाते इधर-उधर टहल रहे थे। मैदान के उस पार बंजर खेत पसरे हुए थे। इमारत में कोई नहीं था। भाबेन ने कुछ देर इन्तज़ार किया फिर देखा कि कमरों पर ताला नहीं लगा था। उसने मुझे कमरे दिखाए। साफ़-सुथरे बिस्तर और साफ़ बाथरूम। इस जगह पर ऐसे कमरे की उम्मीद मुझे नहीं थी। क़रीब पन्द्रह-बीस मिनट बाद एक सफ़ेद धोती पहने एक शख़्स वहाँ आया। उसने बताया कि चार सौ रुपए में वो कमरा दे देगा। मेरे हामी भरने पर उसने भाबेन को अपने पास बुलाया। भाबेन उससे कुछ दूरी पर रुक गया। आदमी ने धोती की गाँठ से एक चाभी निकाली और भाबेन को हाथ में देने के बजाय उसकी तरफ़ उछालकर फेंकी। भाबेन ने चाभी लपक ली। ये ऊँची और नीची

जाति का कोई चक्कर था। ये बात चाभी हाथ में मिलने के साथ ही मुझे समझ आ गई। मेरा बचपन छुआछूत के ऐसे कई दृश्यों से भरा पड़ा था।

"सुबह घूमने जाएगा तो हम साथ चलेगा। मैं मेन-मेन जगह पर घुमा देगा। चलना है तो बताओ।"

भाबेन ने कहा। ये एक अच्छा प्रस्ताव था। मैंने भाबेन का नम्बर ले लिया।

"खाने के लिए पीछे वाले होटल में बोल देते हैं। जो खाना है उसे बता दो। सब बन जाएगा।"

भाबेन मेरी हर मुश्किल को आसान करता जा रहा था।

19

माजुली का मास्क मेकर

उन्नीसवाँ दिन
माजुली-गुवाहाटी
27 फ़रवरी

सुबह-सुबह भाबेन के फ़ोन से मेरी नींद खुली। साढ़े सात बज रहा था।
"आप जाएगा ना हमारा साथ?"

भाबेन ने पूछा। मैं रात को तय कर चुका था आज भाबेन के साथ घूमा जाएगा।

"हाँ। आ जाओ।"

कुछ देर में मैं नहा-धोकर तैयार हो गया। क़रीब आधे घंटे में भाबेन होस्टल के सामने था। बाहर हलकी सी धुंध थी। भाबेन के फटफटिया ऑटो में बैठने के कुछ देर बाद ही मुझे एहसास हुआ कि यहाँ की सड़कों पर इससे घूमना इतना आसान नहीं रहेगा। इन सड़कों में डामर नहीं बिछा था बल्कि पत्थर के ब्लॉक्स लगाए गए थे। एक तो फटफटिया का इंजन उसे बुरी तरह हिला रहा था। उस पर सड़क भी कमोबेश टूटी-फूटी थी। थोड़ी ही देर में कमर में लचक आने लगी थी। लेकिन अब इसका कोई समाधान नहीं था। इस असुविधा को दरकिनार कर बाहर के नज़ारों पर ध्यान देने में ही भलाई थी।

बाहर के नज़ारे वाक़ई कमाल के थे। भाबेन ने बताया कि माजुली में अलग-अलग सत्र बने हैं जिन्हें असम के आराध्य श्रीमन्त शंकरदेव महाराज ने स्थापित किया था। पूरे असम में सत्रों की परम्परा को स्थापित करने वाले शंकरदेव महाराज का लोग बहुत सम्मान करते हैं। इन अलग-अलग सत्रों की अपनी अलग-अलग पूजा पद्धति है। ये सत्र वैष्णव सम्प्रदाय को मानते

हैं इसलिए विष्णु के अलग-अलग रूपों को अलग-अलग सत्रों में पूजा जाता है। भाबेन मुझे एक सत्र से दूसरे सत्र की सैर करा रहा था। रास्ते भर में मिसिंग जनजाति के लोग अपनी दिनचर्या को शुरू करने की तैयारी में दिखाई दे रहे थे। सड़क के दोनों ओर छोटी-छोटी झोंपड़ियाँ थी जिनके आस-पास कहीं बच्चे खेलते हुए नज़र आते, तो कहीं पुरुष पानी भरते दिखाई दे जाते। महिलाएँ जो अभी-अभी नहाकर आई थीं अपने बालों को तौलिए से पोंछ रही थीं। महिलाओं ने शरीर के निचले हिस्से में लुंगी जैसा वस्त्र पहना हुआ था और ऊपरी हिस्से में सीने के इर्द-गिर्द एक ख़ास कपड़ा लपेटा हुआ था, जिसे मेखला कहा जाता है।

हरे-भरे खेतों में जैसे हरियाली का उत्सव हो रहा हो। नदी पर बसा द्वीप होने के कारण यहाँ पानी की कोई कमी नहीं इसलिए खेतों के आस-पास जहाँ तक नज़र जाती सब कुछ हरा-भरा नज़र आता। यहाँ के मूल निवासियों की झोंपड़ियों के इर्द-गिर्द सुन्दर क्यारियाँ बनी हुई थीं जिनके चारों ओर बाँस की लकड़ी से बाड़ बनाए गए थे। क्यारियों में सब्ज़ियाँ और फूल उगे हुए थे।

ऐसा लग रहा था जैसे ब्रह्मपुत्र नदी को पार कराने वाली फ़ेरी मुझे किसी दूसरी दुनिया में ले आई हो। भारत के ग्रामीण जीवन की एक अद्‌भुत झाँकी दिखाई दे रही थी मुझे। तालाबों में एक ओर तैरती हुई बतखों का झुंड था और दूसरी और तीस-पैंतीस आदिवासी महिलाओं का समूह था जो बाँस की खपच्चियों से बनाए गए पारम्परिक जाल की मदद से मछलियाँ पकड़ रही थीं। वो पानी में घुटनों तक डूबी हुई थीं और उनकी परछाइयाँ पानी में तैर रही थीं। मैं सोच रहा था कि पानी में उनकी परछाइयों के बीच तैरती हुई मछलियाँ जब उनके इस जाल में क़ैद होंगी तभी वो परछाइयाँ पानी से मुक्त हो पाएँगी। जब तक मछलियाँ क़ैद नहीं होतीं तब तक परछाइयाँ डूबे रहने के लिए अभिशप्त हैं।

क़रीब-क़रीब हर झोंपड़ी के बाहर कताई-बुनाई करने के लिए जातर रखे हुए थे जिनमें धागे लगे हुए थे। कुछ जातर ऐसे थे जो बुनकरों का इन्तज़ार कर रहे थे। एक बूढ़ी महिला बाँस के बने स्टूल पर बैठी हाथ की इस महीन कारीगरी में संलग्न थी।

"यहाँ ज़्यादा लोग घर का बना कपड़ा ही पहनता है।"

भाबेन ने बताया और अपनी फटफटिया को एक टीन की छत वाली इमारत की तरफ़ मोड़ दिया। कुछ ही देर में हम एक टिनशेड के क़रीब थे जिसके बाहर एक गेट बना हुआ था।

"ये गोरूमुख शोत्र है। आप अन्दर जाके देख आओ।"

सत्र के बाहर कुछ दुकानें सजी हुई थीं जहाँ श्रीमन्त शंकर देव और माजुली से जुड़ी कुछ किताबें भी मिल रही थीं। गेट से अन्दर जाने पर कुछ आगे एक बड़ा सा हॉल था जहाँ कुछ मूर्तियाँ सी बनी हुई थीं जो गरुड़ के चेहरे की तरह लग रही थीं। हॉल में तीन शख़्स थे जिन्होंने सफ़ेद कपड़े पहने हुए थे। इनके हाथों में ढोल थे जिन्हें वे बड़ी तल्लीनता से बजा रहे थे। इनमें से एक कुछ मंत्रों का उच्चारण कर रहे थे। ये सत्र के योगी थे जिनकी सुरमयी आवाज़ पूरे हॉल में गूँज रही थी। हॉल के छोर पर एक मन्दिर बना हुआ था। कुछ देर यहाँ बिताकर मैं बाहर चला आया।

बाहर एक मैदान के किनारे सुपारी के ऊँचे-ऊँचे पेड़ थे। सत्र के हॉल से बाहर आते ढोल और मंत्रों की आवाज़ के अलावा यहाँ कोई शोर नहीं था। ये शान्ति जैसे अपनी ओर खींच रही थी। कुछ देर बाद बाहर आकर मैंने भाबेन से कहा—

"क्या यहाँ कोई मिलेगा जिसको माजुली के बारे में जानकारी हो और जो कैमरे पर यहाँ के बारे में कुछ बता सके।"

भाबेन ने पान खाते हुए कहा—"मिलेगा ना। यहीं स्कूल का मास्टर है। वो राइटर भी है। माजुली पर एक किताब लिखा है। आप आओ।"

ये कहकर भाबेन मुझे एक छोटे से टीन शेड की तरफ़ ले गया। लोहे के एक गेट के भीतर दो कुर्सियाँ लगी हुई थीं।

"आप बैठो।"

इतना कहकर वो अन्दर चला गया। कुछ देर में उसके साथ सफ़ेद धोती पहने एक और शख़्स बाहर आए। ये संजय काकोती थे। उनके मुँह में भी पान था। मैंने उन्हें बताया कि मैं क्या चाहता हूँ और वो कैमरे पर बोलने को तैयार हो गए। श्रीमन्त शंकर देव की विरासत और यहाँ की सत्र परम्परा के बारे में उन्हें अच्छी जानकारी थी। वो बहुत ही सहजता के साथ बिना मेरी तरफ़ देखे जानकारी दे रहे थे। आँखों में धूप का चश्मा था। वो अंग्रेज़ी में बात कर रहे थे। उन्होंने बताया कि पूरे असम में 700 सत्र हैं। इनमें से माजुली में 65 सत्र हैं, लेकिन इरोजन और दूसरी वजहों से अब केवल 35 सत्र बचे हैं।

संजय काकोती से बात पूरी हुई तो हमें एक टूरिस्ट गाइड निकुल दत्त मिल गए। क़रीब चालीस साल के निकुल ने बताया वो माजुली पर एक डॉक्यूमेंट्री पर भी काम कर चुके हैं।

"माजुली के साउथ साइड में एक रिभर है जिनका नाम है ब्रह्मपुत्र, नोर्थ में एक रिभर है जिनका नाम है लुइत और ईस्ट में एक रिभर है जिनका नाम है

ख़ैरकटिया। ख़ैरकटिया एक फ़ीमेल रिभर है। माजुली इनके बीच में है। इसलिए ये आईलैंड बन गया। यहाँ 3 ट्राइब रहते हैं। उनका कल्चर अलग है और सत्र का कल्चर अलग है। इसलिए माजुली को असम का कल्चरल कैपिटल मानते हैं।"

निकुल बड़े उत्साह से बता रहे थे। उन्होंने बताया कि माजुली का यह द्वीप धीरे-धीरे सिकुड़ता जा रहा है। हर साल यहाँ बाढ़ होती है और ज़मीन धंसती-टूटती चली जाती है। पहले इसका क्षेत्रफल 1255 वर्ग किलोमीटर था जो अब 455 वर्ग किलोमीटर रह गया है। मुझे पूर्वोत्तर पर लिखे गए अज्ञेय के संस्मरण याद आ रहे थे। उन्होंने बताया है कि कैसे बाढ़ आने पर इनसान ही नहीं बल्कि साँप, बिच्छू, कछुए सब बची हुई ज़मीन पर अपनी जान बचाने के लिए इकट्ठा हो जाते हैं। ये लगातार ख़त्म होती जा रही दुनिया थी जिसके बारे में साफ़-साफ़ नहीं कहा जा सकता था कि ये कितने साल और बचेगी। एक धरती जिसकी नियति भी इनसान की तरह ही थी। इसे भी कहाँ पता था कि वो कितनी उम्र लेकर आई है।

कुछ देर बाद भाबेन की फटफटिया पर एक बार फिर आगे की यात्रा शुरू हो गई। भाबेन को जहाँ कुछ भी ख़ूबसूरत सा दिखाई देता वहाँ मुझे रोककर कहता—

"ये अच्छा सिनरी है। फोटो ले लो।"

वाक़ई जहाँ कैमरा लगाओ वहीं एक सुन्दर फ्रेम दिखाई दे रहा था।

"अब हम सामग्री सत्र जा रहे हैं। वहाँ मास्क बनाते हैं।"

ये कहते हुए भाबेन ने एक बार अपनी फटफटिया घुमा दी। अब हम एक नए सत्र में थे। यहाँ एक टीन शेड के बाहर एक शख़्स बैठे बाँस की खपच्चियों से कुछ बना रहे थे। कमरे में गए तो देखा दीवारों पर रंग-बिरंगे पचासों मास्क लटके हुए थे। भीम, राम, नरसिंह, रावण, नरकासुर न जाने कितने मिथकीय किरदारों के मास्क यहाँ नज़र आ रहे थे। ये मास्क जिस शख़्स की देखरेख में बने थे उनका नाम प्रदीप गोस्वामी था जो अब हमारे साथ कमरे में चले आए थे।

"हमारा पिताजी को मास्क बनाने के लिए राष्ट्रीय संगीत नाटक अकादमी अवार्ड मिला।"

उन्होंने बड़े गर्व से कहा।

"मुखौटा तीन प्रकार का होता है। बड़ा मुखटा, लतिकाई मुखा और मुख मुखा।"

अपने बनाए मुखौटों के बारे में बताते हुए वो अलग-अलग नमूने दिखा

भी रहे थे। वहाँ एक मुखौटा भूपेन हज़ारिका का भी था।

"हमारा इस कला को राष्ट्रीय स्तर पर ले जाने का अवदान भूपेन हज़ारिका को जाता है। इसलिए हम भूपेन हज़ारिका को मुखौटा से जीवन्त रूप देने का कोशिश किया।"

प्रदीप ने भूपेन हज़ारिका के मुखौटे को अपने हाथों में लेकर उसे बड़े सम्मान के साथ देखा। फिर उसे वापस दीवार पर लटका दिया। उन्होंने आगे बताया कि ये मुखौटे प्राकृतिक चीज़ों से ही बनाते हैं। इनमें बाँस, मिट्‌टी, गोबर, जूट और लकड़ी शामिल हैं।

मुखौटों की इस अद्‌भुत विरासत को अपने कैमरे और ज़ेहन में क़ैद कर हम यहाँ से लौट आए। कमलाबाड़ी के नज़दीकी घाट से जोरहाट के लिए आख़िरी फ़ेरी ढाई-तीन बजे के क़रीब थी। दो बज चुका था।

"अब आप निकल जाओ। वरना आपका बोट छूट जाएगा। चाराली से आपको ओम्नी मिल जाएगा। मैं वहीं छोड़ देता हूँ।"

भाबेन ने पान की पीक थूकने के बाद बताया। चौराहे की तरफ़ लौटते हुए मेरे ज़ेहन में एक सवाल कौंधा।

"यहाँ सब हिन्दू ही हैं या फिर मुस्लिम भी रहते हैं?"

मेरे पूछते ही भाबेन कुछ उत्तेजित हो गया।

"अरे ये लोग चोर-उचक्का है। हम आने ही नहीं देता। कोई आता है तो उसे मार के भगा देते हैं। घूमने आए तो कोई बात नहीं। लेकिन रहने नहीं देते किसी को। यहाँ सब अच्छा लोग ही रहता है।"

भाबेन ने बिना किसी दुराव-छुपाव के अपना नज़रिया साफ़ कर दिया था। कुछ ही देर में उसने मुझे चौराहे पर ओम्नी के पास छोड़ दिया। ओम्नी कुछ ही देर में भर गई और माजुली गाँव से निकलकर रेतीली सड़क पर आ गई। कई किलोमीटर तक सपाट खेतों के किनारे बालू उड़ाती हुई ओम्नी अब हमें घाट तक ले आई थी।

एक नदी जो समन्दर की तरह थी वो हमें वापस इस ग़ज़ब की दुनिया से दूर ले जा रही थी। सैकड़ों बतखों का एक समूह पानी में तैरता हुआ हमारी फ़ेरी के समानान्तर चल रहा था। रेत का एक टीला लहरों के प्रहार से लगातार टूटता इस द्वीप के भविष्य की बेआवाज़ कहानी कह रहा था। मेरे पीछे बैठी एक नवविवाहिता अपने पति से टिकी हुई फ़ोन पर ब्रह्मपुत्र की तसवीरें खींच रही थी। डेक पर खड़ी मोटरसाइकिल में एक युगल आलिंगनबद्ध होकर अनन्त में कुछ निहार रहा था। एक तट जितना दूर जा रहा था दूसरा उतना ही नज़दीक

आ रहा था। जलयात्राएँ आपको एक दार्शनिक सी यात्रा में लेकर चली जाती हैं। लगातार बहता हुआ पानी, लहरों के टकराने की आवाज़, हवा के शान्त से झोंके और यात्रा में होने के बावजूद ठहराव का सा एक भात्र, शायद ये सब मिलकर हमारे भीतर कुछ ऐसा अदृश्य सा रच देते हैं जो हमें एक समानान्तर यात्रा पर ले जाने लगता है।

निमाटी घाट से ओम्नी मुझे जोरहाट ले आई। ओवरनाइट बस से गुवाहाटी लौटने की योजना थी। काउंटर पर टिकट मिल गया। रात के आठ बजे की रवानगी थी। अभी साढ़े चार बज रहा था। मेरे पास काफ़ी वक़्त था। काउंटर पर अपना रकसैक रखके मैं टहलने के लिए निकल गया। जोरहाट ठीक-ठाक बड़ा शहर है। काउंटर से एक-आध किलोमीटर तक फैले बाज़ार में पूरा चक्कर लगाकर में एक चौराहे पर लौट आया। यहाँ एक शख़्स मिल गए। वो भी इन्तज़ार कर रहे थे। क़रीब पचास साल के इस शख़्स से बातचीत हुई। उन्होंने बताया कि वो जोरहाट के पास ही टी-एस्टेट में वैज्ञानिक हैं। उनके बेटे की बोर्ड की परीक्षा चल रही है और वो उसकी परीक्षा ख़त्म होने का इन्तज़ार कर रहे हैं। बातों-बातों में उन्होंने बताया कि उन्हें ग़ुलाम अली की ग़ज़लें बहुत पसन्द हैं। क़रीब आधा-पौन घंटा हम बातें करते रहे। ये एक अजीब सी बात थी कि एक चौराहे पर किसी घूमने की जगह का पता करते हुए मैं अपनी उम्र से काफी बड़े एक अजनबी से टकराया और हमारे बीच एक तार सा जुड़ गया। थोड़ी देर में स्कूल के बच्चे एक इमारत से बाहर आने लगे। सड़क पार करते तीन लड़कों को देखकर अंकल मुझसे बोले—

"आप गैस करना कि मेरा लड़का इन तीनों में से कौन है।"

मैं इस मासूम सी पहेली पर निहाल तीनों की सूरत देखने लगा।

"बीच वाला होगा।"

मैंने ज़्यादा मेहनत किए बिना बताया।

उन्होंने मुस्कुराते हुए कहा—"नहीं राइट साइड वाला है।"

पहेली ख़त्म हुई। लड़का पास आ गया और अंकल मुझसे विदा लेकर चले गए। मैं फिर से एक नए इन्तज़ार की क़तार में शामिल हो गया।

रात के क़रीब साढ़े आठ बजे गुवाहाटी पहुँचाने वाली नाइटबस चल पड़ी थी और मैं सोच रहा था कि मेरा अगला पड़ाव आख़िर क्या होगा?

20

मिड ट्रिप क्राइसिस

बीसवाँ दिन
गुवाहाटी
28 फ़रवरी

रातभर बियाबान से गुज़रते हुए बस ने सुबह-सुबह गुवाहाटी पहुँचा दिया। गुवाहाटी के बस अड्डे में इस वक़्त काफ़ी ठंड थी। मैं एक ख़ाली बेंच पर बैठकर कुछ देर सोचता रहा कि अब आगे क्या किया जाए? यहाँ से अगरतला भी जाया जा सकता है, मन में ख़याल आया और काउंटर पर जाकर मैंने टिकट बुक कर लिया। अभी मुश्किल से छह बज रहा था। बस को दस बजे के क़रीब रवाना होना था। काउंटर पर बैठे शख़्स ने बताया कि बस अगरतला पहुँचने में 27-28 घंटे लगाएगी। इंटरनेट पर देखा तो पता चला कि रास्ता बहुत ख़राब है। बेंच पर मैं वापस आकर बैठ गया। मच्छरों ने यहाँ जैसे आतंक फैलाया हुआ था। क़रीब आधे घंटे में ही मन उचाट सा हो गया।

मैं अपने बैग को पीठ पर लादे बस-अड्डे के अनमने से चक्कर लगाने लगा। लोग अपने-अपने सामान के साथ बेंच पर लेटे हुए थे। बस अड्डे न जाने कितने यात्रियों के इन्तज़ार से मिलकर बने होते हैं। न जाने कितनी अदृश्य यात्राएँ यहाँ भटक रही होती हैं। कितनी तरह के लोग होते हैं यहाँ। घर आते हुए, घर से लौटते हुए, घर से भागते हुए लोग, बेघर, अपराधों को अंजाम देकर छिपकर जीते हुए लोग। बच्चे, जवान, बूढ़े, असमिया, बिहारी, देसी-विदेसी, प्रवासी, रवासी, फक्कड़, घुमक्कड़, सुखी, दुखी, मिलते, बिछड़ते, मेहनतकश, व्यापारी, कामकाजी, बेरोज़गार, न जाने कितनी तरह के लोग। मानवीय सभ्यता की तमाम विविधताओं और इनसानी भावनाओं की तमाम जटिलताओं का एक

अनोखा समायोजन होते हैं बस-अड्डे और रेलवे स्टेशन।

इन तमाम ख़यालों के बाद जैसे दिमाग़ में एक अजीब सी हलचल हुई। एक सवाल कौंधा कि आख़िर क्यों हूँ मैं इस यात्रा पर। इस तरह से अकेले निकल आने क्या मतलब है? एक अजीब क़िस्म का अकेलापन महसूस होने लगा मुझे। यात्राओं के दौरान ऐसा शायद ही पहले कभी हुआ हो मेरे साथ। एक असन्तोष सा था ये, जो न जाने कहाँ से उपजा था। अंग्रेज़ी में लम्बी यात्राओं के बीच ज़ेहन आने वाली इन भावनाओं के लिए एक टर्म है—'मिड ट्रिप क्राइसिस'। इनसानी स्वभाव की दो अहम ज़रूरतें हैं। किसी चीज़ से जुड़ाव का एहसास और किसी मक़सद का एहसास। अकेले की जा रही लम्बी यात्राओं में ये दोनों ही एहसास तक़रीबन नदारद रहते हैं। यूनिवर्सिटी ऑफ़ पेंसेलवीनिया की प्रोफ़ेसर एमिली स्मिथ ने एक किताब लिखी जिसका शीर्षक था—'द पावर ऑफ़ मीनिंग'। इस किताब के मुताबिक़ जो लोग सबसे ज़्यादा सन्तुष्ट ज़िन्दगी जीते हैं उनमें किसी से जुड़े होने और कोई मक़सद होने का एहसास बहुत गहरा होता है। मेरा ये असन्तोष शायद इसी 'मिड ट्रिप क्राइसिस' की ही उपज था।

दो दिन बाद होली आने वाली थी। लगा कि होली परिवार के साथ ही मनानी चाहिए। 'सेंस ऑफ़ बिलांगिंगनेस' यानी किसी से जुड़े होने का एहसास, अपनेपन का एहसास। बीस दिनों तक इस तरह अकेले भटकने के बाद ये एहसास इतना हावी हो गया कि अचानक महसूस होने लगा कि मुझे दिल्ली लौट जाना चाहिए। मैं काउंटर पर वापस गया।

"मैंने अगरतला का टिकट बुक कराया था थोड़ी देर पहले पर अब कैंसल कराना है। मुझे किसी ज़रूरी काम से दिल्ली लौटना होगा।"

काउंटर पर दो शख़्स बैठे थे। जिसमें से एक ने कहा—

"टिकट अब कैंसल नहीं होगा।"

मैंने आग्रह करते हुए कहा—

"लेकिन ज़रूरी काम है। कैंसिलेशन के पैसे काट लो चाहो तो।"

"दो सौ रुपए ही वापस मिलेंगे आपको।"

उसने अजीब निगाहों से मुझे घूरते हुए कहा। मैं वैसे ही उकताया हुआ था। मैंने अपना लहजा सख़्त करते हुए कहा—

"देखिए मैं एक पत्रकार हूँ। आप मुझे अपने अधिकारियों से मिलवाइए। अब मैं उनसे ही बात करूँगा। किसी की मजबूरी है तो आप ऐसे लूट मचाएँगे।"

मेरे बदले हुए तेवर देखकर बग़ल में बैठे दूसरे शख़्स ने कहा—

"अरे कर दो वापस। कोई बात नहीं।"

उस शख़्स ने न जाने किस डर से अपना रुख़ नम्र करते हुए कहा—

"दो सौ रुपए काटने पड़ेंगे हमको। बाक़ी ये रहे आपके तेरह सौ रुपए।"

पैसे वापस लेकर मैं बाहर आया और मैंने पलटन बाज़ार की सिटी बस पकड़ ली। अब दिल्ली लौटने का इन्तज़ाम करना था। तत्काल में टिकट बुक कराना था। मैं तय कर चुका था कि पूर्वोत्तर की आगे की यात्रा फ़िलहाल टाल दी जाएगी। होली घर वालों के साथ ही मनाई जाएगी।

21

फ़ुल सर्कल

इक्कीसवाँ दिन
गुवाहाटी-राजधानी
1 मार्च

राजधानी एक्सप्रेस गुवाहाटी से रवाना हो चुकी थी। क़रीब 60-62 साल के एक अंकल और उनकी पत्नी मेरे ठीक सामने वाली लोअर बर्थ पर बैठे हुए थे। दोनों ख़ुशमिज़ाज लग रहे थे। अंकल ने बताया कि वो रेलवे में अफ़सर रह चुके हैं और अब रिटायर हो चुके हैं। वो एक पैकेज टूर के तहत पूर्वोत्तर घूमने आए थे।

"हमें तो बड़ी बेकार जगह लगी। फ़ालतू में पैसे फूक दिए।"

आंटी ने बताया। बातों-बातों में पता चला कि दोनों शुद्ध शाकाहारी थे। पूर्वोत्तर के 'बेकार' लगने के पीछे बड़ी वजह उनका शाकाहारी होना भी था।

"खाना बेकार मिलता है। आपको पता भी नहीं चलता कि जिसने बनाया है उसने अच्छे से हाथ भी धोए थे कि नहीं। छी-छी। क्या पता उसी बर्तन में मांस बनाया हो, उसी में हमारा खाना।"

आंटी के चेहरे पर ये कहते हुए हिक़ारत के भाव साफ़ देखे जा सकते थे।

"और हैं भी तो ये लोग एकदम कसाई। गाय, भैंस भी सब्ज़ियों के साथ ही बिक रही होती है। दुकानों में मांस लटका देखकर हमारा तो मन ही ख़राब हो गया। अपनी तो हिमाचल और उत्तराखंड वाली जगहें ही सही हैं। अब यहाँ कभी नहीं आएँगे।"

मैं मन ही मन सोच रहा था कि जो पूर्वोत्तर मैं देख के आया हूँ वो क्या इन्होंने देखा ही नहीं होगा? या फिर इनकी आँखें ख़ास दृश्यों पर ही जाकर

अटक गई हों शायद। मन ही ख़राब हो जाए तो फिर नज़रें अच्छा देख ही कहाँ पाती हैं।

कुछ देर में क़रीब 34-35 साल के एक शख़्स अपनी पत्नी और छोटी सी बच्ची के साथ कोच में चले आए। ये शख़्स जैसे ही अपनी बर्थ पर आए इनकी नज़र सीधे जाकर साइड लोअर पर रुक गई। वहाँ एक मुस्लिम परिवार बैठा हुआ था। एक बूढ़ी औरत एक छोटी सी बच्ची के साथ खेल रही थी। एक लम्बा कुर्ता-पजामा पहने हुए लड़का बीच-बीच में यहाँ आवाज़ाही कर रहा था। परिवार कश्मीर से लग रहा था।

बिहार मूल के उस शख़्स ने तिरछी निगाहों से उस तरफ़ देखा और उसका चेहरा बन गया। बातों का सिलसिला शुरू हुआ तो दिल्ली के अंकल, आंटी के साथ इनकी अच्छी जोड़ी बन गई। बिहार के ये शख़्स भी रेलवे में ही काम करते थे। रेलवे के दो अलग-अलग पदों पर आसीन लोग रेलवे की इस बोगी में मिले तो रेलवे की तमाम चर्चाएँ होने लगीं। ट्रेन दुर्घटनाओं पर बात होने लगी।

दिल्ली वाले अधिकारी कह रहे थे—

"बेसिक लेवल के लोग ठीक से काम नहीं करते। सिग्नल मैन अपनी ड्यूटी ढंग से करे तो आधे एक्सिडेंट रुक जाएँ।"

"लेकिन सर दिल्ली से चीज़ें बड़ी आसान लगती हैं ना। आप ज़रा ग्राउंड पे काम करने वालों की तकलीफ़ भी तो देखिए। बेचारे कैसे ओवरवर्क्ड हैं। रात-रात भर काम करते हैं और अगली ड्यूटी के लिए ब्रेक भी कितना कम मिलता है।"

बिहार के ये शख़्स शायद सिग्नलर के पद पर ही थे। इसलिए उनका दर्द झलक रहा था।

"अब हमीं को देखिए। आज सालभर में मुश्किल से होली की छुट्टी मिली है। वरना टाइम ही नहीं है।"

बहस चलती रही। ये बुर्जुवा और सर्वहारा वाली बहस थी। एक अधिकारी और कर्मचारी के जीवनदर्शन रेलवे के कामकाजी माहौल के ज़रिए कोच में आपस में टकरा रहे थे। तभी सामने बैठे मुस्लिम परिवार की बच्ची के हाथ से पानी की एक बोतल ज़मीन पर गिर गई। पानी फ़र्श पर फैल गया तो बिहार के शख़्स का मुँह एक बार फिर बन गया।

"अजी। अब देखिए पानी गिर गया। अब ये पूरे कोच को गन्दा कर देंगे। ये नहीं कि कुछ पेपर-वेपर रख दें। साफ़-सफ़ाई से कोई मतलब ही नहीं होता

इन लोगों को।"

इस पर अधिकारी ने भी टिप्पणी की—

"हाँ ऐसे ही होते हैं ये लोग। अब देखो ना ये जिन भी इलाक़ों में रहेंगे आपको कोई इलाक़ा साफ़ नहीं मिलेगा।"

"ये किसी और जगह बैठ जाते तो बढ़िया था। हमारी तो आदत है कि एक पॉलिथिन साथ रखते हैं। सारे छिलके, रैपर उसी में डाल देते हैं।"

"और फिर ये लोग होते भी तो इतने ज़्यादा हैं। देख लो कितना बड़ा परिवार है।"

अधिकारी ने नज़र फिराते हुए कहा। बग़ल के कोच में एक बूढ़े शख़्स बैठे हुए थे। दूसरी तरफ़ कश्मीरी आदमी की पत्नी थी उसकी गोद में एक बच्ची थी। एक छोटा लड़का था जो एक जगह से दूसरी जगह आवाज़ाही करता खेल रहा था।

"अरे इनका क्या है। दर्जन भर भी हो सकते हैं। आबादी जो बढ़ानी है अपनी।"

कुछ ही देर में एक अजीब सा माहौल बन गया। इस मुस्लिम परिवार के लिए ठीक उसी तरह की घृणा दिख रही थी जो पूर्वोत्तर के लोगों के लिए कुछ देर पहले दिखी थी।

बातें फिर रेलवे की कार्यप्रणाली की तरफ़ लौट आईं। कुछ देर बाद एक रोचक बात हुई। किसी बात पर दिल्ली में रह रहे बाहर के लोगों पर हो रही बातचीत में आंटी के मुँह से अनायास ही निकल गया—

"हाँ बाहर से यूपी-बिहार के जो लोग आते हैं वही दिल्ली का माहौल ख़राब करते हैं।"

ये बात बिहार के उस शख़्स को बुरी तरह चुभी थी जो अब तक मुस्लिमों के ख़िलाफ़ बोल रहा था।

"लेकिन हर बिहारी एक सा नहीं होता सर। लोग बेमतलब बदनाम भी तो कर देते हैं।"

मुझे उस बात को कहने का एक अच्छा मौक़ा लगा जो मैं अपने मन में बहुत देर से दबाए बैठा था।

"हाँ ये बात सबके लिए लागू होती है। यूपी वालों के लिए, बिहार वालों के लिए ठीक वैसे ही जैसे हिन्दुओं के लिए और मुसलमानों के लिए भी। दिक़्क़त यही है कि डिसक्रिमिनेशन का भी एक फ़ुल सर्कल होता है। जब ख़ुद पर आती है तभी समझ में आता है कि डिसक्रिमिनेशन आख़िर होता क्या है।"

ये बात शायद बिहार मूल के शख़्स को अब कुछ समझ आ रही थी।

"हाँ आप भी ठीक ही कह रहे हैं। सारे मुसलमान भी एक से नहीं होते।"

इस बीच मुस्लिम और बिहारी परिवार के ये बच्चे आपस में खेलने लगे थे। खेलते-खेलते बिहार के इस शख़्स की बच्ची अपर बर्थ पर चढ़ गई और अचानक धड़ाम से नीचे फ़र्श पर आ गिरी। वो ज़ोर-ज़ोर से रोने लगी तो मुस्लिम परिवार के दोनों बच्चे बुरी तरह सहम गए। दोनों साइड अपर बर्थ पर ठिठक कर बैठे रोती हुई बच्ची को टकटकी लगाए देख रहे थे। कोच में एक सन्नाटा सा छा गया था।

"ओ...ले...ले...कुछ नहीं हुआ।"

कहते हुए दोनों माँ-बाप बच्ची को चुप करा रहे थे। कुछ देर में बच्ची चुप हुई तो माँ अपर बर्थ पर बैठे बच्चों को डरा-सहमा देखकर मुस्कुराते हुए बोली—

"बेचारे ये भी डर गए इसे देखकर।"

बिहार के शख़्स ने भी बच्चों को देखा।

"बच्चे ही तो हैं। सबके एक जैसे ही होते हैं" ये कहकर वो अपनी बच्ची को गोद में झुलाने लगा।

ट्रेन आधा रास्ता तय कर चुकी थी। मुझे लग रहा था कि हमारे देश के एक बड़े हिस्से को एक-दूसरे के धर्म, प्रान्त, वर्ग और खान-पान की विविधता का सम्मान करने की समझ पैदा करने के लिए अभी आधा रास्ता तय करना बाक़ी है।

यात्राएँ खुले दिमाग़ से की जाएँ तो वे ऐसे रास्ते तय करने में बड़ी मदद करती हैं। ट्रेन कुछ देर रुकी तो बग़ल की पटरी पर रुकी दूसरी ट्रेन की खिड़की को देखकर एक बात ज़ेहन में आई। यात्राओं का एक दूसरा पक्ष भी होता है। यात्राएँ हर किसी की ज़िन्दगी में उन आपातकालीन खिड़कियों की तरह होती हैं जो आमतौर पर नज़र नहीं आतीं। वो हमारे हर मुश्किल दौर में साथ होती हैं लेकिन जब भी ज़िन्दगी की ट्रेन पटरी से उतरती है, हम भेड़चाल के वशीभूत दरवाज़ों की तरफ़ भागने लगते हैं। जबकि वो खिड़की ठीक हमारे अगल-बग़ल ही कहीं होती है जो हमें दम घुटकर मर जाने से बचा सकती है।

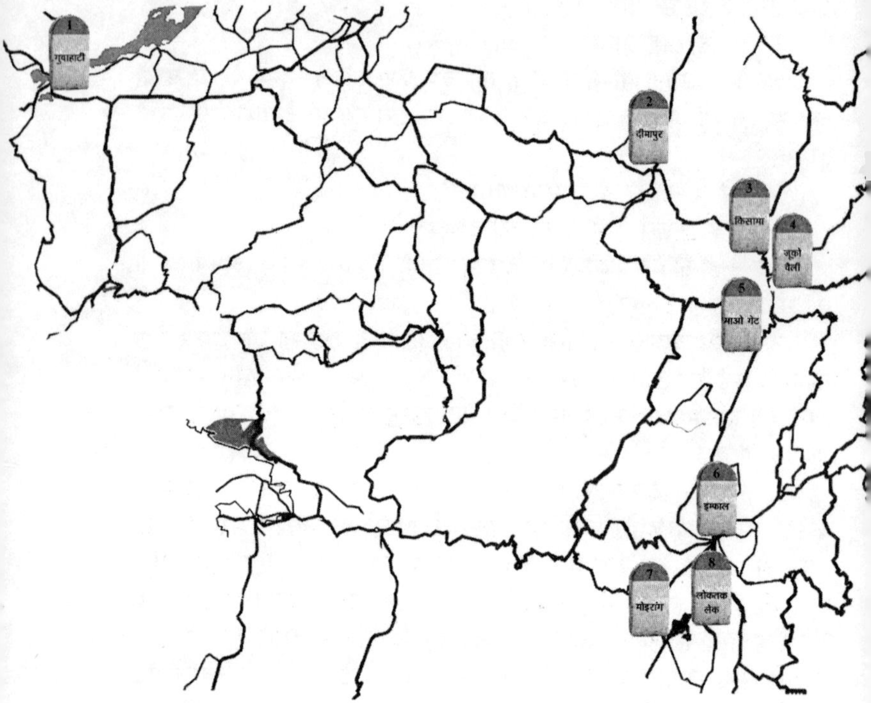

यात्रा मार्ग-2

दूसरी यात्रा—दिसम्बर 2018

असम, मेघालय, अरुणाचल प्रदेश

22

खिलौने वाला बैग

बाईसवाँ दिन
दिल्ली-डिब्रूगढ़ राजधानी
29 नवम्बर

1 दिसम्बर से नागालैंड के कोहिमा के पास हॉर्नबिल फ़ेस्टिवल शुरू हो रहा था। दस दिनों तक चलने वाले इस सांस्कृतिक उत्सव में शिरकत करने की बेताबी अब अपने चरम पर पहुँच गई थी। हफ़्ते भर पहले ही मैं नागालैंड भवन से नागालैंड में प्रवेश के लिए ज़रूरी इनरलाइन पास बनवा चुका था। फ़िलहाल दिल्ली से दीमापुर तक का 38 घंटे का सफ़र शुरू हो चुका था। दिल्ली-डिब्रूगढ़ राजधानी नई दिल्ली रेलवे स्टेशन से निकलने ही वाली थी।

पूर्वोत्तर का एक लड़का सीट पर लगातार सामान लादे जा रहा था। सीट के नीचे, बर्थ के ऊपर हर जगह पान-मसाले के बड़े बैगों में पैक किया गया सामान भरा जा चुका था।

"हमने एक सीट सामान के लिए ही ले ली है।"

उस लड़के ने कोच की बाक़ी सवारियों को कुछ असहज होते हुए देखकर कहा। सीट के नीचे जिस सामान के लिए जगह नहीं बची उसे अपर बर्थ पर लादने के बाद उस शख़्स ने अपने उन रिश्तेदारों से विदा ली जिन्हें छोड़ने वो आया था। थोड़ी ही देर में ट्रेन सरकने लगी।

हमारी बोगी में दिल्ली में पढ़ने वाले पूर्वोत्तर के युवाओं का हुजूम भी चढ़ा था। सफ़र के शुरू होते ही इन युवाओं की खिलखिलाहट पूरी बोगी में पसर गई थी। दिल्ली का एक लड़का मेरे बग़ल में बैठा था, उसने बताया कि

उसके नाना गुवाहाटी में बिज़नेस करते हैं। वो पहले भी उनके पास छुट्टियाँ मनाने जा चुका है।

क़रीब पाँच साल का एक बच्चा, क़रीब 65 साल की एक बूढ़ी महिला, क़रीब 30 साल की उसकी माँ और 25-26 साल का एक लड़का। पूर्वोत्तर की पृष्ठभूमि का ये परिवार अपने सामान के इर्द-गिर्द अपेक्षाकृत शान्त बैठा हुआ था। तभी एक अजनबी भाषा में महिला ने लड़के से कुछ कहा। धीरे-धीरे ये बातचीत एक कहासुनी में तब्दील हो गई। महिला के तेवर बता रहे थे कि वो लड़के को किसी बात पर डांट रही है। लड़का मुँह बनाकर बीच-बीच में सफ़ाई देता हुआ लग रहा था। भावनाओं की एक बात कमाल की है कि उनकी अभिव्यक्ति में भाषा आड़े नहीं आती। हाव-भाव का एक मूक व्याकरण जिस प्रक्रिया के तहत मानवीय सभ्यता का हिस्सा बना होगा वह कोई कमाल की परिघटना रही होगी। मैं अक्सर सोचता हूँ कि मुस्कुराने, रोने, नाराज़ होने के लिए इस्तेमाल होने वाले हाव-भाव के इस व्याकरण में शामिल होने का इतिहास क्या रहा होगा?

"वी लॉस्ट वन ऑफ़ अवर बैग।"

लड़के ने दुख जताते हुए मुझे बताया। एक खोई हुई चीज़ में हमारी बातचीत का सिरा मिल गया था। लड़के का नाम लालछिन था। जो बैग खोया था उसमें उसकी बहन के बच्चे के खिलौने रखे हुए थे।

"वी विल नॉट गेट दीज़ टॉएज इन हाफ़लाँग। ही विल क्राई।"

ये बताने के बाद असम के हाफ़लाँग का लालछिन एक बार फिर बैग की तलाश में चला गया लेकिन थोड़ी ही देर में वो निराश होकर लौट आया।

"आई सॉ द बैग वाज इन द ट्रेन। इट इज लॉस्ट आफ़्टर दैट ओनली। विल यू टॉक टू अटेंडेंट इन हिन्दी। ही इज नॉट अंडरस्टैंडिंग मी।"

"यस आई विल।"

मैंने उसे आश्वस्त किया। थोड़ी ही देर में अटेंडेंट के आते ही लालछिन ने इशारा किया कि इसी से बात करनी है।

"भाई साहब, इनका बैग खो गया है। ट्रेन में चढ़ा था ये इन्होंने देख लिया है। आप पता करके ले आओ। ट्रेन में ही है, तो आसानी से मिल जाएगा।"

मैं कहता जा रहा था और अटेंडेंट सुनी की अनसुनी सी करता रहा।

"इट्स ब्लैक विद रेड बॉर्डर।"

लालछिन ने उम्मीद पालते हुए कहा।

"काला बैग है, लाल बॉर्डर के साथ। देख लो। बच्चे के खिलौने थे उसमें। कोई उनका क्या करेगा?"

मैंने फिर कोशिश की। अटेंडेंट बिना मेरी तरफ़ देखे चला गया। उसका ये व्यवहार थोड़ा अटपटा तो था लेकिन इस वक़्त इन्तज़ार करने के सिवा हम कुछ और कर भी नहीं सकते थे। थोड़ी ही देर में अटेंडेंट आया और लालछिन के पास जाकर बोला—

"चलो मेरे साथ।"

लालछिन अटेंडेंट के साथ चला गया। थोड़ी देर में जब वो लौटा तो उसके हाथ में बैग था और चेहरे पर उस बैग के मिल जाने की ख़ुशी थी। बैग देखकर उसकी बहन के चेहरे के हावभाव भी एकदम बदल गए थे। वो मुझसे मुख़ातिब होकर टूटी-फूटी सी हिन्दी में बोली—

"थैंक यू। आपने बात किया...तबी बैग मिला। ये हमारी लेंगवेज नहीं जानता।"

फिर उसने लालछिन को इशारा करके कुछ कहा जिसके जवाब में लालछिन मेरी ओर देखकर मुस्कुरा दिया।

"थैंक यू। वी गॉट द बैग बिकॉज़ यू टॉक टू हिम।"

मैंने चुटकी ली—"नाउ द किड वौंट क्राई।"

एक खिलौने वाले बैग की वजह से मैं इस परिवार के कुछ और क़रीब आ गया था। एक बूढ़ी औरत जो शायद बच्चे की दादी थी मेरी तरफ़ अब बीच-बीच में मुस्कुराकर देखने लगी थी। उत्तर के इस आदमी ने शायद पूर्वोत्तर के इस परिवार का भरोसा जीत लिया था। मुझे लगा कि इस भरोसे की इस देश को एक ऐतिहासिक ज़रूरत है।

23

रात की ट्रेन

तेईसवाँ दिन
30 नवम्बर
गुवाहाटी-दीमापुर

सुबह-सुबह जब नींद खुली तो मेरी नज़र अपर बर्थ पर गई जहाँ लालछिन लगातार करवटें बदल रहा था। वो किसी परेशानी में लग रहा था या फिर शायद सोने की असफल सी कोशिश हो।

लालछिन का भांजा कोच के कॉरिडोर में यहाँ-वहाँ चक्कर लगा रहा था। पूर्वोत्तर के लड़के-लड़कियों के समूह में से कुछ लड़कियाँ अपनी सीट से उठकर अपने साथियों के पास जा रही थीं। उन्हीं में से एक लड़का अगले कोच की साइड लोअर बर्थ पर बैठा था और उसकी गोद में उसकी दोस्त बैठी हुई थी। लड़के के हाथ लड़की की टांगों पर बेपरवाही से फिसल रहे थे।

नाश्ता आ चुका था। मेरे दिमाग़ में जैसे एक पहेली चल रही थी। क्या मुझे देर रात दीमापुर में उतरना चाहिए या फिर आज रात गुवाहाटी रुककर आगे की यात्रा दिन के उजाले में करनी चाहिए? जिन भी लोगों, यात्रियों से मैंने पूर्वोत्तर की चर्चा की थी उनका कहना यही था कि बाक़ी स्टेट फिर भी सेफ़ हैं लेकिन मणिपुर और नागालैंड एकदम सुरक्षित नहीं हैं। ऐसी जगह जिसकी असुरक्षा के बारे में सर्वसम्मति का भाव रहा हो वहाँ रात-बेरात पहुँचना एक अच्छा विकल्प तो कतई नहीं था। लेकिन फिर ये भी तो था कि पूर्वोत्तर के राज्यों में आने से पहले पूरे पूर्वोत्तर के बारे में मेरी यही धारणा थी कि वो एक ऐसा लोक हैं जहाँ जाना सुरक्षित नहीं है। और अब तक जहाँ भी मैं गया था मेरी वो धारणा सर के बल ही खड़ी हुई थी। हो सकता है नागालैंड के बारे में बनी धारणा का अंजाम

भी वही हो। लेकिन फिर ज़ेहन में उन किताबों से जुटे तथ्य भी थे जो यहाँ हुई हिंसाओं का बखान करते थे।

ट्रेन जैसे-जैसे आगे बढ़ रही थी, मेरा असमंजस बढ़ता जा रहा था। इसी बीच यात्रियों के लिए बने काउचसर्फ़िंग नाम के ऐप पर वेंकटेश नाम के एक लड़के ने एक मैसेज छोड़ा था। इस ऐप्लिकेशन पर देश-विदेश के यात्री अपने लिए रहने के ठिकाने तलाशते हैं जिन्हें काउच कहा जाता है। जिसके पास काउच नहीं है वो यात्रियों को शहर में घुमा सकता है। यात्री अपनी यात्राओं के बारे में पहले से बता भी सकते हैं ताकि दी गई तारीख़ों पर वो स्थानीय लोगों से मिल सकें या उनके यहाँ रह सकें। मैंने भी नागालैंड की अपनी यात्रा के बारे में इस ऐप्लिकेशन पर बताया था और मुझसे जिन कुछ लोगों ने सम्पर्क किया था, उनमें वेंकटेश भी एक था। वेंकटेश पाँच सौ दिनों की यात्रा पर निकला हुआ था और देश के अलग-अलग हिस्सों में होने वाले फ़ेस्टिवल्स की तसवीरें उतारना उसकी इस यात्रा का मक़सद था। उसने बताया कि वो इस वक़्त गुवाहाटी में है और देर रात को वहाँ से दीमापुर के लिए निकल रहा है। वो गुवाहाटी से दीमापुर जा रही एक ट्रेन में अपने लिए टिकट बुक कर चुका था जो अभी वेटिंग में था। मुझे भी इस रातभर की यात्रा का ख़याल बेहतर लग रहा था लेकिन ट्रेन का टिकट मिलने की सम्भावना थी ही नहीं। वेंकटेश ने बताया कि अगर उसका टिकट कन्फ़र्म नहीं होता तो वो जनरल का टिकट लेकर ही निकल जाएगा। उसका हौसला देखकर मुझे भी जोश आ गया था। वैसे भी एक से भले दो।

दिन के वक़्त ट्रेन न्यू ज़लपाईगुड़ी से आगे बढ़ चुकी थी। थोड़ी देर में एक टीटी आया और मेरे बग़ल में बैठकर लालछिन की ओर देखकर बोला—"ट्रेन जाने वाली थी और ये ट्रेन से बाहर कूद रहा था। अजीब आदमी है। देखो कितनी चोट आई है, पैर इतना सूज गया है।"

टीटी को शायद कुछ ग़लतफ़हमी हुई थी।

"चोट इसे अभी नहीं आई है। कल रात से ही ये कराह रहा था।"

मेरे समझाने पर टीटी माना कि लालछिन अभी ट्रेन से नहीं गिरा है।

"रुकिए मैं देखता हूँ अगर फ़र्स्ट एड की कोई व्यवस्था हो। कुछ होता है तो मैं भेजता हूँ।"

टीटी ने मुझसे कहा।

"दैट विल बी सो नाइस ऑफ़ यू।"

मैंने अभिवादन में सर झुका कर इस प्रस्ताव को सराहा।

सरकारी बदइन्तज़ामी की हमें इतनी आदत है कि टीटी का यह आश्वासन भी मुझे बहुत बड़ी बात लग रहा था। हालाँकि ऐसी कोई मरहम-पट्टी फिर कभी आई नहीं जिसकी उम्मीद टीटी साहब जगाकर गए थे। मेरे पास कुछ ज़रूरी दवाएँ थी जिनमें आईब्रूफ़िन भी शामिल थी। बैग से निकालकर वो मैंने लालछिन को दी तो वो उसकी क़ीमत देखकर बोला—

"दिस इज नॉट एनफ। बट लेट्स सी।"

उसने दो गोलियाँ एक साथ निगल ली और दर्द के कम होने का इन्तज़ार करने लगा।

लालछिन से बीच-बीच में बातचीत होती रही। उसने बताया कि दिल्ली में उसे भाषा की बहुत दिक़्क़त आई थी।

"इट्स वेरी टफ फ़ॉर अस देयर। मोस्ट पीपल डोंट अंडरस्टैंड इंग्लिश।"

ज़ाहिर है जिन लोगों से उसका साबिका पड़ा होगा उनमें हिन्दीभाषी ही ज़्यादा रहे होंगे इसलिए दिल्ली के बारे में उसकी ये राय बनी थी। इनसानी स्वभाव की एक अजीब सी विडम्बना ही थी कि जिस दिल्ली में मैं सुरक्षित और सहज महसूस करता रहा हूँ वो लालछिन के लिए असुरक्षित और असहज थी। और जिस भूगोल की तरफ़ मैं बढ़ रहा था वहाँ अपने लिए असुरक्षा का एक गहरा भाव मेरे मन में समाया हुआ था। एक-दूसरे से डरे हुए लोगों की दुनिया में एक यात्रा संवादहीनता से पनपे इस डर को कुछ कम कर रही थी। और मुझे लग रहा था कि दुनिया के तमाम डरों के बीच यात्राओं के ऐसे न जाने कितने पुल हैं। डरों के इन टापुओं के बीच यात्राओं के ये पुल नहीं होते तो दुनिया कितनी भयावह होती? इन पुलों पर चलने वाले बरनीयर, इब्नेबतूता, कोलंबस, मार्कोपोलो या फिर राहुल सांकृत्यायन न होते तो कितना कुछ अनसुना और अनदेखा रह गया होता?

खाना आ चुका था। लालछिन ने घर का बना हरी मिर्च का अचार मेरी ओर बढ़ाते हुए कहा—

"विल यू गो टू दीमापुर? देन यू विल हेल्प मी फॉर लगेज व्हेन हाफ़लोंग कम्स, इट्स टू मच।"

आते हुए जो सामान उसके दो साथी चढ़ाकर गए थे अब उतरते हुए उन्हें उतारने वाला कोई था नहीं। उसकी उम्मीद मुझसे ही लगी थी। लेकिन मेरे दिमाग़ में जो योजना बन रही थी उसमें उसकी उम्मीदों को टूटने से बचाए रखना शामिल नहीं था।

शाम घिरते-घिरते मैं लगभग तय कर चुका था कि मैं गुवाहाटी ही उतर

जाऊँगा। एक मारवाड़ी अंकल जो अब तक गुवाहाटी जा रहे लड़के से बतिया रहे थे, मुझसे मुख़ातिब हुए—

"कहाँ जाओगे आप?"

"जाना तो है कोहिमा पर अभी सोच रहा हूँ गुवाहाटी ही उतर जाऊँ।"

"अकेले हो?"

"हाँ। घूमने जा रहा हूँ।"

"फिर एकदम सही सोच रहे हो। ये लोग हमारी शक्ल देख के लफड़ा करते हैं। अपनी शक्ल वालों को कुछ नहीं कहेंगे पर हमारे साथ पक्का गड़बड़ करेंगे। इतनी रात को दीमापुर उतरने का कोई मतलब ही नहीं है।"

मारवाड़ी अंकल ने जिस निगाह से ये कहते हुए लालछिन के परिवार को देखा था, वो भले ही मुझे नागवार गुज़रा हो, लेकिन सच यही था कि अविश्वास का एक भाव मेरे ज़ेहन में भी था जो इस बातचीत के बाद और हावी हो गया।

ट्रेन कामाक्षा स्टेशन से गुज़र रही थी। गुवाहाटी आने ही वाला था। लालछिन का सामान और उसके पैरों का दर्द मुझे उसकी मदद न कर पाने के अफ़सोस से भर रहा था। लेकिन इस वक़्त मैं कुछ कर भी नहीं सकता था। ख़ुद को सांत्वना देने के लिए मैंने आईब्रूफ़िन का पत्ता उसे पकड़ाते हुए कहा—

"टेक इट व्हेन इन पेन।"

पत्ते में पाँच गोलियाँ थी जिन्हें मेरे कहते ही लालछिन ने ऐसे लपक लिया जैसे भूखा शेर अपने शिकार को लपकता है। अपर बर्थ पर लेटे उसने पलक झपकते ही पाँच की पाँच गोलियाँ एक साथ फाँक लीं और मैं भौचक्का सा उसे बस देखता रह गया।

"डोंट डू दिस अगेन। इट्स वेरी हार्मफ़ुल। गो टू दि डॉक्टर इमीडिएटली आफ़्टर रीचिंग होम।"

मैंने लालछिन को लगभग आदेश देते स्वर में कहा। और मन ही मन उसके दर्द के जल्द ठीक होने की कामना करते हुए मैंने अपना रकसैक फ़र्श से उठाकर सीट पर रख लिया।

गुवाहाटी आ चुका था। रेलवे स्टेशन पर इस वक़्त अच्छी-ख़ासी चहल-पहल थी। करेंट काउंटर पर दीमापुर जाने वाली किसी भी ट्रेन में कोई टिकट उपलब्ध नहीं था। 100 रुपए का जनरल का एक टिकट लेकर मैं स्टेशन के बाहर बैठ गया। अभी साढ़े सात बज रहा था और ट्रेन साढ़े ग्यारह बजे की थी।

ये चार घंटा अब किस तरह गुज़रेगा इसका कुछ अता-पता नहीं था। वेंकटेश को फ़ोन किया तो उसने बताया कि वो अभी अपने एक होस्ट के साथ घूम रहा है और डिनर करके ही आएगा।

स्टेशन के बाहर जिस ख़ाली जगह पर मैं बैठा था वहाँ कुछ दूरी से गिटार की आवाज़ ने ध्यान खींचा। एक लड़का अपनी मस्ती में हिन्दी गाने गुनगुना रहा था। एक लड़का और लड़की उसके बग़ल में बैठे अपनी फ़रमाइशें कर रहे थे। कुछ देर में एक शराब पिया हुआ आदमी वहाँ चला आया और वो भी किसी गाने की फ़रमाइश करने लगा जिसे किसी तरह लड़के ने टाल दिया।

"अवध असम साला आज फिर लेट हो गया।"

ये कहता हुआ एक शख़्स उस ख़ाली जगह पर बैठ गया जो मेरे ठीक बग़ल में थी। मैंने उस आदमी की तरफ़ देखा और मुस्कुराकर पूछा—

"आपको उसी ट्रेन से जाना है?"

"अरे नहीं, मैं ब्लू डार्ट में काम करता हूँ। एक कोरियर आ रहा है। किसी की बाइक है। वो रिसीव करना है।"

उसने असमिया लहज़े में पगी हुई हिन्दी में कहा। मेरे पास बहुत ख़ाली समय था और वो शख़्स भी इन्तज़ार में ही था। दोनों के इन्तज़ार ने एक स्वाभाविक सी बातचीत को जन्म दे दिया। अंकुर नाम के इस शख़्स से बातचीत बढ़ी और जब उसे पता चला मैं नागालैंड जा रहा हूँ तो उसने मेरी तरफ़ आश्चर्य की निगाह से देखा

"और कोई जगह नहीं मिली आपको घूमने की? मेरी बात मानो, मत जाओ। सबसे घटिया जगह है।"

"क्यूँ भाई ऐसा क्या हो गया?"

उसकी ये हिक़ारत मेरे लिए समझ से परे तो नहीं थी लेकिन ये जिज्ञासा भी स्वाभाविक ही थी।

"अरे बहुत घटिया जगह है और बहुत घटिया लोग हैं। मेरी आँखों के सामने का बात है, ट्रेन से एक मारवाड़ी जा रहा था। अब उनकी तो आदत होती है दिखावे की। पाँचों हाथ में अँगूठियाँ पहनी हुई थीं। एक नागा आया और हथियार से उसकी हथेली ही काट के ले गया। एकदम आँखों के सामने का बात है। इतना पापी लोग हैं वहाँ।"

अंकुर के पास नागालैंड को घटिया जगह साबित करने के लिए वजहों की कमी नहीं थी।

"मेरे को तो कोई एक लाख भी देगा तो भी मैं दीमापुर नहीं जाऊँगा। एक

बार गया था। नाश्ते में बुलडॉग लेके आ गए साले। साले गाय भी खाते हैं। अब भैया हम हिन्दू लोग हैं। जिसकी हम पूजा करते हैं, उसे कोई मार के खा जाएगा तो अच्छा लगेगा? आप ही बताइए?"

अंकुर की बात मान ली जाए तो मेरी ये यात्रा यहीं पर ख़त्म हो जानी चाहिए थी लेकिन एक यात्री होने के नाते मेरा काम ही यहीं से शुरू होता है। दूर से बनी हुई धारणाओं की पुष्टि या खंडन अपनी आँखों से देखकर करना ही एक यात्री का धर्म है। सम्भव है कि जो अंकुर बता रहा था वो बात सही हो। लेकिन ये भी सम्भव है कि ये एक विरली घटना हो जो संयोगवश उसके सामने घटी हो। लेकिन इसे ही उस समाज का सच मान लेना जिसे मैंने आज तक कभी नहीं देखा एक यात्री होने के नाते मेरे लिए सम्भव नहीं था।

ख़ैर अंकुर से काफ़ी देर तक बात चलती रही। फिर वो किसी काम से निकल गया। मैंने जनरल का टिकट ले तो लिया था लेकिन मन नहीं मान रहा था। सोचा एक बार बसों का पता कर लिया जाए। गुवाहाटी में पिछली बार नेटवर्क ट्रैवलर्स के बारे में सुना था। उनका दफ़्तर भी उसी होटल के सामने था जहाँ मैं अपने एक दोस्त के साथ ठहरा था। मैं अपना बैग लेकर पलटन बाज़ार की तरफ़ चल दिया।

नेटवर्क ट्रैवलर्स के दफ़्तर में सुन्दर मेकअप वाली एक महिला ने मुस्कुराते हुए अभिवादन किया और मेरे पूछने पर बताया कि आज की सारी बसें जा चुकी हैं। अब जो भी मिलेगी कल ही मिलेगी। कुछ और काउंटर्स पर और पता किया लेकिन दीमापुर के लिए रात की कोई बस मौजूद नहीं थी। अब कोई विकल्प नहीं था। मैं वापस स्टेशन पर लौट आया और उसी जगह पर बैठ गया जहाँ मैं कुछ देर पहले बैठा था। मैं आकर बैठा ही था कि अंकुर फिर लौट आया। हवा में गोताखोरी कर रहे मच्छरों से झगड़ते हुए उसने कहा—

"बहुत मच्छर हैं यहाँ। आप अन्दर बैठ जाओ।"

मैं काफ़ी चलकर आया था और अब भी साँस फूल रही थी। एकाध मच्छर के डर से अपने दो-दो बैग उठाकर मैं अन्दर बैठने की कोई जगह तलाशूँ इतना करने का मन फ़िलहाल नहीं था। अंकुर फिर बग़ल में आकर बैठ गया। वो असम में घूमने वाली जगहों के बारे में बताने लगा। उसकी बातों में पहले सुना हुआ एक नाम फिर मेरे सामने आया—जोयमती।

अहोम राजकुमार गदापानी की पत्नी जोयमती अपने साहस के लिए असम में सम्मान के साथ जानी जाती हैं। सत्रहवीं शताब्दी में सुलिकफ़ा (लौरा राजा यानी राजकुमार) गदापानी के लिए ख़तरा बन गए थे। जोयमती गदापानी को एक

सम्भावनाशील शासक के तौर पर देखती थीं। लौरा राजा जब उनके ख़िलाफ़ षड्यंत्र करने लगे तो जोयमती ने उन्हें कुछ समय के लिए छिप जाने को कहा। गदापानी उनकी सलाह पर नागा पहाड़ियों में जाकर छिप गए। जब लौरा राजा को ये पता चला तो उन्होंने जोयमती को हिरासत में ले लिया और उन्हें जीरेंगा पाथर नाम की एक जगह पर ले गए। यहाँ अपने पति की जानकारी देने के लिए जोयमती को कड़ी यातनाएँ दी गईं। लेकिन जोयमती ने अपना मुँह नहीं खोला। 14 दिनों तक तमाम शारीरिक यातनाएँ झेलने के बाद 27 मार्च, 1680 को जोयमती की मृत्यु हो गई। यह ख़बर सुनकर गदापानी वापस आए और उन्होंने लौरा राजा के ख़िलाफ़ जंग छेड़ दी। जंग में जीतने के बाद उनके बेटे रुद्र सिंह को जब गद्दी मिली तो उसने अपनी माँ की याद में सिबसागर नाम की जगह पर जयसागर टैंक बनवाया। जोयमती की ये शहादत असम आज भी सम्मान के साथ याद करता है और उनका शहादत दिवस भी मनाता है।

एक अजनबी से हो रही बातचीत ने इतिहास का एक पन्ना सा खोल दिया था। अंकुर से बातचीत में अच्छा समय कट गया था और इस बीच वेंकटेश का भी फ़ोन आ चुका था। वेंकटेश स्टेशन में आ गया था और मैंने उसे अपनी लोकेशन भी बता दी थी।

थोड़ी देर में मैं एक अजनबी से ऐसे मिल रहा था जैसे हम पहले भी कई बार मिले हों। एक पतला, लम्बा, 21 साल का लड़का जो उत्साह से भरा हुआ था।

"मेरा तो टिकट कन्फ़र्म हो गया। आपका क्या हुआ?"

"जनरल का टिकट मिला है।"

"कोई नहीं, टीटी से मिलके आते हैं। मैंने कई बार किया है। सीट मिल जाएगी।"

वेंकटेश के भरोसे को देखकर मेरी निराशा भी कुछ कम हो गई थी। थोड़ी देर में हम टीटी के दफ़्तर में थे जहाँ मौजूद महिला ने बताया कि हमारी ट्रेन के टीटी बाहर ही हैं। प्लेटफ़ॉर्म पर कुछ देर टीटी की तलाश करने के बाद हमें एक शख़्स काले कोट में दिखाई दिया। उसे हमने परिस्थिति बताई तो उसने आश्वासन दिया कि सीट मिल जाएगी।

"फ़िलहाल आप एस4 में बैठ जाओ। रास्ते में देख लेंगे।"

टीटी के इस भरोसे पे हम एस4 में मौजूद एक ख़ाली सीट पर बैठ गए। यहाँ हमारे ही जैसे कुछ लड़के-लड़कियाँ पहले से बैठे हुए थे। पता चला वो भी हॉर्नबिल फ़ेस्टिवल के लिए जा रहे हैं। आईआईटी गुवाहाटी के इन लड़के-लड़कियों से बातचीत का सिलसिला चल निकला। सारे पीएचडी कर रहे थे।

ट्रेन चलने के क़रीब घंटे भर बाद टीटी आया। ये वो आदमी नहीं था जिससे हम बाहर मिले थे। मैंने सीट के बाबत बताया तो उसने कहा—

"एस1 में 7 नम्बर पर बैठ जाओ। मैं आता हूँ।"

वेंकटेश को अपनी सीट पर रहने के लिए बोलकर मैं एस1 पर बताई गई सीट पर जाकर बैठ गया। मेरी साइड अपर सीट के ठीक दाईं तरफ़ की साइड अपर सीट पर एक लड़की लगातार पर फ़ोन पर कुछ देखे जा रही थी और मैं बार-बार बोगी में टीटी की राह तकता पीछे की सीटों की तरफ़ देख रहा था। ट्रेन अब किसी बियाबान से गुज़र रही थी। बोगी के ज़्यादातर कोच के लोग लाइट बन्द करके सो चुके थे। कुछ देर में टीटी साहब आए और मुझे इशारा करके कहीं ग़ायब हो गए। मैं उनकी दिशा में गया वहाँ कोई नहीं था। आगे एक शटर लगा था जो बन्द था। फिर टीटी गया कहाँ? मैंने लौटकर साइड अपर में बैठी लड़की से पूछा कि क्या उसने टीटी को देखा? लेकिन कुछ भाषा और कुछ ट्रेन की रफ़्तार की वजह से आ रही तेज़ आवाज़ के चलते वो कुछ समझ नहीं पाई। तभी मुझे पीछे से टीटी की आवाज़ सुनाई दी।

वो बहुत धीमी आवाज़ में बोला—

"150 दे दो और सीट में आराम से सो जाओ।"

"टिकट में लिख दीजिए।"

मैंने पैसे देकर बोला।

"उसकी कोई ज़रूरत नहीं है। आप आराम से सीट पर जाओ।"

ये कहकर टीटी चला गया।

बीच-बीच में स्टेशन आते। ट्रेन कुछ देर रुकती। लोग बाहर से दरवाज़ा खटखटाते लेकिन कोई दरवाज़ा नहीं खोलता। ये जैसे एक मूक सहमति थी जो लोगों में पुराने अनुभवों की वजह से बनी हुई थी। ऐसे ही एक स्टेशन पर ट्रेन रुकी। बाहर से फिर किसी ने दरवाज़ा खटखटाया।

"अरे खोलो हम पुलिस का आदमी हैं।"

शख़्स ने ये कहते हुए अपना आईकार्ड खिड़की से अन्दर किया। दरवाज़ा खुलते ही उसके साथ एक और आदमी ट्रेन में चढ़ा। और मेरी सीट पर आकर बोला—

"ये मेरी सीट है।"

ये कहकर उसने अपना टिकट आगे बढ़ा दिया।

"लेकिन टीटी ने तो मुझसे पैसे लिए हैं इसके। ये सीट मुझे देके गया है वो।"

"वो मैं नहीं जानता। मेरे पास कन्फ़र्म टिकट है। आप टीटी से जाकर

पूछ लो।"

ये कहकर वो शख़्स इस साइड अपर सीट पर चढ़ गया।

"भाई साहब टीटी को आने दो। तब तक मैं किनारे बैठ जाता हूँ। आप भी बैठ जाओ।"

"आपको टीटी को पैसे नहीं देने चाहिए थे। ग़लती मेरी नहीं है। दो रात से सोया नहीं हूँ। मुझे सोने दो भाई।"

मैं लगातार कोशिश कर रहा था कि अपने स्वर को क़ाबू में रखूँ ताकि बहस बढ़ाए बिना कोई समाधान निकाला जा सके।

"ए चलो ना भाई। टीटी को बुला लो या पुलिस को बुला लो। पर ये मेरी सीट है। मुझे सोने दो।"

लड़के ने बिना मुझसे नज़रें मिलाए सीट पर पसरते हुए कहा।

"भाई देखो मैं टीटी को ढूँढ़कर आता हूँ। लेकिन अगर वो नहीं मिला तो मुझे कोने में बैठने की थोड़ी सी जगह चाहिए होगी।"

कोई जवाब न पाकर मैं सीट से उठ गया। इस ट्रेन में मैं ख़ुद को अब किसी बेघर की तरह महसूस कर रहा था। एक आसरा पाने की इच्छा लिए मैं टीटी को तलाशने चल दिया। कुछ ही आगे आकर देखा दोनों बोगियों के बीच का शटर अब बन्द हो चुका था। टीटी दूर-दूर तक कहीं नहीं था। मैं वापस आकर सीट के कोने पर बची-खुची जगह पर बैठ गया। सामने बैठी लड़की अब भी फ़ोन की स्क्रीन पर कुछ देखे जा रही थी। वो चुपचाप हमारी बहस को भी सुन चुकी थी। मुझे देखकर वो मुस्कुरा दी। जैसे सांत्वना दे रही हो। लड़का पैर फैलाकर अच्छे से सो गया। उसके खर्राटे उन तमाम तरह के ख़र्राटों की विविधता का हिस्सा हो गए जो रह-रह कर कोच के कोने-कोने से निकलकर आपस में मिल रहे थे। तभी एक शख़्स के पादने की ध्वनि इन ख़र्राटों में आ मिली। सामने बैठी लड़की ने पहले मुझे देखा और फिर खिलखिलाकर हँस पड़ी। उसकी बेलौस हँसी ने इस तनाव के असहज वातावरण को कुछ सहज बना दिया।

दिफू नाम की एक जगह पर ट्रेन में कई सीटें ख़ाली हो गईं। उनमें से एक मैंने अपने लिए चुन ली। नींद तो अब क्या ही आनी थी। रात क़रीब-क़रीब गुज़र चुकी थी। ठंड भी अब काफ़ी बढ़ गई थी।

उजाले की शुरुआती किरणों के पहुँचते-पहुँचते हम भी दीमापुर में आ पहुँचे थे। इस छोटे से प्लेटफ़ॉर्म पर एकदम नया-ताज़ा उजाला पसरा हुआ था। ऐसा लग रहा था जैसे हम किसी दूसरी दुनिया में जा पहुँचे हैं।

24

नागाओं के देश में

चौबीसवाँ दिन
दीमापुर-कोहिमा-किग्विमा
1 दिसम्बर, 2018

नागालैंड स्टेट ट्रांसपोर्ट की एक बस इम्फाल के लिए बस अभी-अभी निकली थी। अब अगली बस के लिए हमें क़रीब आधे घंटे का इन्तज़ार करना था। मैंने और वेंकटेश ने ट्रेन में मिले आईआईटी गुवाहाटी के ग्रुप की एक लड़की को अपने टिकट के पैसे पकड़ा दिए और हमारे लिए भी टिकट ले लेने की गुज़ारिश करके चाय पीने चल दिए।

दीमापुर के इस पुराने से शहर में इस वक़्त काफ़ी ठंड थी। एक बेस्वाद चाय की गर्माहट भी इस वक़्त राहत दे रही थी। कई बार हम चाय स्वाद के लिए नहीं बस गर्मी के लिए भी पी जाते हैं।

आधा घंटा भी गुज़र गया और हम बस में सवार हो गए। दीमापुर मूलतः दिमासा कछारी जनजाति के लोगों का इलाक़ा है। मध्यकाल में यह शहर दिमासा कछारी साम्राज्य की राजधानी हुआ करता था। कछारी माने नदी घाटी में रहने वाले लोग। दी माने पानी, मा मतलब बड़ा और पुर मतलब शहर। इस हिसाब से दीमापुर का मतलब हुआ नदी किनारे बसा एक बड़ा शहर। धनसिरी नदी के किनारे बसा दीमापुर नागालैंड का सबसे बड़ा शहर और आर्थिक राजधानी है। कुछ जानकार इसे हिडिंबापुर का अपभ्रंश भी मानते हैं। दूसरे विश्व युद्ध के दौरान ब्रिटिश भारत और जापान की लड़ाई दीमापुर को केन्द्र बनाकर ही लड़ी गई थी। युद्ध की सामग्री पहुँचाने में यहाँ के रेलमार्ग और हवाई अड्डे की अहम भूमिका रही थी। यहाँ से 77

किलोमीटर दूर कोहिमा तक जापान की सीमा आ चुकी थी जिसे अन्ततः पीछे धकेल दिया गया।

हम इस वक़्त नेशनल हाईवे 39 पर थे। यह राष्ट्रीय राजमार्ग दीमापुर से शुरू होकर कोहिमा और इम्फाल से गुज़रता हुआ बर्मा की सीमा पर बने मोरे नाम के क़स्बे तक जाता है। इस लिहाज़ से यह नागालैंड और मणिपुर दोनों ही राज्यों की एक अहम सड़क थी लेकिन इसके हाल बेहाल थे। हमारी बस जैसे ही आगे बढ़ी धूल का एक गुबार भी साथ-साथ चल दिया। टूटी-फूटी सड़क पर लड़खड़ाती सी बस की रफ़्तार वैसे ही धीमी थी उस पर ट्रैफ़िक जाम अलग लगा हुआ था। नागालैंड का यह पहला इम्प्रेशन वाक़ई अच्छा नहीं था।

जिस हाईवे पर हम चल रहे थे उस पर निर्माण-कार्य ज़ोरों पर था। कहीं सड़क खुदी हुई थी, कहीं पूरा पहाड़ खोदकर रख दिया गया था। सड़क, सड़क किनारे बने घर, आस-पास उगे पेड़-पौधे, हर चीज़ जैसे धूल से नहाई हुई थी। इस धूल ने सब कुछ पुराना सा कर दिया था। मैं इसी उम्मीद में आगे बढ़ रहा था कि जैसे-जैसे हम पहाड़ी पर ऊपर चढ़ेंगे धूल के इस अवांछित साम्राज्य की पकड़ कुछ कमज़ोर होती रहेगी। लेकिन हर नए मोड़ पर मेरी यह तमन्ना धूल में मिल जाती।

रास्ते में एक ढाबे पर कुछ देर के लिए बस रुकी। नाश्ते में पोर्क और चावल मिल रहा था। पूरी और सब्ज़ी भी थी लेकिन इस वक़्त धूल इस क़दर हावी थी कि खाने का मन ही नहीं हुआ।

कोहिमा में रहने का कोई ठिकाना फ़िलवक़्त हमारे पास नहीं था। हमने जिससे भी पूछा उसने यही कहा था कि इस वक़्त रहने की जगह मिलना बहुत मुश्किल होता है। सारे होटलों में कमरों की क़ीमत भी आसमान छू रही होगी। हम रहने के किसी सस्ते से ठिकाने की तलाश में थे और इस तलाश के अंजाम को हमने वक़्त के हवाले कर दिया था। 'जो भी होगा देखा जाएगा' इस वक़्त यही अपना मूल मंत्र था।

दीमापुर से क़रीब 70 किलोमीटर की दूरी तय करने में साढ़े तीन घंटे का वक़्त लग गया। कोहिमा पहुँचते-पहुँचते धूप में चमकती धूल से नहाई बस में तमाम लोग सो गए थे। मेरी सीट के पीछे बैठी लड़कियाँ लगातार अपने कॉलेज के दिनों को याद करती बतिया रही थीं। ये टिपिकल दिल्ली की लड़कियाँ थीं। 'नहीं भैन उसका बन्दा बहुत हॉट था' वाले लहज़े में चल रहे उनके संवाद का मैं गुपचुप आस्वाद ले रहा था।

कुछ देर में बस ने हमें कोहिमा के एक चौराहे पर उतार दिया। बाहर उतरते ही हम असमंजस में थे कि अब हमें जाना कहाँ है। एक विकल्प ये था कि हॉर्नबिल फ़ेस्टिवल के वेन्यू के आस-पास जाकर ही रहने की कोई जगह पता की जाए। हम इसी विकल्प की तरफ़ बढ़ने की सोच रहे थे कि तभी ट्रैफ़िक पुलिस की पोशाक पहने एक महिला हमारे पास आई और मुस्कुराते हुए बोली

"वेल्कम सर। वी आर हियर टू हेल्प यू।"

स्थानीय टूरिस्ट पुलिस के इस स्वागत से अभिभूत हमने उनसे पूछा कि यहाँ से किसामा कैसे पहुँचा जा सकता है। हमारी इस पूछताछ का पीछा करते हुए दो लड़कियाँ हमारे पीछे आईं। ये वही बस वाली लड़कियाँ थीं जो मेरी सीट के पीछे वाली सीट पर बैठी थी। वही टिपिकल दिल्ली वाली लड़कियाँ।

"आप लोगों को किसामा जाना है?"

हमारे हामी भरने पर उनमें से एक ने कहा—

"हमें भी किग्विमा तक जाना है। कार पूल कर लेते हैं।"

आइडिया अच्छा था। हम बिना ज़्यादा समय गँवाए टैक्सी वाले के पास जा पहुँचे पर वो टैक्सी वाला वहाँ जाने को तैयार नहीं था।

"हमारा पास नहीं बना है, उसके बिना एंट्री नहीं होने देगा।"

टैक्सी वाले को बहस करते देख ट्रैफ़िक पुलिस की सिपाही एक बार फिर हमसे मुख़ातिब हुई। उसने एक लिस्ट में किग्विमा तक टैक्सी का किराया देखा और मुस्कुराते हुए हमें टैक्सी में बिठा दिया। टैक्सी वाले को ये हिदायत भी दी कि हमसे बताए गए किराए से ज़्यादा न वसूले।

टैक्सी किसामा की तरफ़ चल पड़ी। लड़कियों ने बताया कि उन्होंने एक होमस्टे में बात की हुई है।

"आप लोग चाहो तो हम रहने की जगह साथ में ही ढूँढ़ लेते हैं। पहले जहाँ हमने बात की है वहाँ पता कर लेते हैं। वहाँ महँगा लगा तो कहीं और ढूँढ़ लेंगे।"

दो से भले चार। मैंने मन ही मन सोचा।

फ़ेस्टिवल की वजह से शहर की सड़कें जाम थीं। शाम को ओपनिंग सेरेमनी थी। देश-विदेश से लोगों का जमावड़ा यहाँ जुट रहा था। टैक्सी धीरे-धीरे रेंग रही थी और हम अपने नए दोस्तों से बातचीत आगे बढ़ा रहे थे। अनामिका और स्वाती हमारी नई सहयात्री थीं। टैक्सी वाले ने बताया कि हम एक घंटे के अन्दर किग्विमा पहुँच जाएँगे।

किग्विमा में दिए गए पते की तलाश करते हुए हम कुछ आगे बढ़ गए थे। स्वाती ने होमस्टे वाले को फ़ोन किया और पता चला कि हमें यूटर्न लेना

होगा। क़रीब आधा किलोमीटर आगे एक अधेड़ महिला सड़क पर इन्तज़ार कर रही थी। उसने हमें जो होमस्टे दिखाया वहाँ एक चीनी लड़की पहले से मौजूद थी। इस लड़की को मैंने काउचसर्फ़िंग पर देखा था। याद आया कि इसका नाम ईनो है। हमारी ही तरह ईनो को भी कमरा कुछ पसन्द नहीं आया और हम वहाँ से लौट आए।

इस होमस्टे के ठीक नीचे एक और होमस्टे था। होमस्टे के बाहर एक अच्छा-ख़ासा फूलों से लदा अहाता था, जिसे पार्किंग के तौर पर भी इस्तेमाल किया जा रहा था। इस अहाते से इस तिमंज़िला होमस्टे की ढलवाँ छत वाली इमारत ख़ूबसूरत लग रही थी। दरवाज़े के अन्दर एक गेस्ट रूम सा बना था और दाईं तरफ़ गली थी जिसके दोनों तरफ़ कमरों में डॉर्मिट्री बनी हुई थी। कमरे में क़रीने से लगे बिस्तरों पर साफ़-सुथरी चादर थी और सामने बनी खिड़कियों से शाम की बची-खुची धूप अन्दर आ रही थी।

थोड़ा सा मोलभाव करके हमने तय कर लिया कि ये होमस्टे अगले दो-तीन दिनों तक हमारा ठिकाना होगा। लेकिन वेंकटेश बहुत लम्बे सफ़र पर था, लिहाज़ा उसे और सस्ता ठिकाना ढूँढ़ना था।

"आप लोग रुक जाइए यहाँ, मैं कुछ देखता हूँ अपने लिए। मेरा एक काउचसर्फ़र फ्रेंड है वीनो मैं उससे बात कर लेता हूँ।"

"अरे रुक जाओ यहीं, दो-तीन दिन की तो बात है।"

मेरे ये कहने पर वेंकटेश ने मना कर दिया।

"समझिए भैया, मेरा इतना बज़ट नहीं है।"

होमस्टे चला रही महिला क्योंकि ये सब सुन रही थी तो वो इस मामले में ज़रा संवेदनशील लग रही थी।

"दिस इज पीक टाइम अदरवाइज आई वुड हैव डन समथिंग। व्हाट इज योर बजट?"

उन्होंने वेंकटेश से पूछा।

"आइ एम इन वेरी लो बजट ट्रिप। 500 दिन तक ट्रैवल करना है तो मुझे बजट टाइट ही रखना पड़ेगा। आपके लिए मैं कुछ भी कर सकता हूँ। बर्तन भी मांज सकता हूँ।" वेंकटेश ने मज़ाक़ में कहा

"आई कैन अंडरस्टैंड। मैं आपके लिए सस्ता भी कर दूँ लेकिन आपसे कुछ और लूँ, बाक़ियों से कुछ और, ये भी अनफ़ेयर होगा।"

"नो-नो इट्स ओके। हमें कोई प्रॉब्लम नहीं है।"

हम तीनों ने उजली मुस्कुराहट वाली महिला को अपना 'नो ऑब्जेक्शन'

प्रस्ताव दिया तो वो वेंकटेश को कुछ सस्ती दर पर कमरा देने के लिए तैयार हो गई।

"वैसे आपका नाम क्या है?"

हममें से किसी ने पूछा, तो उस भद्र महिला ने मुस्कुराते हुए बताया—

"लीनो।"

एक चीनी महिला ईनो से हम कुछ देर पहले मिले थे, एक दक्षिण भारतीय युवक वीनो के बारे में हमें कुछ देर पहले पता चला था और अब हमारी मुलाक़ात पूर्वोत्तर की लीनो से हो रही थी।

क़रीब एक घंटे बाद मैं, वेंकटेश, स्वाती और अनामिका हॉर्नबिल फ़ेस्टिवल जाने के लिए तैयार थे। चार बजे उद्घाटन का समय तय था। किग्विमा नाम के इस छोटे से नागा गाँव से किसामा तक पहुँचने का एक शॉर्टकट हमें लीनो ने बता दिया था। हम उसकी बताई राह पर एक पगडंडी के सहारे पहाड़ चढ़ने लगे। पहाड़ चढ़ने के बाद जो सड़क आई वो धूल से सनी हुई थी। इस कच्ची सड़क से जब भी कोई गाड़ी गुज़रती तो हमें एक गुबार के बीच छोड़ जाती। हम अपने होंठों पर हाथ रखे धूल को अपने फेफड़ों से दूर रखने की एक असफल कोशिश कर लेते। क़रीब एक किलोमीटर चलकर हम एक टीले पर खड़े थे। इस पर एक चौक बना था जहाँ दो नागा जवान अपनी राइफ़लों के साथ गश्त लगा रहे थे। चौक के नीचे सड़क के किनारे से कई युवा उस जगह की तसवीर उतार रहे थे जहाँ कुछ ही देर में नागालैंड का सबसे मशहूर उत्सव शुरू होने वाला था। दूर पेड़ों से घिरी एक चट्टान के बीच में सफ़ेद रंग से लिखा था—'वेल्कम टू किसामा हेरिटेज विलेज'।

पहाड़ी से उतरती एक कच्ची सड़क ने हमें फ़ेस्टिवल के वेन्यू पर लाकर छोड़ दिया। किसामा नाम के इस विरासती गाँव की रौनक़ देखने वाली थी। एक पहाड़ी पर बनी सीमेंटेंड पगडंडी के इर्द-गिर्द बाँस से बनी झोंपड़ियों की एक ऋंखला पसरी हुई थी। इन झोंपड़ियों के सामने रंग-बिरंगी पोशाकों में अलग-अलग नागा जनजातियों का प्रतिनिधित्व करती युवा पीढ़ी मुस्कुराती हुई आगंतुकों का स्वागत कर रही थी। इन झोंपड़ियों में बनी रसोइयों से तरह-तरह के पकवानों की ख़ुशबू पूरे इलाक़े में फैली हुई थी। बाँस के बने बर्तनों में आगंतुक एक द्रव का स्वाद ले रहे थे। हमें बताया गया कि ये राइस बीयर है। चावल के किंणवन से बनने वाली एक शराब जो इस इलाक़े के हर उत्सव या शुभ काम में परोसा जाने वाला एक ज़रूरी पेय है। अलग-अलग जनजातियों के कई स्त्री-पुरुष एक पगडंडी पर जुलूस की शक्ल में एक ख़ास जगह की

ओर बढ़ रहे थे। बीच-बीच में इनकी सतरंगी आवाज़ें हवा में गूँज रही थीं। हाथों में भाले और सर पर अलग-अलग क़िस्म की टोपियाँ। कृशकाय गठन वाले फ़ुर्तीले शरीर अपनी स्थानीय पहचान के ध्वजवाहक बनकर पूरे गर्व के साथ आगे बढ़ रहे थे। तसवीरें उतारते हुए हम इन लोगों के पीछे चल रहे थे। यह जुलूस एक मैदान पर जाकर रुक गया।

मैदान के इर्द-गिर्द दर्शक दीर्घा में पैर रखने की जगह नहीं थी। दर्शक दीर्घा और मैदान के बीच बाँस की डंडियों से बनी एक गोलाकार बाड़ थी। सामने एक मंच बना हुआ था जहाँ से एक अनाउंसमेंट किया जा रहा था कि गृहमंत्री राजनाथ सिंह कुछ ही देर में कार्यक्रम का उद्घाटन करने के लिए यहाँ पहुँचने वाले हैं। हमने उद्घाटन समारोह को देखने के लिए एक कोना तलाशा जहाँ से बमुश्किल मैदान का एक हिस्सा नज़र आ रहा था। सामने एक बड़ी सी स्क्रीन लगी थी जो इस उत्सव सजीवता को समेटने की हर सम्भव कोशिश कर रही थी। गृह मंत्री के आगमन के साथ ही आकाश में एक दो हेलिकॉप्टरों की उड़ान की तरफ़ हज़ारों नज़रें एक साथ गईं और फूलों की कई पंखुड़ियाँ हवा में बिखर गईं। राजनाथ सिंह ने मंच पर कुछ बोलना शुरू किया। एक उचाट भाषण के बाद मैदान में नागा जनजातियों के नाच और गाने ने समाँ एक बार फिर बाँध दिया। अँधेरा स्थानीय परम्परा के मुताबिक़ जल्दी दस्तक दे चुका था। लेकिन यहाँ मौजूद युवाओं का उत्साह अब भी बिलकुल कम नहीं हुआ था।

किसामा के विरासती गाँव को लेकर नागा युवाओं के उत्साह के बीज उनकी संस्कृति में कहीं छिपे हैं। ये कहानी तबसे शुरू होती है जब नागा जनजातियाँ उपनिवेशवादी तंत्र से कोसों दूर थीं। मिशनरी और आधुनिक शिक्षा पद्धति जब उन तक नहीं पहुँची थी। ये वो दौर था जब नागाओं के पास अपनी कोई लिपि नहीं थी। तब शेष भारत से कटी हुई नागा पहाड़ियों के घने जंगलों में एक समृद्ध परम्परा थी, जो उनके युवाओं की व्यावहारिक शिक्षा-दीक्षा का एकमात्र ज़रिया थी। इस पद्धति को मोरुंग नाम से जाना जाता है। 'मोरुंग' शब्द की उत्पत्ति असमिया से जोड़ कर देखी जाती है। एडवर्ड विंटर क्लार्क ने 1911 में एक नागा शब्दकोश बनाया जिसके हिसाब से मोरुंग का मतलब है 'एक बड़े पेड़ से बना ड्रम'।

मोरुंग एक तरह से नागा जनजातियों के युवाओं के लिए बनाई गई डॉर्मिट्री थी, जिसके बाहर एक बड़ा सा ड्रम रखा जाता था। युद्ध या आपातकाल जैसी स्थिति में इस ड्रम को बजाकर युवाओं को सन्देश दिया जाता था। जैसे ही वो

किशोरावस्था में पहुँचते थे, उन्हें गाँव में बने इन मोरुंग में भेज दिया जाता था। यहाँ ये युवा एक साथ रहते थे और खेती-किसानी से लेकर युद्ध की कलाओं तक दैनिक जीवन के लिए ज़रूरी हर तरह की व्यावहारिक शिक्षा पाते थे। लड़कियों के लिए गाँव में ही एक अलग मोरुंग बनाया जाता था, जहाँ उन्हें कताई, बुनाई, पाक-कला वग़ैरह की शिक्षा दी जाती थी। ये मोरुंग एक तरह से युवाओं को उनके जीवन की हर ज़रूरत के लिए तैयार करने की पाठशाला थे। यहाँ पढ़ाई के लिए किसी लिपि की ज़रूरत नहीं थी। मोरुंग में युवाओं को उनकी संस्कृति से जोड़ने के लिए लोक-कथाओं से लेकर लोक-संगीत तक सिखाया जाता था। उनकी उम्र के हिसाब से उनके काम भी बँटे होते थे। मसलन, 15 से 20 साल के किशोरों के समूह को सुंगपुर कहा जाता था। इनका काम पानी भरकर लाना, जलाने की लकड़ी इकट्ठा करना, बाँस से रोशनी की मशालें और पानी भरने के बर्तन बनाना था। अपने से बड़े समूह के लड़कों की मालिश करना, उनके बाल काटना जैसी ज़िम्मदारी भी उन्हीं के हिस्से थी। जैसे-जैसे उम्र बढ़ती थी, ज़िम्मेदारियाँ भी बदलती चली जाती थीं।

लकड़ी के बनाए बड़े-बड़े बिस्तर पर सब साथ सोते। हँसी-ठहाकों के बीच शादी और सम्भोग जैसी चीज़ों का व्यावहारिक ज्ञान भी मोरुंग में साझा किया जाता था। लड़कों और लड़कियों के मोरुंग अलग-अलग थे लेकिन उनके मिलने-जुलने की व्यवस्था भी थी। शाम के वक़्त लड़के वाद्य यंत्रों के साथ लड़कियों से मिलने जाते। कनखियों में एक-दूसरे को देखते। उन्हें पसन्द करते। प्यार परवान चढ़ता तो शादी तक भी जा पहुँचता।

अपने शत्रुओं से जीतकर जब नागा उनके कलम किए हुए सर मोरुंग में लेकर आते तो उन्हें बाक़ायदा संस्कारपूर्वक ठिकाने लगाया जाता। मोरुंग के युवाओं को बुज़ुर्ग अपने अनुभवों से हासिल किया औषधीय वनस्पतियों का ज्ञान भी देते थे। अलग-अलग जनजातियों में मोरुंग के लिए नाम भी अलग-अलग थे। मसलन, 'आओ' जनजाति के लोग इसे 'अर्जू' कहते, 'कोन्याक' इसे 'बैन' पुकारते, 'अंगामियों' में इसे 'किचुकी' कहा जाता।

लेकिन ब्रिटिश जब भारत आए तो उन्होंने मोरुंग नाम के इस शैक्षिक, धार्मिक और सांस्कृतिक संस्थान को धीरे-धीरे ख़त्म ही कर दिया। ईसाई धर्म के प्रसार और बाइबिल की शिक्षाओं के साथ वर्णमालाओं के ज्ञान के लिए मोरुंग एक अहम केन्द्र बन गए। औपनिवेशिक शिक्षा पद्धति के इस आगमन ने धीरे-धीरे मोरुंग नाम के इस संस्थान को ख़त्म सा कर दिया।

किसामा गाँव में मोरुंग की इस समृद्ध विरासत की एक झलक सी दिखाई

दे रही थी। नागालैंड की सभी सोलह जनजातियों का प्रतिनिधित्व करते बाँस के घरों के इर्द-गिर्द बिखरी नागा युवाओं की ऊर्जा देखकर ऐसा लग रहा था जैसे इतिहास में खो गए वो मोरुंग वापस जीवन्त हो उठे हों।

इतिहास इस उत्सव के नाम के पीछे भी जुड़ा था। 'द ग्रेट हॉर्नबिल', क़रीब 105 सेंटीमीटर का यह विशाल पक्षी नागा संस्कृति में अपनी एक अलग अहमियत रखता है। नागा लोककथाओं और लोकगीतों में इस पक्षी को लेकर कई कहानियाँ मिलती हैं। एक कहानी ये भी है कि सौतेली माँ का सताया हुआ एक नागा युवा एक दिन हॉर्नबिल पक्षी बन जाता है और अपने विशाल पंखों को फैलाकर गाँव से दूर चला जाता है। लेकिन जाने से पहले वो अपनी प्रेमिकाओं से यह वादा करता है कि वो हर साल उनसे मिलने लौटकर आएगा। जब वो अपनी प्रेमिकाओं से मिलने लौटता है तो उसे पता चलता है कि दोनों प्रेमिकाओं की शादी हो गई है। इस बात से दुखी वो अपने दो पंख निकालता है और दोनों को एक-एक पंख तोहफ़े में देता है। इस बार कभी न लौटने का फ़ैसला करके वो हमेशा के लिए गाँव छोड़कर कहीं दूर उड़ जाता है।

हॉर्नबिल के पंख तबसे नागा संस्कृति में साहस और प्रेम के प्रतीक माने जाते हैं। अपनी टोपियों में इन्हें सजाना नागा संस्कृति में बहुत सम्मान की बात माना जाता है। हॉर्नबिल की चोंच को सौभाग्य का प्रतीक माना जाता है। इस पक्षी की एक और ख़ास बात यह है कि ये अपनी मादा के प्रति बहुत वफ़ादार होता है। इसकी मादा बच्चे पैदा करते वक़्त बड़े-बड़े पेड़ों पर छेद करके घोंसला बनाती है। निषेचन के दौरान वो मिट्टी, अपने मल, फलों वग़ैरह से इस घोंसले को पूरी तरह बन्द करके उसके भीतर क़ैद हो जाती है। इस घोंसले के प्रवेश मार्ग पर वो अपनी चोंच से एक छोटा सा छेद कर देती है। उसका नर दिन में कई बार इस छेद के ज़रिए उसके लिए खाना लेकर आता है। अपनी मादा के प्रति यह वफ़ादारी पक्षियों में दुर्लभ होती है। अपनी मादा की सुरक्षा और देखभाल के इस व्यवहार की वजह से भी शायद इस पक्षी को नागा पुरुषत्व का प्रतीक मानते हैं।

लेकिन इस शानदार पक्षी के प्रतीक बन जाने का एक स्याह पक्ष भी है। हॉर्नबिल के पंखों और चोंच के लिए नागाओं ने इसका शिकार करना शुरू किया। आज आलम ये है कि यह पक्षी नागालैंड से लगभग लुप्त ही हो चुका है। नागालैंड की धरती पर हॉर्नबिल का दिखाई देना अब कई दशकों से एक दुर्लभ घटना हो गई है। हालाँकि कई संगठन हैं जो पक्षियों का शिकार न करने

के प्रति नागाओं को जागरूक और सवेदनशील करने की कोशिश भी कर रहे हैं। वो नागा जो इन पक्षियों का शिकार किया करते थे, अब उनमें से कई इनके बचाव में खड़े हैं। लेकिन शायद अब बहुत देर हो चुकी है। कभी अपनी ज़ोरदार आवाज़ के साथ यहाँ के जंगलों में परवाज़ भरने वाला यह पक्षी अब लोक-कथाओं का हिस्सा भर बनकर रह गया है, जिसके नाम पर हज़ारों लोगों को नागालैंड की तरफ़ आकर्षित करने के लिए यह उत्सव मनाया जाता है। वो पक्षी अब किसामा के विरासती गाँव में मैदान के किनारे बनी लकड़ी की एक बेजान नुमाइश के अलावा कहीं और नहीं दिखता।

ख़ैर सुबह से अब तक सहयात्रियों का दिया बिस्किट और एक चाय ही पेट के हवाले हुई थी। अलग-अलग जनजातियों के स्टॉल्स से आ रही खाने की ख़ुशबू भूख और बढ़ा रही थी। हम कार्यक्रमों को बीच में छोड़ खाने की तलाश में आगे बढ़ गए।

खाना और राइस बीयर दोनों पेट में गए तो कुछ राहत मिली। अब ठंड भी काफ़ी बढ़ चुकी थी। समय लौटने का था। रात के अँधेरे के बीच कहीं से गुज़रती कच्ची सड़क पर हम होमस्टे की तरफ़ बढ़ रहे थे। दूर-दूर छिटके मकानों से हमारी आहटों के प्रत्युत्तर में कुत्तों के भौंकने की आवाज़ें आ रही थीं। आकाश में कुछ-कुछ तारे भी टिमटिमाते नज़र आ रहे थे। जिस उत्सव के शोर से हम दूर जा रहे थे, उस उत्सव की गूँज हमारे भीतर और गहराती जा रही थी।

'नागालैंड बहुत घटिया जगह है'—गुवाहाटी में मिले अंकुर की बात ज़ेहन में वापस लौट आई तो मन किया कि काश नागाओं के इस देश को एक बार उसे अपनी नज़रों से दिखा पाता। कहीं ऐसा तो नहीं कि हम जैसी देखना चाहते हैं दुनिया वैसी ही हो जाती है।

25

संस्कृति का उत्सव

पच्चीसवाँ दिन
किसामा
2 दिसम्बर 2018

सुबह दस बजे तैयार होकर हम फिर से हॉर्नबिल फ़ेस्टिवल के वेन्यू पर थे। वेन्यू के एकदम क़रीब हमारी मुलाक़ात सेबेस्टीन से हुई। आर्मी में अफ़सर सेबेस्टीन की फ़ेस्टिवल के लिए ख़ास ड्यूटी लगी थी। छोटे क़द के ख़ुशमिज़ाज सेबेस्टीन ने बताया कि वो भी दिल्ली से ही हैं और उनके पिताजी सेना में एक बड़े अफ़सर थे। हम इस वक़्त नाश्ते की तलाश में थे। सेबेस्टीन ने हमें नाश्ते के कुछ ठिकाने भी बता दिए।

"बट यू शुड ट्राई इन फ़ेस्टिवल वेन्यू। ट्राई समथिंग लोकल।"

सेबेस्टीन की इस रायशुमारी को तवज्जो देते हुए हम वेन्यू की तरफ़ बढ़ गए। मुख्य सड़क से खड़ी चढ़ाई किसामा गाँव की तरफ़ जा रही थी। यहाँ एक बड़ा सा गेट बना था जिस पर सेना के जवान गश्त दे रहे थे। गेट के ऊपर एकदम तीखी चढ़ाई थी। दो बच्चे उस चढ़ाई में पानी के ज़रकीन उठाकर ले जा रहे थे। वेंकटेश भागकर उनके पास गया और उसने ज़रकीन अपने हाथों में उठा लिए। बच्चे ख़ुशी-ख़ुशी उसके पीछे भागने लगे। कुछ ही देर में उनका ठिकाना आ गया और वो एक ढलान की तरफ़ बढ़ गए।

एकदम खिली हुई धूप में अनामिका, मैं, स्वाती और वेंकटेश एकदम खड़ी चढ़ाई चढ़ रहे थे। रास्ते में फ़ेस्टिवल का बड़ा सा बैनर लगा था। उस बैनर के सामने हम चारों तसवीर खिंचाना चाहते थे। सामने से आते एक मज़दूर को हमने डीएसएलआर कैमरा पकड़ा दिया। वेंकटेश उसे बताने लगा कि कैसे

तसवीर खींचनी है। झिझकते हुए मज़दूर ने कैमरा अपने हाथों में लिया और एक तसवीर खींच ली। उसका साथी उसे फ़ोटो खींचता देख ज़ोर-ज़ोर से हँसने लगा। माने दिन की हँसती-मुस्कुराती शुरुआत तो हो चुकी थी।

थोड़ी और चढ़ाई चढ़कर हमने देखा कि फ़ेस्टिवल का मेन गेट सामने था। इस गेट के ठीक बाद एक जगह ने हमारा ध्यान खींचा। एक टेंट के बाहर कई तरह सब्ज़ियों और फलों की प्रदर्शनी लगी हुई थी। इस टेंट की ओर क़दम बढ़ाए तो देखा एक ख़ास तरह की प्रतियोगिता के नतीजे यहाँ लगे हुए थे। अलग-अलग सब्ज़ियों और फलों पर टैग लगे हुए थे। किसी को पहला पुरस्कार मिला था, किसी को दूसरा। पूर्वोत्तर के किसानों का श्रम यहाँ कहीं रंगों में पसरा हुआ था। हमने वहाँ मौजूद लीची खाई तो लगा इस मेहनत का फल तो वाक़ई मीठा है। किसी स्टॉल पर अनन्नास मिल रहा था तो किसी पर नारंगियाँ। कहीं चावल का बना केक मिल रहा था तो कहीं मशरूम की नुमाइश हो रही थी। तरह-तरह के फूलों की प्रदर्शनी भी थी और उनकी ख़ुशबू भी। टैंट के भीतर सुबह की धूप छनकर आ रही थी और इससे इन फलों और फूलों के रंग और निखर रहे थे।

दूर से आती वाद्य-यंत्रों की आवाज़ अब हमें अपनी ओर खींच रही थी। हम मुख्य मैदान की तरफ़ बढ़ रहे थे जहाँ देशभर की जनजातियों के सांस्कृतिक कार्यक्रम इस उत्सव में हर रोज़ पेश किए जाते हैं। लेकिन हम उस मैदान तक पहुँचते, इससे पहले ही रास्ते में द्वितीय विश्व युद्ध की यादें हमारा इन्तज़ार कर रही थीं। दूसरे विश्व युद्ध में कोहिमा की भूमिका बहुत अहम मानी जाती है। सेना द्वारा लगाई गई इस प्रदर्शनी में दूसरे विश्व युद्ध में इस्तेमाल की गई बन्दूक़ों की नुमाइश थी जिन्हें हाथ में लेकर लोग तसवीर खिंचा रहे थे। भारतीय जवानों के शौर्य की गाथाओं में शामिल रही बन्दूकें, युवा पीढ़ी की तसवीरों में शामिल हो रही थीं।

दूसरे विश्व युद्ध की यादों की इस नुमाइश का पूरा जायज़ा ले लेने के बाद मैं एक फ़ोटो एग्जिबिशन की ओर बढ़ गया। इस प्रदर्शनी में देश-विदेश के फ़ोटोग्राफ़रों की तसवीरें लगी हुई थी। पूर्वोत्तर के भूगोल और संस्कृति की झलकियाँ पेश करती इन तसवीरों के बीच मेरा ध्यान कुछ रेखाचित्रों ने खींचा। इनमें कुछ यंत्र दिख रहे थे जो यहाँ के आदिवासी समाज की उपज थे। एक यंत्र था जिसके बारे में लिखा गया था कि यह सामने वाले के दिमाग़ में जो विचार आ रहे हैं उन्हें पहले से समझने में मदद करता है।

कुछ आगे एक और प्रदर्शनी लगी थी। यहाँ छोटी-छोटी झोंपड़ियाँ बनी हुई थीं जिनमें कुछ नागा महिलाएँ बाँस की खपच्चियों से टोकरियाँ बना रही

थीं। कुछ जातर पर धागों को कसते हुए, बुनकारी की कला प्रदर्शन कर रही थीं। कुछ रुई कात रही थीं। हम उनकी तसवीर खींचते तो वो कुछ शर्माती सी मुस्कुराने लगतीं। आपस में अपनी भाषा में कुछ बात करतीं और हमें देखकर ठहाके लगाने लगतीं। नागा जनजातियों में इस्तेमाल होने वाले लकड़ी के बने कई टोटम भी एक अलग झोंपड़ी में लगे हुए थे। कोशिश थी कि नागालैंड के अलग-अलग गाँवों की हस्तकलाओं का आगंतुक अपनी आँखों के सामने मुआयना कर सके।

प्रदर्शनी से बाहर निकला ही था कि एक साठ साल के शख़्स, जो हाथों में कैमरा लिए थे, दूर से इशारे से मुझे बुलाते हुए बोले—

"लिसन। आर यू अ फ़ोटोग्राफ़र?"

मेरे हाथ में कैमरा देखकर यह मान लेना स्वाभाविक था।

"यस जस्ट इमेच्योर फ़ोटोग्राफ़र।"

मैंने कहा।

"एक हेल्प कर दो मेरा।"

बुज़ुर्ग ने बंगाली लहजे में कहा।

"आई एम ऑलसो फ़ोटोग्राफ़र। एग्निबिशन में मेरे कुछ फ़ोटो भी लगे हैं। लेकिन एक बात समझ नहीं आ रहा। मैं जो आर्टिस्ट परफ़ॉर्म कर रहे हैं, उनका फ़ोटो खींच रहा था और मैं चाहता था कि किसी एक पर फ़ोकस हो और बाक़ी थोड़ा ब्लर हो जाएँ। लेकिन यह हो नहीं रहा।"

अपनी बात समझाने के लिए उन्होंने मुझे कैमरे के डिसप्ले पे कुछ तसवीरें भी दिखाईं और फिर वो अपनी झुँझलाहट को रोक नहीं सके।

"माथा ख़राब होई जाबे। आई एम नॉट एबल टू अचीव व्हाट आई वांट।"

'माथा ख़राब होई जाबे' ये वाक्य उस बुज़ुर्ग शख़्स ने जिस हताशा में आकर कहा था वो एक कलाकार की हताशा थी। अपनी कला को निखारने की ये ललक और अपनी असफलता को स्वीकार करने की ये समझ हर कलाकार में नहीं होती। कम से कम इस उम्र में तो नहीं। उस शख़्स की आँखों में बच्चों वाली जिज्ञासा मैं साफ़ पढ़ सकता था। उन बुज़ुर्ग के साथ मैं उस मैदान की तरफ़ बढ़ रहा था जहाँ आदिवासी समाज के लोग अपनी वेशभूषा में अपनी संस्कृति को दुनिया तक पहुँचाने के लिए तैयार थे।

"आप सब्जेक्ट के जितने पास जा सकें उतने पास जाइए। फोकल लेंथ कम रखिए। अपर्चर ज़्यादा खोलिए। यानी शेलो डेप्थ ऑफ़ फ़ील्ड रखिए। तब आपकी तसवीर में आपका सब्जेक्ट एकदम फ़ोकस में होगा और उसके

पीछे सब आउट ऑफ़ फ़ोकस।"

मैंने कैमरे की तकनीकी भाषा में उन्हें समझाया तो उन्हें बात कुछ-कुछ समझ आ गई।

"थैंक यू। आई थिंक यू आर राइट। थैंक यू सो मच यंग बॉय।"

उन्होंने मुस्कुराते हुए कहा। हम मैदान में पहुँच चुके थे और वो शख़्स उस भीड़ में कहीं गुम हो गया, जो मैदान में पारम्परिक पोशाक पहने और अपनी लोकधुनों पर नाच रहे आदिवासियों के साथ तसवीरें खिंचाने में मशगूल थी।

"हा हा हैया...हा हा हैया..." इन शब्दों को एक धुन में दोहराते, हाथ में भाले लिए आदिवासी बीच-बीच में गले से एक अलग स्वर निकालते। पीछे से ढोल की आवाज़ और माहौल बनाने का काम कर रही थी। आगंतुकों के साथ नाचते, तसवीरें खिंचाते, छोटे-छोटे कपड़े पहने ये लोग बिना ठंड की परवाह किए मुस्कुरा रहे थे। ऐसा लग रहा था जैसे ये दुनिया ज़िन्दगी को उत्सव की तरह जीने वालों की दुनिया हो।

थोड़ी देर में सांस्कृतिक कार्यक्रम भी शुरू हो गए। पूरे भारत के आदिवासी इलाक़ों से आए रंगकर्मी अपने-अपने इलाक़ों का प्रतिनिधित्व कर रहे थे। एक नागा लड़की बाँस की तीन डंडियों को एक साथ अपने हाथों पर लहराती संतुलन बनाने का करतब दिखा रही थी। रास लीला को दिखाता नाच में अद्‌भुत मुस्कुराहट वाला एक लड़का बार-बार पिरामिड पर चढ़ने की कोशिश में असफल हो रहा था। बुमरो-बुमरो पर नाचती एक ख़ूबसूरत कश्मीरी बाला अपने पैरों तले ज़मीन पर बिछी धूल से परेशान ज़बरदस्ती मुस्कुराने की कोशिश कर रही थी। दर्शक दीर्घा में बैठे आदिवासी महिला-पुरुषों के उन तमाम चेहरों के एक चेहरे पर पसरी मुस्कुराहट ने बरबस मेरा ध्यान खींच लिया। मैं उस मासूम मुस्कुराहट को अपने कैमरे में उकेरने से नहीं रोक पाया।

अँधेरा घिरने लगा था। हम खाने की तलाश में निकल आए। फ़ूड कोर्ट में खाना खाते हुए वेंकटेश ने दिल्ली की दो अभी-अभी मिली लड़कियों को टेबल पर ले आया था। उनमें से एक लड़की का नाम कृपी था जिसे क्रीपी बना दिया गया था। एक महिला जिसके बोलने के अन्दाज़ में एक ख़ास क़िस्म की नकारात्मकता थी, हमसे जूको वैली के बारे में यह कह चुकी थी कि वो जगह उतनी अच्छी नहीं है। वेंकटेश अपने व्यवहार के बूते किसी तरह वो लेमिंटन केक दुकान वाले से मुफ़्त में ला चुका था जिसका स्वाद हम सबको ही बेहद पसन्द आया था।

खाना खाकर हम अलग-अलग स्टॉल्स की तरफ़ बढ़ गए। लग रहा था

कि हम एक ऐसी दुनिया में आ गए हैं जो सबका बाँहें खोलकर स्वागत करती है। जो अपने आज में ख़ुश रहने वालों की दुनिया है। वो दुनिया जिसके लोग वाक़ई ज़िन्दगी को उत्सव की तरह जीना जानते हैं। जहाँ का समाज अच्छे-बुरे के संकुचित दायरों से बाहर है। भरोसा नहीं हो रहा था कि ये वही समाज है जो क्रूरता और हिंसा के दौर से बुरी तरह ज़ख़्मी होकर निकला है। जो आज भी संशय में रहता है कि ये देश उसे पूरी तरह अपना भी पाया है कि नहीं। जहाँ अलगाववाद की आँच में जाने कितनी उम्मीदें झुलस कर रह गई हैं। लेकिन इस सब के बावजूद जो केवल बातों में ही नहीं अपने व्यवहार में भी प्रगतिशील है।

जगह-जगह अलाव जलाए गए थे, जिनके चारों ओर नागा समाज के बने-ठने युवा राइस बीयर की मस्ती में झूम रहे थे। ऐसे ही एक अलाव के पास पहुँचे तो एक नागा लड़के ने बाँहें फैलाकर हमारा स्वागत किया। वो नशे में झूम रहा था। हमें देखकर जाने क्यूँ उसके दिल में प्यार उमड़ आया था। वो हम सबसे गले मिला और टूटी-फूटी हिन्दी में गाने गुनगुनाने लगा—'मेरे सपनों की रानी कब आएगी तू, बीती जाए ज़िन्दगानी कब आएगी तू'। उसे देखकर वहाँ मौजूद सब लोग हिन्दी में गाने लगे। उस लड़के को हिन्दी के उन गानों के बोल अच्छे से याद थे, जो वो गा रहा था। 'वी लव इंडिया। वी ऑल आर इंडियन'। बीच-बीच में वो ये कहना भी नहीं भूलता था। इस बीच पता चला कि कृपि का आज जन्मदिन है। सबने मिलकर उसके लिए बर्थडे साँग गाया। 'हैप्पी बर्थ डे क्रीपी'। अलाव के चारों ओर राइस बीयर पीते हुए सब ज़ोर-ज़ोर से चिल्ला रहे थे। कृपी का क्रीपी हो जाना इस माहौल में एकदम क्रीपी नहीं लग रहा था।

उत्सव का ये दौर पूरा हुआ तो हम किसी दूसरी जनजाति के हट के पास बने अलाव के पास जाकर बैठ गए, जहाँ एक आदमी और एक औरत पहले से बैठे हुए थे। सामान्य जान-पहचान के बाद उस औरत ने बातचीत के सिलसिले को एक दिशा दी।

"आप लोगों को कैसा लगा ये सब जो यहाँ हो रहा है?"

उसके कहने में एक हिक़ारत का सा भाव साफ़ पढ़ा जा सकता था।

"हमें तो मज़ा आ रहा है।"

हमारी तरफ़ से वेंकटेश ने कहा।

"पर कल्चरल प्रोग्राम ऐसे थोड़ी होते हैं। हमारे एमपी में आइए कभी। यहाँ तो बहुत फूहड़ता है कल्चर के नाम पर। ये लोग पता नहीं क्या प्रमोट करना चाहते हैं।"

वेंकटेश बहस के मूड में आ गया था।

"क्या बुराई है इसमें? इतने वेलकमिंग लोग हैं। इतने प्यार से पेश आ रहे हैं। नाच-गा रहे हैं। इसमें बुरा क्या है?"

उसने आगे कहा।

"ये कोई इंडियन कल्चर थोड़ी है। ये वेस्टर्न कल्चर हमें बिगाड़ रहा है। सबको क्रिश्चन बना दिया इन लोगों ने। पहले सब हिन्दू थे। सबका कनवर्शन कर दिया इन मिशनरियों ने और आपको ये अच्छा लग रहा है। हमारी यंग जनरेशन कुछ जानती-वानती है नहीं। पढ़ती-वढ़ती है नहीं। इसी वजह से ये बाहर के लोग हम पर हावी हो जाते हैं।"

महिला वेंकटेश से पूरी तरह निराश थी। उसके बग़ल में बैठे शख़्स ने उसके कानों में कुछ कहा। उसकी फुसफुसाहट साफ़ सुनी जा सकती थी।

"आस्क देम, दे आर हिन्दू ऑर क्रिश्चन?"

हमारे जवाबों ने उस शख़्स को सन्देह में डाल दिया था। क़रीब आधे घंटे तक बहस चलती रही। इस बीच पूर्वोत्तर के कुछ युवा भी कुर्सियाँ लगाकर वहाँ बैठ गए। आधे घंटे में एक ख़ास एजेंडा को सफल न होते देख वो दोनों वहाँ से चले गए। जाने से पहले महिला ने बताया कि वो दोनों सरकारी मुलाजिम हैं, जिन्हें संस्कृति विभाग की तरफ़ से यहाँ भेजा गया है।

"हमें तो एकदम अच्छा नहीं लगा ये सब। भेजा तो हमें दस दिन के लिए गया है, पर हम कल निकल जाएँगे।" महिला ने कहा।

सरकारी पैसे पर एक ख़ास पूर्वग्रह लेके आए इन लोगों के लिए मुझे अफ़सोस हो रहा था। दिमाग़ को बन्द करके, किसी जगह के बारे में एक ख़ास सोच बना लेने के बाद हम कितने अनुभवों को हासिल करने से वंचित रह जाते हैं। किसी को दिल खोलकर अपना पाना इतना मुश्किल तो नहीं होता। लेकिन हमारे पूर्वग्रह इस आसान से काम को कई बार असम्भव बना देते हैं।

रात के अँधेरे में कच्ची सड़क की जनशून्यता से गुज़रते एक बार फिर हम अपने ठिकाने की तरफ़ लौट रहे थे। आज मिले अनुभवों की विविधता दिलो-दिमाग़ पर इतनी हावी थी कि लग रहा था जैसे ज़ेहन में एक फ़िल्म चल रही हो। ऐसी फ़िल्म जिसके बारे में मन कह रहा था कि ये कभी पूरी ही न हो।

26

भटकता सा दिन, ठिठुरती सी रात

छब्बीसवाँ दिन
किसामा-जूको
3 दिसम्बर, 2018

होना तो यूँ था कि सुबह चार बजे उठा जाएगा। छह बजे तक तैयार होकर जूको वैली की तरफ़ कूच कर लिया जाएगा। हुआ यूँ कि नौ बज चुके थे, और हम अब भी किग्विमा के होमस्टे में थे और निकलने की जद्दोजहद कर रहे थे। किसी तरह थोड़ी देर में हम आलस छोड़कर बाहर निकल आए। नीनो के पास हमने अपने बैगपैक छोड़ दिए और कुछ ज़रूरी सामान दूसरे बैग में रख लिया। अभी तक हमें ठीक-ठीक मालूम नहीं था कि जूको वैली जाना कैसे है और वहाँ हमारे रहने का क्या इन्तज़ाम होगा। लेकिन हम चार लोग साथ में थे और चार लोग मिलकर कुछ न कुछ इन्तज़ाम तो कर ही लेंगे इसी सोच के साथ हमने आगे की योजना रास्ते पर छोड़ दी।

किग्विमा से ज़ख़ामा तक हमने हिचहाइकिंग करने का फ़ैसला किया। ज़ख़ामा से ही जूको वैली के लिए पैदल ट्रैक की शुरुआत होती है। ये जानकारी हमें लोगों से बात करके मिल चुकी थी। थोड़ी देर में दो स्कूल जा रहे स्थानीय लड़कों ने हमें अपनी कार में लिफ़्ट दे दी। वो हमें उस जगह तक ले आए जहाँ से पैदल ट्रैक शुरू हो रहा था। लेकिन हमें नाश्ता भी करना था, लिहाज़ा लड़के हमें एक किलोमीटर वापस लेकर गए और एक रेस्टोरेंट पर हमें छोड़ गए जहाँ नाश्ते का इन्तज़ाम था।

नाश्ता करके हमने वापस एक गाड़ी में लिफ़्ट ली। जूको जाने वाले रास्ते पर उस गाड़ी ने हमें छोड़ दिया और हमने चलना शुरू किया। यह एक कच्ची

सड़क थी जिस पर कुछ मज़दूर भी जा रहे थे। मज़दूरों से बात करते हुए पता चला कि वे भी उसी तरफ़ जा रहे हैं।

"हम बताएगा रास्ता। हमारे साथ चलो।" एक शख़्स ने कहा।

उसकी कमर पर कपड़े की मदद से एक धारदार हथियार बँधा हुआ था। साथ में दो औरतें भी चल रही थीं जिनमें से एक का नाम किवी था। इन राहगीरों से बतियाते हुए क़रीब दो किलोमीटर का कच्ची सड़क के किनारे वाला रास्ता कब कट गया पता भी नहीं चला। अब हम ऐसी जगह पर थे जहाँ कच्ची सड़क से एक रास्ता घने जंगल की तरफ़ जा रहा था। मज़दूरों ने बताया कि हमें इसी रास्ते पर चलना है और यहाँ से जूको वैली पहुँचने में क़रीब चार घंटे लग जाएँगे।

वेंकटेश को तसवीरें खींचनी थी और स्वाती की रफ़्तार बहुत धीमी थी। अनामिका और मैं क़रीब-क़रीब एक ही रफ़्तार से चल रहे थे इसलिए हम आगे बढ़ गए। अब हम एक घने जंगल के बीचोबीच सँकरी सी पगडंडी पर चल रहे थे जो लगातार एक पहाड़ी पर चढ़ती जा रही थी। दूर-दूर तक कोई दिखाई नहीं दे रहा था। बाक़ियों से हम काफ़ी आगे निकल आए थे। इस अनजाने भूगोल में वनस्पतियाँ भी अनजानी थीं। चौड़ी मोटी पत्तियों वाले पौधे थे, जिन्हें इससे पहले मैंने कभी नहीं देखा था। उत्तराखंड के घने पहाड़ी जंगलों में भी इतनी चौड़ी पत्तियाँ मुझे कहीं नहीं दिखाई दी थीं। इतना ख़ूबसूरत रास्ता भी नहीं। इस रास्ते और आस-पास के भूगोल में एक ख़ास क़िस्म की शालीनता थी। इस शालीनता का परिचय यहाँ की पगडंडियों में बिछाए गए पत्थर भी दे रहे थे। एक पत्थर पर किसी ने कुछ शब्द गोदे हुए थे और उन शब्दों के ऊपर काई उग आई थी। जैसे वो नाम जो उन पत्थरों पर गुदे थे वो किसी इनसान ने नहीं ख़ुद प्रकृति ने लिख दिए हों। पत्थर के साथ मुहावरों में जिस तरह बर्ताव किया जाता है, यहाँ पत्थर ने उसके एकदम उलट बर्ताव किया था। किसी की लिखी इबारत को सहेजने के लिए जैसे पत्थर भी पसीज गया हो।

हम क़रीब घंटे भर से चलते जा रहे थे और कोई भी उस रास्ते पर नज़र नहीं आ रहा था। इस बात ने हमारे मन में एक अन्देशे को जन्म दे दिया था।

"क्या हम सही रास्ते पर चल रहे हैं?" अनामिका ने मुझसे पूछा।

"कहीं से रास्ता कटता हुआ नहीं दिखाई दिया। शायद सही ही चल रहे हैं।" मैंने कहा।

कुछ देर बाद ही एक शख़्स पतली सी टीशर्ट पहने हमें दूर से आता दिखाई दिया। उसके दिखाई देते ही हम कुछ आश्वस्त से हो गए। ये यात्राओं में अक्सर

होता है। जब भी हम किसी संशय में होते हैं तो एक नई मानवीय उपस्थिति उस संशय से हमें तुरन्त निकाल देती है।

"हाई, यू आर गोइंग टू जूको?" मैंने उस विदेशी सैलानी से पूछा।

"यस, यस। आई वाज वंडरिंग इफ़ आई एम इन द राइट वे। आइ सॉ नो वन। नाउ आइ एम रिलैक्स्ड।"

उस आस्ट्रेलियाई सहयात्री ने ये बताकर हमें भी आश्वस्त कर दिया था। मैं सोच रहा था ये भी क्या कमाल बात है कि सहयात्रियों के रास्ते ही नहीं अक्सर डर भी एक ही जैसे होते हैं।

अभी तक हम लगातार पेड़ों की छाँव के बीच से गुज़र रहे थे। लेकिन चलते-चलते शरीर में आई गर्मी ने ये एहसास नहीं होने दिया था कि ये सर्दी के दिन हैं। उस आस्ट्रेलियाई यात्री को पतली सी टी-शर्ट पहने देखा तो सर्दियों के होने का एहसास कुछ और दूर चला गया। कुछ दूर धूप का एक टुकड़ा दिखाई दिया तो कुछ देर उसके पास जाकर बतिया आने से हम ख़ुद को नहीं रोक पाए। गरमियों में जो धूप बहुत रूखी सी बातें करती है, सर्दियों में उसकी बातें बहुत मीठी हो जाया करती हैं। लेकिन शहर इन बातों की फ़ुर्सत अक्सर नहीं देता। यहाँ मैं इस मौक़े को नहीं चूकना चाहता था।

एक ढलान में अटके हुए पत्थरों ने बताया कि कभी यहाँ से पहाड़ी नदी बहा करती थी, जो बारिशों के इन्तज़ार में सूख गई। धूप उसी सूखी नदी के किनारे इन्तज़ार में बैठे पत्थर की गोद में आकर बैठ गई थी। जैसे नदी और उसके दोस्त पत्थरों को सांत्वना देने आई हो। धूप कह रही थी कभी बारिश के होने पर आना। ये नदी यहाँ इस वीरानी के आलम को कैसे बदल देती है। नाचती बूँदों की सहचरी बलखाती नदी अपनी ही लय में न जाने कौन से गीत गाती रहती है। उस गीत को सुनने जाने कहाँ-कहाँ से पंछियों की एक पूरी जमात चली आती है। आस-पास नए-नए पौधे उग आते हैं जो इस नदी की तरंग में भीगकर इस पूरे इलाक़े को हरियाली से भर देते हैं। मुझे शक हुआ कि मैं बारिशों में शायद ही कभी यहाँ आ भी पाऊँगा। मुझे यक़ीन था कि ये धूप ज़रूर सच कह रही होगी।

कुछ देर अपने भीतर एक सुकून भरी यात्रा करके मैं लौट आया था। कपड़े पसीने से गीले हो गए थे। मैंने अपनी पहनी जैकेट और स्वेटर को सुखाने के लिए रख दिया। उसी पत्थर के ऊपर जिसकी काल्पनिक बातें मैंने अभी-अभी सुनी थीं।

यहाँ कुछ देर हमने स्वाती और वेंकटेश का इन्तज़ार किया। वेंकटेश ने एक ख़ास आवाज़ निकालकर दूर से ही बता दिया कि वो क़रीब आ रहे हैं। कुछ देर

में वो यहाँ पहुँच गए। नई आहटों को सुनकर धूप कुछ दूर चली गई। मैंने जब तक हो सकता था उसका पीछा किया। साथ में लाए स्नैक्स और और जूस से शरीर में अब एक नई ऊर्जा आ चुकी थी। आगे चलने का वक़्त हो चुका था। हमने रफ़्तार पकड़ ली। वेंकटेश और स्वाती एक बार फिर पीछे छूट गए थे।

अब ऊपर से लौटते कई यात्री हमें लगातार मिल रहे थे। कोई इज़राइल से था, कोई फ्रांस से, कोई दिल्ली से तो कोई मुम्बई से। साफ़ था कि यात्रियों की पूरी दुनिया यहाँ कुछ ऐसा खोजने चली आई थी जो और कहीं नहीं, सिर्फ़ यहीं मिल सकता है। जिसे बताने के लिए लफ़्ज़ों की औक़ात नाकाफ़ी मालूम होती है।

क़रीब देढ़ घंटे लगभग लगातार चलते रहने के बाद एक मोड़ आया। मैंने उत्साहित होकर अनामिका से कहा—

"देखना इस मोड़ के बाद दुनिया बदल जाने वाली है।"

ये पूर्वाभास पुरानी यात्राओं के अनुभव से हुआ था। उत्तराखंड के वैली ऑफ़ फ़्लावर जाते हुए भी ठीक ऐसा ही मोड़ आया था, जिसके बाद दुनिया वाक़ई बदल गई थी। कई रास्ते एकदम हमशक्ल से होते हैं जो पुरानी यात्राओं की यादों को एकदम तरोताज़ा कर देते हैं। मैं लगभग भागता हुआ उस पहाड़ी मोड़ पर चढ़ती पगडंडी पर चढ़ गया। और जैसे ही ऊपर चढ़ते रास्ते पर मुड़ा वाक़ई दुनिया बदल गई। थकान शरीर से उड़कर जाने कहाँ चली गई। सुकून जाने कहाँ से उड़कर आया और शरीर के रोम-रोम में समा गया।

यहाँ से एक अद्भुत हरा-भरा विस्तार नज़र आ रहा था। दूर-दूर तक पहाड़ों पर एक ही क़िस्म की घास उगी हुई थी। जैसे कई सारे पहाड़ एक से कपड़े पहनकर यहाँ हमारे इन्तज़ार में खड़े हो गए हों। इन पहाड़ों के बीच से एक पगडंडी गुज़र रही थी जो लम्बी-लम्बी घास के बीच जैसे छुप्पन-छुपाई खेल रही थी। दूर-दूर तक फैली हरी घास के इस महासागर के एक कोने पर एक चट्टान पर हम खड़े थे, एकदम शब्दहीन। हमारी भावनाओं की गहराई में एक ऐसी दुनिया है, जहाँ शब्द पहुँच ही नहीं पाते। मुस्कुराहटें, रुलाइयाँ, उदासियाँ इसी दुनिया में छिपी रहती हैं। फिर एक लम्हा आता है जब कहीं से कोई तूफ़ान सा चला आता है और गहराई में छिपे ये सारे भाव शरीर की सतह पर चले आते हैं। वो लम्हा जब कुछ भी हमारे बस में नहीं रहता। इस लम्हे के गुज़र जाने के बाद बहुत हलका सा महसूस होने लगता है। लम्बी यात्राओं में ऐसे लम्हे बार-बार आते हैं। लम्बी यात्राएँ इसलिए भी की जानी चाहिए।

ये ठीक ऐसा ही लम्हा था। हम क़रीब 27 वर्ग किलोमीटर में फैली जूको वैली नाम की इस अद्भुत दुनिया के शुरुआती बिन्दु पर खड़े थे। समुद्र तल से

क़रीब 2400 मीटर की ऊँचाई पर खड़े हम देख रहे थे कि सूरज नए कपड़े पहने पहाड़ों के क़रीब जा रहा था। उसकी सुनहली आभा में अब धीरे-धीरे नारंगी सा रंग घुल रहा था। हम घंटे भर यहाँ बैठे रहे। ऐसे ही लमहों के लिए हम बीहड़ जंगलों के बीच गुज़रती पगडंडियों पर चले आते हैं। कठिनतम पहाड़ों को चढ़ जाते हैं। विरली ज़मीनों को छूते हैं। अनछुई ऊँचाइयों से मिल आते हैं। ये एक नशा है जो सिर्फ़ यात्रियों पर ही चढ़ पाता है। इस नशे का कोई तोड़ नहीं है। इस नशे की कोई काट भी नहीं है।

नागा जनजाति अंगामी की विश्वेमा बोली में ज़ूको का मतलब होता है—उदासीन और निष्प्राण। ये भी एक अन्तर्विरोध ही था कि जहाँ आकर हम अचानक एक ग़ज़ब की ऊर्जा से भर गए थे उस जगह का नाम अपनी प्रकृति के एकदम विपरीत था। पूर्वोत्तर में आकर लग रहा था कि यहाँ की बोलियों का हर दूसरा शब्द जैसे कहानियों का ख़ज़ाना लेकर बैठा हो। ज़ूको के पीछे की कहानी ये है कि विश्वेमा के कोई पूर्वज एक नया गाँव बसाने के लिए ज़ूको आए। लेकिन उन्होंने पाया कि यहाँ की ज़मीन में खेती नहीं की जा सकती। उन्होंने वापस जाकर बताया कि घाटी ख़ूबसूरत बहुत है लेकिन उदासीन और निष्प्राण है। तभी से इसका नाम ज़ूको पड़ गया।

कुछ देर में हमारे पीछे छूटे हुए सहयात्री भी थके-माँदे यहाँ चले आए। लेकिन इस नज़ारे ने उनके साथ भी वही किया जो हमारे साथ किया था। वो भी हमारी ही तरह नि:शब्द थे, भावविभोर होकर इस नज़ारे को निहारते।

आगे के रास्ते में एक शालीन सी ढलान थी। घास की झुरमुटों के बीच से गुज़रती पगडंडी पर हम चल रहे थे। कहीं-कहीं ये घास हमारे क़द से भी ऊँची हो गई थी। हमारे शरीर को सहलाती हुई, चेहरे को छू जाती हुई। जैसे-जैसे हम नीचे उतर रहे थे इस घाटी के नज़ारे भी बदल रहे थे। दूर-दूर तक कई-कई छोटी-छोटी पहाड़ियाँ थी, जिनमें एक ही तरह के पौधे उगे हुए थे।

कुछ आगे उन पहाड़ियों का एक बड़ा सा हिस्सा हलका स्याह सा हो गया था। हमें किसी ने बताया था कि कुछ यात्रियों ने उस इलाक़े में टेंट लगाया था। जाते हुए लापरवाही से वो आग अधबुझी छोड़कर चले गए। हवा के झोंके ने चिनगारियों को लपटों में बदल दिया और पहाड़ के उस हिस्से पर उगी घास जलकर राख हो गई। ये हिस्सा इस ख़ूबसूरती में किसी दाग़ की तरह दूर से ही नुमाया हो रहा था। हमारी छोटी-छोटी लापरवाहियाँ प्रकृति का कितना बड़ा नुकसान कर देती हैं, काश एक यात्री के तौर पर हम इतनी सी बात समझ पाते। ये भी कि इतनी विशाल और रहस्यमय प्रकृति का नुकसान करने की

औकात हमारी है ही नहीं। दरअसल हम उसका नहीं अपना ही नुकसान कर रहे होते हैं। प्रकृति अपने घाव भरना जानती है। ख़ुद पर हुए अत्याचारों का पुरज़ोर बदला लेना भी।

पहाड़ी के छोर पर दो टिन शेड नज़र आ रहे थे। उनमें से एक हमारा आज का पड़ाव था। हम उम्मीद कर रह थे कि उनमें से किसी एक में हमें रात गुज़ारने की जगह मिल जाएगी।

टिन शेड तक पहुँचते-पहुँचते शाम हो चुकी थी। ठंड धीरे-धीरे बढ़ रही थी। यहाँ कुछ यात्री पहले से आ चुके थे। यात्रियों का एक समूह कोई खेल खेल रहा था। हमने शेड में झाँक कर देखा। ये एक बड़ा सा हॉल था जिसके फ़र्श पर कई सारे मैट बिछे हुए थे। वहाँ पहले से ही लोगों ने अपने-अपने सोने के ठिकाने आरक्षित कर लिए थे। दरवाज़े के पास कुछ जगह अभी ख़ाली थी। तय था कि हमें इसी जगह से सन्तोष करना होगा और जल्द ही इसको आरक्षित करना होगा। वरना ये जगह भी हाथ से निकल जाने की सम्भावना थी। हम कमरे से बाहर आए तो एक शख़्स हमारे पास आया।

"रात को रुकेगा?"

हमने हामी भरी तो उसने बताया कि यहाँ डॉर्मिट्री का सिस्टम है। वो हमें एक छोटे से अँधेरे कमरे में ले गया। यहाँ बहुत सारे कम्बल पड़े थे। एक रेट कार्ड भी। चाय, मैगी, खाने के साथ-साथ स्लीपिंग बैग, कम्बल, मैट की भी क़ीमत उसमें लिखी हुई थीं। हमने स्लीपिंग बैग के लिए पूछा तो लड़का बोला—

"सब ख़तम हो गया। पहले से बुकिंग किया है। कम्बल से काम चलाओ।"

हमने चार लोगों के हिसाब से कम्बल और ज़मीन पर बिछाने के लिए मैट ले लिए। कम्बल इतने पुराने और पतले थे कि उन पर भरोसा कर पाना मुश्किल था। लेकिन अभी हम कर भी क्या सकते थे।

हमने दरवाज़े के पास बची जगह पर अपने मैट बिछा लिए। सिरहानों पर कम्बल रख दिए। अब तक पूरा कमरा मैट, स्लीपिंग बैग और कम्बलों से भर चुका था। कई खिड़कियों के शीशे टूटे हुए थे। एक ओर से टिन शेड की छत का हिस्सा खुला हुआ था। हवा में ठंडक अभी से बढ़ गई थी।

इस हरी-भरी घाटी के दूर छोर पर पहाड़ी के पीछे सूरज डूबने लगा था। बाहर कुछ बेंच रखी थीं जिनमें से एक में बैठकर हम चाय पीते हुए मैगी खा रहे थे। आसमान लगातार अपने रंग बदल रहा था। ठंड लगातार बढ़ रही थी। एक बेहद ख़ूबसूरत शाम धीरे-धीरे ढल रही थी। कुछ ही देर में अँधेरे का साम्राज्य फैल गया।

टिन शेड के अन्दर हम चले तो आए लेकिन ठंड अब इस हद तक बढ़ गई थी कि हम सिहरने लगे थे। खिड़कियों के टूटे हुए शीशों से तो हवा आ ही रही थी, ऊपर से हमारे ठीक सामने लकड़ी का दरवाज़ा था जिसे बार-बार कोई न कोई खोलकर चला जाता। जब भी ऐसा होता एक तीखी हवा का झोंका शरीर में सिहरन भर देता। हमने जो कम्बल ओढ़ रखे थे वो इतने पतले और बेजान थे कि इस ठंड का मुक़ाबला करना उनकी हैसियत से बाहर था। अभी तो बस आठ बज रहा था। समझ नहीं आ रहा था कि ये रात आख़िर कैसे कटने वाली है।

"इससे अच्छा तो बाहर ही चलते हैं कुछ देर। मुझे वैसे भी गेलेक्सी के शॉट्स लेने हैं।" वेंकटेश ने कहा तो हम बाहर आ गए।

आसमान एकदम खुला हुआ था और तारे इतने पास लग रहे थे जैसे अभी ज़मीन पर उतरकर हमसे बातें करने लगेंगे। इन अनन्त तारों को इतने क़रीब देखने पर ऐसा लग रहा था जैसे हम किसी तारामंडल में हों। ऐसा कितने समय बाद हो रहा था। छत पर बैठे तारे गिने कितने बरस हो गए। ये सोचते हुए मैं वाक़ई तारे गिनने लगा था। एक...दो तीन...

क़रीब दो घंटे हम तारों की छाँव तले सर्दी में ठिठुरते खड़े रहे। इन दो घंटों में वेंकटेश स्लो शटर स्पीड में गेलेक्सी की तसवीर लेने की नाकाम कोशिश करता रहा। हम कुछ देर स्लो शटर स्पीड और डेप्थ ऑफ़ फ़ील्ड के व्याकरण पर बहस करते रहे और फिर बहस किसी दूसरी तरफ़ मुड़ गई। हम सही और ग़लत के दर्शन पर बात करने लगे। ओशो पर बात करने लगे। नैतिकताओं पर बहस होने लगी। हर बहस की तरह यहाँ भी दो खेमे बन गए थे। स्वाती और वेंकटेश का मानना था कि सही और ग़लत समाज की देन हैं और समाज को सही ढंग से चलाने के लिए इनका होना ज़रूरी है। हमें अराजकताओं से बचाने में सही और ग़लत की अहम भूमिका है। लेकिन मेरा और अनामिका का कहना था कि किसी का सही, किसी और का ग़लत हो सकता है। किसी एक परिस्थिति में कोई बात सही हो सकती है और वही बात किसी और परिस्थिति में एकदम ग़लत। समाज कोई अल्टिमेट इकाई नहीं है। वो हमीं से बना है और हमारी अपनी सीमाएँ हैं। वेंकटेश और स्वाती समाज को एक इकाई के रूप में महत्त्वपूर्ण मान रहे थे और हमारा मानना था कि इस काल्पनिक इकाई के लिए हम व्यक्तिगत स्वतंत्रता को नहीं नकार सकते। अपने लिए अच्छा-बुरा तय करने का फ़ैसला किसी व्यक्ति का होना चाहिए न कि समाज का। ये अन्तहीन बहस थी। रात का साढ़े दस बज रहा था।

"अब अन्दर चलते हैं।" हममें से किसी एक ने कहा।

ये कहते हुए हमें ख़याल आया कि ठंड अब कई गुना बढ़ गई है। अब तक बहस की गर्मी में पता नहीं चल रहा था लेकिन अब महसूस हो रहा था कि हमारा शरीर दरअसल काँप रहा था। शरीर को महसूस होने वाली कोई भी असहजता तब तक महसूस नहीं होती जब तक हम कहीं उलझे हुए या व्यस्त होते हैं। जैसे ही हम उस व्यस्तता से लौटते हैं तो वो असहजता महसूस होने लगती है। शायद इसलिए कि हम जिस बारे में सोचते हैं वो हमें महसूस भी होने लगता है। सर्दी, गर्मी, दुख, दर्द, प्यार हर भावना के साथ यही तो होता है।

उस बड़े से हॉल के अन्दर देश-विदेश से आए कई लोग बेतरह ठिठुर रहे थे। वेंकटेश और मेरा बिस्तर जहाँ लगा था वहाँ ठीक सामने से हवा के झोंके आ रहे थे। हमने अपना बिस्तर कुछ पीछे सरका लिया। लेकिन इससे भी कोई ख़ास फ़र्क़ नहीं पड़ा। ठंड अब भी बदस्तूर जारी थी। बल्कि रात बढ़ने के साथ-साथ उसकी तीव्रता और बढ़ती जा रही थी। कुछ लोग जो स्लीपिंग बैग लेकर आए थे उनके खर्राटे और जला रहे थे। यहाँ हमारा लेटना तक दूभर हुआ जा रहा था।

मैंने आदि कैलास की यात्रा के दौरान बीती उस रात को याद किया जो मुझे जंगल में बितानी पड़ी थी। लगातार होती बरसात में, खुले आसमान के नीचे, गीली ज़मीन पर, करीब-क़रीब शून्य होते तापमान के बीच। वो रात कट गई तो ये रात भी कट ही जाएगी, मैंने सोचा। जून के महीने की उस रात ने जैसे मेरी सहनशक्ति की सीमा को बहुत बढ़ा दिया था। सहनशीलता आपके पुराने अनुभवों के सन्दर्भों पर भी निर्भर करती है। ये अनुभव अपनी परिस्थितियों में जितने कठिनतम होते जाते हैं, आपकी सहनशीलता की सीमा उतनी ही बढ़ती जाती है। वरना ये कैसे सम्भव हो पाता है कि हमारी ही दुनिया के कुछ लोग भीषण गरमियों में जहाँ बिना एसी के नहीं रह पाते वहीं कई लोग खुले आसमान के नीचे फ़्लाईओवर के तले भी ज़िन्दगी बिता देते हैं। सहनशीलता अनुभवों के साथ-साथ मजबूरियों से भी आती है।

आज हम मजबूर थे। विकल्पों के अभाव में हमें ठंड से किसी तरह रात-भर जूझना ही था। बस किसी तरह ये रात जल्दी कट जाए हम यही मना रहे थे। बाहर की निस्तब्धता भीतर तक महसूस की जा सकती थी। तय था कि बाहर तापमान शून्य के क़रीब जा रहा था।

जैसे हर मुश्किल रात बीत जाती है, ये भी बीत ही जाएगी इसी उम्मीद में हम लेटे रहे। हम जैसे कई और यात्री भी थे, जो संभवत: यही उम्मीद लगाए बैठे थे।

27

जन्नत से वापसी

सत्ताईसवाँ दिन
जूको-किग्विमा
4 दिसम्बर, 2018

सुबह के चार बज रहे थे। पूरी रात में हमें कुछ देर की झपकियाँ ही नसीब हुई थीं। आधा घंटा किसी तरह और बिता लिया गया। उजाला हो चुका था। सूर्योदय की झलक देखने के लिए मैं अपना कैमरा लेकर कमरे से बाहर चला गया। ऐसा लग रहा था जैसे किसी यातनागृह से नजात मिल गई हो। ये अँधेरे और उजाले के बीच की एक स्थिति थी। आसमान अभी असमंजस के दौर से गुज़र रहा था। अँधेरा पूरी तरह फ़ारिग नहीं हुआ था और उजाला पूरी तरह दाख़िल नहीं हुआ था। बाहर बेंच पर क़रीब पचास साल का एक शख़्स बैठा हुआ था। मैं उसके बग़ल में जाकर बैठ गया।

"हाऊ हॉरिबल नाइट इट वाज़ फ़ॉर यू?"

मैंने पूछा।

"इट वाज़ वन ऑफ़ दी वर्स्ट नाइट इन वन ऑफ़ दी बेस्ट प्लेस ऑफ़ माई लाइफ़।"

इंग्लैंड से आए उस शख़्स ने काँपते होंठों से रात का दर्द बयान किया। वो अभी भी ठिठुर रहा था। मुँह से धुएँ का एक गुबार सा निकलकर हवा में कहीं बिखर गया। कुछ देर हम बात करते रहे। उसने बताया कि वो पूर्वोत्तर के और भी इलाक़ों में जाएगा। पर यहाँ शायद ही वो दुबारा आए।

"ब्लैंकेट, स्लीपिंग बैग, नथिंग वर्क्स हियर। इट इज़ सो कोल्ड। आइ एम जस्ट वेटिंग फ़ॉर द सन।"

उसने अपने हाथों को आपस में रगड़ते हुए कहा। ठंड की गवाही पूरा इलाक़ा दे रहा था। आस-पास की घास पर ओस की बूँदें अब भी तैर रही थीं। दूर घाटी का वो झुलसा हुआ इलाक़ा नज़र आ रहा था जो कल स्याह पड़ा हुआ था। आज वो पूरा इलाक़ा सफ़ेदी से नहा चुका था। वो इलाक़ा शायद पाले की इस परत की ठंडक से कुछ सुकून महसूस कर रहा हो। ऐसा लग रहा था जैसे रात उसके ज़ख़्मों पर कोई मरहम लगाकर चली गई हो। जैसे ठंड से बचने के लिए वो पहाड़ी टुकड़ा सफ़ेद पश्मीना ओढ़कर धूप आने का इन्तज़ार कर रहा हो। ठीक हमारी तरह।

केरल से आया एक लम्बे क़द का शख़्स पहाड़ की किसी चोटी पर जाने का ज़िक्र कर रहा था जहाँ से सूर्योदय का शानदार नज़ारा दिखाई देता है। मैंने फ्रांस से आए एक शख़्स को अभी-अभी पहाड़ी पर चढ़ती उस पगडंडी से गुज़रते देखा तो मेरा भी वहाँ जाने का मन हो आया। केरल के उस शख़्स से मैंने कहा—

"चलो चलते हैं हम भी।"

वो साथ हो लिया। इंग्लैंड से आया बुज़ुर्गवार भी हमारे साथ चल पड़ा। हम काफ़ी आगे बढ़ चुके थे। दूर किसी पहाड़ के पीछे से सूरज भी पगडंडी चढ़कर आसमान की तरफ़ बढ़ने लगा था। मैं उन दोनों लोगों से काफ़ी तेज़ चल रहा था और आगे निकल आया था। कुछ समय बाद दोनों दिखाई देने बन्द हो गए। मैं कुछ देर उनका इन्तज़ार करता रहा लेकिन वो कहीं ग़ायब ही हो गए थे। उन्हें खोजता हुआ मैं कुछ पीछे भी आया पर वो पूरी तरह नदारद थे। उनकी आहट भी दूर-दूर तक कहीं नहीं थी। मैं लौट आया और अकेला ही आगे बढ़ गया। पहाड़ पर चढ़ती वो पगडंडी जिस पर मैंने उस फ्रांसीसी को देखा था वो शायद कहीं पीछे छूट गई। इस हरी-भरी घाटी में पगडंडी के दोनों तरफ़ पत्तियों पर सफ़ेद ओस जमी हुई थी। उस पर धूप की ताज़ा किरणें पड़ रही थीं और उससे पैदा हुई चमक देखकर ऐसा लग रहा था जैसे इन पत्तियों पर मोतियों के फूल उग आए हों।

मैं इस जनशून्य इलाक़े में अकेले पहाड़ की किसी दूसरी चोटी की तरफ़ बढ़ता चला जा रहा था। सुबह की किरणों में नहाती इस घाटी में एक रहस्यमय सा सन्नाटा था जो मुझे अपनी ओर खींच रहा था। रास्ता भटक जाने का डर भी था इसलिए ज़ेहन में एक सावधानी भी अपनी जगह बनाए हुई थी। जहाँ धूप का टुकड़ा नुमाया होता वहाँ मैं कुछ देर ठहर जाता और फिर धूप के अगले कोने की तलाश में निकल पड़ता। दूर से उगता हुआ

सूरज अपनी मद्धिम किरणें धीरे-धीरे पूरी घाटी में फैलाने लगा था। उजाले का मालिक अपनी किरणों के रथ पर पूरी शान के साथ चला आ रहा था। सूरज की ये आभा ऐसी लग रही थी जैसे ज़िन्दगी की फ़िल्म में हीरो की एंट्री हो रही हो।

प्राकृतिक विराटता वाली ऐसी दुर्गम जगहों पर पहुँचकर एक अलग तरह का भाव मन में पैदा होता है। ये भाव अब मेरे लिए जाना-पहचाना था। इससे पहले आदि कैलास, ओम पर्वत, फूलों की घाटी, और केदारकाँटा के शीर्ष पर पहुँचकर एकदम यही भाव मन में उपजा था। डर, अति उत्साह, ख़ुशी, सन्तुष्टि और बेचैनी का एक मिला-जुला लेकिन पारलौकिक सा भाव। यह भाव कभी किसी शहर में रहते हुए या आसानी से पहुँची जा सकने वाली जगहों पर नहीं आया। आख़िर क्यों ऐसी दुरूह जगहों पर पहुँचकर ही यह भाव पैदा होता है? क्या किसी और यात्री के साथ भी ऐसा होता होगा? ऐसी हर यात्रा के बाद यह सवाल मेरे साथ रहा। आख़िरकार इसका जवाब मुझे यात्रा के दर्शनशास्त्र पर एलन डी बॉटन की लिखी किताब 'द आर्ट ऑफ़ ट्रैवल' में मिला। यह भाव है उदात्त, जिसे अंग्रेज़ी में सब्लाइम कहते हैं। ब्रैडले, कांट, डेनिस, और बर्क जैसे कई दार्शनिकों ने इस भाव के बारे में अपनी व्याख्या दी है।

बॉटन कहते हैं कि हम दरअसल ऐसी जगहों की तलाश करते हैं जो अपनी प्रकृति में शक्तिशाली हों, जहाँ जाकर हमें अपनी तुच्छता का एहसास हो, जिसके सामने हम हार जाएँ। ज़िन्दगी जो पाठ हमें क्रूर होकर पढ़ाती है, उदात्त के इस भाव को जगाने वाली जगहें उन्हें क्रूर हुए बिना और बेहतर तरीके से समझा देती हैं कि यह दुनिया हमसे ज़्यादा शक्तिशाली है, कि उसके सामने हम दुर्बल और भंगुर हैं, कि अपनी इच्छा से अपनी सीमाएँ स्वीकारने के सिवा हमारे पास कोई विकल्प नहीं है, कि जो हमसे शक्तिशाली और पवित्र है उसके सामने हमें अपना सर सम्मान से झुका लेना चाहिए। क़रीब डेढ़ घंटा मैं प्रकृति के उदात्त स्वरूप में डूबा रहा। मन तो था कि इस जगह का एक-एक कोना छान मारूँ। लेकिन इस असीमित विस्तार में ऐसा कर पाना मेरे बस में नहीं था। इसलिए अपनी तुच्छता को स्वीकारता हुआ, सम्मान से अपना सर झुकाकर मैं वापस लौट आया।

जब मैं लौटा तो चाय मिलनी शुरू हो गई थी। मेरे बाक़ी साथी भी जाग चुके थे। चाय और नाश्ता करके हमने तय किया कि हम घाटी की किसी ट्रेल पे निकल जाएँगे और ग्यारह बजे तक लौट आएँगे क्योंकि अनामिका

और स्वाती को अगली सुबह दीमापुर से गुवाहाटी की ट्रेन पकड़नी थी। वहाँ से उनकी दिल्ली की फ़्लाइट थी।

क़रीब दो घंटे हम घाटी की ख़ूबसूरती का आनन्द उठाते रहे। खिली-खिली धूप इतनी प्यारी लग रही थी कि लौटने का मन ही नहीं हो रहा था। वेंकटेश चाहता था कि हम दोनों आज रात भी यहीं रुक जाएँ। लेकिन कल की सिहरन भरी रात के बाद एक और रात यहाँ बिताने का ख़याल से ही डर लग रहा था।

तय समय पर हम वापस अपने ठिकाने पर लौट आए। सामान समेटा। एक लड़की दिखाई दी जो कुछ पहचानी सी लग रही थी। मैंने कुछ एक बार उसे देखा लेकिन जाकर पूछने की हिम्मत नहीं हुई। मैंने कहीं तो उसे देखा था।

ख़ैर हम लौट आए। और भी कई लोग थे जो लौट रहे थे। कुछ ऊपर एक मोड़ पर एक लड़की बैठी हुई थी जिससे सुबह थोड़ी बातचीत हुई थी। उसने बताया था वो भी लिखती है। वो मेरी ओर देखकर बोली—

"सो राइटर हाऊ डिड यू लाइक इट?"

मैंने कहा—"इट इज़ वन ऑफ़ द बेस्ट प्लेस।"

"एंड व्हाट डू यू राइट?"

मैंने पूछा तो उसने एक तिरछी सी मुस्कुराहट के साथ कहा—

"आइ राइट अबाउट लाइफ़ एंड दैट इज हाउ लाइफ़ इज।"

उसने मुस्कुराते हुए जवाब दिया।

उसे अलविदा कहकर हम आगे बढ़ गए। हमसे कुछ आगे मुझे फिर वही लड़की अपने कुछ दोस्तों साथ नज़र आई जिसे कहीं तो देखा था। उसके दोस्तों में से किसी ने उसका नाम पुकारा—सांभवी। ओह तो इस लड़की को मैंने फ़ेसबुक पर देखा था। अनामिका और मेरी रफ़्तार कुछ तेज़ थी। हम नीचे पेड़ की छाँव में बनी एक बैठने की जगह पर सुस्ताने लगे। वो लड़की कुछ देर में यहाँ आई तो मैंने कहा—

"हाई..."

मैंने आगे कुछ कहता इससे पहले वो बोल पड़ी—

"यू आर उमेश?"

उसने बताया कि उसे भी वही लग रहा था जो मुझे लग रहा था। कुछ देर बातचीत होती रही। दिल्ली में मिलने के झूठे वादे हुए और फिर हम आगे

बढ़ गए। दिल्ली में कहाँ कोई इतनी आसानी से मिल पाता है।

अब हमें कई किलोमीटर एकदम ढलान में उतरना था और ढलान में उतरना मेरे लिए एक नॉस्टेलज़िया सा है। बचपन में अपने गाँव जाते हुए मैं उछलते-दौड़ते पहाड़ी ढलान में उतरा करता था। वो चाल जैसे बचपन से मेरे शरीर का हिस्सा हो गई थी। मैं क़रीब-क़रीब भागता हुआ ढलान में उतर रहा था। अब अनामिका भी कहीं पीछे छूट गई थी। पहाड़ में उतरती एक शान्त सी धारा में जाकर ही मेरे क़दम रुके। उस धारा के ठंडे पानी को पिया तो जैसे सारी थकान उतर गई। कुछ देर में अनामिका भी वहाँ आ पहुँची।

"अरे! आप तो रॉकेट हो गए।"

जिस ढलान में उतरते हुए लोगों को घंटों लग जाते हैं मैंने वो क़रीब आधे घंटे में पार कर ली थी। अगले पैंतालीस मिनट में हम रोड पर थे। एक रेस्टोरेंट में चाय पीते हुए हमने अपने बाक़ी दो साथियों का इन्तज़ार किया।

क़रीब आधे घंटे बाद रेस्टोरेंट चला रही लड़की आई और उसने हमसे कहा—

"आपका फ़्रेंड्स आपको ढूँढ़ रहा है।"

मैं बाहर आया तो देखा दो अनजान लड़कियाँ थीं। वो पास आईं तो पता चला कि इनमें से एक ने मुझे भागते देख रास्ते में रोका था और काजू और बादाम ऑफ़र किए थे।

"किसी को देख के इतनी ख़ुशी मुझे पहले कभी नहीं हुई।"

मुम्बई से आई उस लड़की ने मुझे देख के कहा। मुझे समझ नहीं आया कि आख़िर ऐसा क्यूँ है।

"वी थॉट कि हम रास्ता भूल गए। थैंक गॉड आप मिल गए। वरना हम पता नहीं कितने परेशान हो जाते।"

ये दो लड़कियाँ एक पैकेज टूर की बाबत यहाँ आई थीं। पर इनके साथी इतनी धीमी रफ़्तार से चल रहे थे कि ये आगे निकल आईं। और फिर इन्हें लगा कि इन्होंने कोई कट मिस कर दिया है और वे ग़लत रास्ते पर चली आई हैं। वो घबराहट उनके चेहरे पर साफ़ दिखाई दे रही थी। उनकी साँसें अब भी तेज़-तेज़ चल रही थीं।

हमने क़रीब घंटे भर अपने साथियों का इन्तज़ार किया लेकिन वो नदारद थे। फ़ोन के नेटवर्क उन्हें क्या ही मिलते इसलिए उनसे बात भी नहीं हो पा रही थी। हमने तय किया कि हम लिफ़्ट लेकर किग्विमा चले जाते हैं।

जिन लड़कों ने हमें लिफ़्ट दी थी संयोग से उनमें से एक की पढ़ाई नैनीताल से हुई थी। मणिपुर के उस लड़के का उत्तराखंड से कनेक्शन एक ख़ुशनुमा संयोग ही था।

"नैनीताल बहुत अच्छा है। वहाँ रहते हुए कभी नहीं लगा कि हम नॉर्थ ईस्ट के हैं। लेकिन दिल्ली में लोग अच्छे नहीं है। अगर उनको बताओ मैं मणिपुर से हूँ तो पूछते हैं—वो कहाँ है? मन होता था कि कह दूँ चाइना में है।"

उसकी इस बात में दिल्ली के लोगों के पूर्वोत्तर के लिए रवैये को लेकर खीझ साफ़ दिखाई दे रही थी।

"अपनी ही कंट्री को नहीं जानते लोग।"

वो बड़बड़ाया। लेकिन मुझे लगा ये भी एक भ्रम ही है जो पूर्वग्रहों से बनता है। मैंने इस भ्रम को तोड़ने की एक छोटी सी कोशिश की।

"जब मैं दिल्ली आया था तो मैं लोगों को बताता था कि मैं पिथौरागढ़ से हूँ। तब लोग मुझसे भी यही पूछते थे। उन्हें बताना पड़ता था कि वो नैनीताल के पास है। ये बात हर छोटी जगह के लिए एक जैसी है। हम जैसे ट्रैवलर्स ही वापस जाकर इन जगहों के बारे में बताएँगे तो शायद ये इग्नोरेंस ख़तम होगी।"

पता नहीं इस बात से उस शख़्स को कितनी राहत मिली होगी। लेकिन गहरी संवादहीनता की खाई तो है, जिसमें ग़लतफ़हमियाँ पनपती हैं। इस संवादहीनता को शायद यात्राओं से ही ख़त्म किया जा सकता है।

शाम के पाँच बज चुके थे। हम अपने होमस्टे में वापस लौट आए थे। चार बजे तक अनामिका और स्वाती को दीमापुर के लिए निकल जाना था लेकिन वेंकटेश और स्वाती अब जाके लौटे थे। इस वक़्त निकलना कितना सुरक्षित होगा इस बात पे कुछ देर बातचीत करने के बाद तय हुआ कि अब ये लोग सुबह-सुबह टैक्सी करके निकलेंगे। हमने तय किया कि रात का खाना हम किसामा जाकर खाएँगे और इस तरह हॉर्नबिल फ़ेस्टिवल में एक और शाम बिताने का मौक़ा मिल जाएगा।

खा-पीकर हम लौटे तो देखा नीनो के पति बैठक में अकेले बैठे हुए थे। उनके होंठों पर हमेशा एक मुस्कुराहट चुपचाप बैठी हुई मिल जाती थी। शाम होते ही शराब का हलका नशा उनके शरीर में एक लोच पैदा कर देता था। हम कुछ देर उनके साथ ही सोफ़े पर बैठ गए। उन्होंने वहाँ जल रही अंगीठी को हमारी ओर खिसका दिया। कुछ देर नागालैंड की सड़कों के बारे

में बातें होती रही। नीनो के पति ने बताया कि वो मेघालय से हैं। नागालैंड के लोगों के बारे में उनकी कुछ ख़ास अच्छी राय नहीं थी।

"दीज़ पीपल आर पॉलिटिकली नॉट अवेयर ऐट ऑल। दे आर सो कंटेंट। दे डोंट प्रोटेस्ट फ़ॉर देयर राइट्स। दिस रोड इस गोइंग टू टेक एजेज टू फ़िक्स।" उसने अपनी हथेलियों में शराब के ग्लास को झुलाते हुए कहा।

वाक़ई ये बात सच भी थी। हम अब तक जिन भी युवाओं से मिले थे उनकी वेशभूषा को देखकर उनके रहन-सहन का अन्दाज़ा हो रहा था। ज़्यादातर लोग पढ़े-लिखे ही मिल रहे थे। चाहे वो लड़के हों या लड़कियाँ पहनावे का सलीका और चेहरों का मेकअप अपनी ओर सहज ही आकर्षित करने वाला था। लेकिन यहाँ भी लोग शायद पहाड़ पलायन की त्रासदी झेल रहे थे। मूलभूत संसाधनों के खस्ताहाल यही कह रहे थे कि गुवाहाटी, शिलांग या दिल्ली पढ़ने जाने वाले इन सम्पन्न युवाओं में अपनी ज़मीन को लेकर शायद वो फ़िक्र नहीं थी। शायद यहाँ के पहाड़ उपेक्षा की मार झेल रहे थे।

थोड़ी देर में एक ट्रैवलर आँगन में आकर रुकी। फिर औरतों और आदमियों के ठहाकों की गूँज सुनाई दी। सारे लोग झूमते हुए से कमरे में दाख़िल हुए। उनमें से कुछ के हाथों में शराब की बोतलें थी।

"प्लीज़ डोंट माइंड। वी आर जस्ट लाइक दैट।"

उनमें से एक शख़्स ने कहा। फिर एक महिला झूमती हुई सी बोली—

"वी आर फ़न लविंग पीपल। एंड दी पार्टी इज जस्ट बिगन।"

फिर कुछ देर एक परिचय का दौर चला। हमें बताया गया कि इनमें से कुछ नौसेना में बड़े पदों पर हैं। कुछ उनके रिश्तेदार। फ़ेस्टिवल में घूमने आए ये लोग थोड़ी देर हँसी-ठट्ठा करके अपने कमरों में चले गए। ठहाकों की आवाज़ ने भी उनके साथ ही अपनी जगह बदल ली।

पेड़ की जड़ों से बना दुमंज़िला पुल जो 50 लोगों तक का भार सहन कर सकता है

गाँव के रास्तों में एक पत्ता तक नहीं दिखाई देता

वाड्र्स लेक किनारे भी साफ़-सफ़ाई का ख़ास ध्यान रखा जाता है। पूर्वोत्तर में ज़्यादातर जगहों पर बाँस के बने कूड़ेदान ही दिखाई देते हैं

व्यू पॉइंट को साफ़ रखने के लिए वहाँ रखे बाँस के बने कूड़ेदान

एशिया के सबसे साफ़ गाँव माउलीनोंग में

डावकी के रास्ते में दूर से नज़र आती उमंगोट नदी पर मछलियाँ पकड़ते मछुवारे। यह नदी भारत और बांग्लादेश के बीच की सीमा का काम भी करती है।

रिवाई गाँव का लिविंग रूट ब्रिज

डबल डेकर रूट ब्रिज पहुँचने के लिए इस झूला पुल को भी पार करना होता है

शिलांग के पहाड़ों से चेरापूँजी के पठार की तरफ़ जाती सड़क

तवांग में गोंपा

गाँव में आने वाले पर्यटक स्थानीय वेश-भूषा में तस्वीर खिंचा सकते हैं

मुखौटों का एक और प्रकार

माजुली के गर्मूर सत्र में बनाए गए मास्क

माजुली में पर्यटकों के लिए बने ख़ास हट

जहाज़ घाट से नज़र आतीं ब्रह्मपुत्र में नाव खेती औरतें

मछली पकड़ती मिशिंग जनजाति की महिलाएँ

सेला पास में पसरी हुई बर्फ़

उमंगोट नदी इतनी साफ़-सुथरी है कि इस पर तैरती नाव हवा में उड़ती हुई लगती है

उमंगोट नदी पर पर्यटकों के इन्तज़ार में नावें

इमा कैथल बाज़ार

नागालैंड के मशहूर हॉर्नबिल फ़ेस्टिवल में पारम्परिक नागा पोशाक में जनजातीय लोग

जूको वैली के पहले दर्शन

करांग आइलैंड के पास सूर्यास्त का नज़ारा

सेंड्रा आइलैंड के व्यूपॉइंट से लोकतक झील का नज़ारा

28

एक रात पुलिस चौकी में

अट्ठाईसवाँ दिन
किग्विमा-इम्फाल
5 दिसम्बर, 2018

सुबह के चार बजे दरवाज़े पर हुई आहट ने मुझे जगाया। ये स्वाती थी। उनकी टैक्सी आ चुकी थी। इन कुछ दिनों में ये दोनों लड़कियाँ हमारे लिए एक अच्छी सहयात्री साबित हुई थीं। हमने गले मिलकर एक-दूसरे को अलविदा कहा। वेंकटेश नीनो से छिपकर उनके ही कमरे में ख़ाली एक बिस्तर पे लेट गया था। सुबह दबे पाँव सबसे पहले वो टैक्सी में गया और उसके बाद स्वाती और अनामिका अपने हिस्से का किराया मुझे सौंपकर टैक्सी में चली गईं।

मैं वापस आकर लेट गया। क़रीब नौ बजे जब मैं उठा तो वेंकटेश बाहर आँगन में बैठा कुछ यात्रियों से बतिया रहा था। बाहर प्यारी सी धूप खिली हुई थी। मैं भी वहीं ज़मीन पर बैठकर उनसे बातें करने लगा। ये लोग इम्फाल जाकर लौट आए थे। हमें आज ही इम्फाल के लिए निकलना था। लेकिन अब तक हमें ये भी पता नहीं था कि यहाँ से इम्फाल जाने के लिए गाड़ियाँ कितने बजे तक मिलती हैं।

नीनो के पति को किराया देने के बाद हमने अपना सामान पैक कर लिया। योजना ये थी कि यहाँ से हिच हाइकिंग करके इम्फाल की तरफ़ बढ़ जाएँगे। सड़क पर आकर हमने इम्फाल जाने वाली गाड़ियों का इन्तज़ार किया। लेकिन कोई भी गाड़ी यहाँ रुकने को तैयार नहीं हुई। कुछ देर में एक कार रुकी। हम इस वक़्त नाश्ता तलाश कर रहे थे।

"आगे कोई होटल मिलेगा, जहाँ ठीक-ठाक नाश्ता मिल जाए?"

"कम विद मी। आई विल टेक यू टु आ गुड होटल। उनका नाश्ता बहुत अच्छा है और सस्ता भी।"

हम कार में बैठ गए। बातें शुरू हुई तो उस शख़्स ने बताया कि वो यहाँ के पास्टर हैं और कुछ ही ऊपर उनका दफ़्तर है। हमने क्रिश्चिनिटी के प्रसार को लेकर उनसे बातचीत शुरू की।

"यहाँ के लोग क्रिश्चन ही क्यों बने? क्या हिन्दुइज़्म यहाँ पहले नहीं पहुँचा इसलिए?"

"यहाँ के लोग पहले एनिमिज़्म फ़ॉलो करते थे। सारे ट्राइब के लोग किसकी पूजा करते हैं ये उन्हें भी नहीं पता था। पर कुछ तो सर्टेन चाहिए ना? यीशू तो सर्टेन हैं।"

"तो क्या ये अन्सर्टेनिटी से सर्टेनिटी की तरफ़ आने का ज़रिया था।"

"यस राइट। ये कहना सही होगा।" पास्टर ने कहा।

उन्होंने हमें अपने दफ़्तर आने का न्योता दिया लेकिन हम जल्दी में थे।

"ओके तो मैं आपको यहाँ छोड़ देता हूँ। आप नाश्ता करो। मैं जल्दी वापस आता हूँ।"

ये कहकर उन्होंने हमें एक छोटे से ढाबे पर छोड़ दिया। थुक्पा वाक़ई शानदार था। गरमागरम सूप हलक को एक अलग सुकून दे रहा था। नाश्ता करके हम मुख्य सड़क पर चले आए। हमने फिर एक कार को हाथ दिया। ये बिहार का एक शख़्स था जिसने नई-नई कार ख़रीदी थी। उसने बताया कि उसके पिता यहाँ सरकारी विभाग में माली हैं। वो हमें ज़ख़ामा तक ही छोड़ सकता है। हम उसके साथ ज़ख़ामा चले आए। पास ही में सेना की एक छावनी भी बनी हुई थी।

छावनी के पास इन्तज़ार करते हुए मैंने फ़ोन निकालने के लिए अपनी जेब में हाथ डाला। फ़ोन वहाँ नहीं था। फिर बाक़ी जेबों की तलाशी ली। फ़ोन कहीं भी नहीं था। ऐसी अनजान जगह पर फ़ोन का न होना एक मुसीबत ही थी। इसके बिना न आप टिकट बुक कर सकते हैं, न ऑनलाइन ट्रांजिक्शन कर सकते हैं। और हम तो अपना अगला दिन भी इंटरनेट पर जगहें तलाश कर तय कर रहे थे। लिहाज़ा ये मुसीबत इतनी छोटी नहीं थी। वेंकटेश को बताया तो उसने कहा—

"भैया ये बिहार वाले लड़के की गाड़ी में छूट गया होगा शायद। रुको चेक करते हैं।"

ये कहकर उसने एंड्रोइड की वेबसाइट पर लोकेशन ट्रेस की। ये लोकेशन जहाँ हमने खाना खाया था उससे कुछ दूरी पर थी। हमने कई बार फ़ोन पे घंटी मारी पर कुछ घंटियों के बाद फ़ोन स्विच ऑफ़ हो गया। मतलब फ़ोन किसी शख़्स को मिल चुका था। जिसकी नीयत उसे लौटाने की नहीं थी।

पहला शक हमें उस गाड़ी वाले पे ही गया जिसने हमें लिफ़्ट दी। छावनी में जाकर किसी तरह वेंकटेश ने उस गाड़ी वाले का फ़ोन नम्बर ले लिया। उसे फ़ोन किया तो उसने कहा कि उसकी गाड़ी में नहीं छूटा है। वेंकटेश ने मुझे वहीं रुकने को बोला और एक गाड़ी में लिफ़्ट लेकर वो उस ढाबे पर फ़ोन की खोजबीन कर आया। पर फ़ोन वहाँ भी नहीं छूटा था।

"कम्पलेंट करानी पड़ेगी। यहाँ इसका मिसयूज़ होने की बहुत सम्भावना है।" मैंने कहा।

पास ही रेस्टोरेंट में चाय पीते हमने नम्बर ब्लॉक करा दिया। लेकिन फ़ोन में सगे-सम्बन्धियों के नम्बर थे। कोई किसी को भी ब्लैकमेल कर सकता था। यूँ भी नॉर्थ ईस्ट की छवि सबके मन में अच्छी नहीं थी। फ़ोन किसी आतंकवादी के हाथ लग सकता था। आजकल तकनीक जितनी सुविधाएँ लेकर आती है उतने ही ख़तरे भी। हमने तय किया कि पहले हम पुलिस चेकपोस्ट पर जाकर शिकायत दर्ज कराएँगे और फिर इम्फाल की तरफ़ बढ़ेंगे।

नज़दीकी चेकपोस्ट किसामा में ही थी जहाँ फ़ेस्टिवल हो रहा था। वहाँ गेट पर सेना के जवानों के भरोसे हमने अपने बैग छोड़ दिए और ऊपर बनी चेकपोस्ट की तरफ़ बढ़ गए। वहाँ एक कमरा था जो एकदम ख़ाली था। जैसे ही हम अन्दर जाने लगे सादे कपड़ों में एक शख़्स हमारे पीछे-पीछे आया और हमें धमकाते हुए बोला—

"बिना पूछे कहाँ जा रहा है?"

वो शख़्स शराब के नशे में धुत था और लड़ाई के मूड में लग रहा था।

"एक कंप्लेंट करानी है।"

हमने भी कुछ डटते हुए कहा।

"कैसी कम्प्लेंट, ऐसे कैसे जा रहा है? जाओ अभी कोई नहीं मिलेगा।"

उसने फिर हमें डपट दिया। हमें लगा इससे बहस करना बेकार है। हम पीछे मुड़े तो वहाँ पुलिस की वर्दी में एक शख़्स दिखाई दिया। उसे हमने कहानी बताई।

"आपको साइबर में कंप्लेंट करना होगा। कोहिमा में हेडक्वार्टर है। साइबर वाले वहीं बैठते हैं।"

अब हमें कोहिमा जाना था जो यहाँ से क़रीब सात किलोमीटर दूर था। चार बज चुका था। आधे घंटे में यहाँ अँधेरा हो जाना था। हमारे रात को रुकने का कोई ठिकाना नहीं था। स्थिति अब मज़ेदार हो रही थी। मुख्य सड़क पर हम कोहिमा जाने वाली किसी गाड़ी का इन्तज़ार करने लगे।

जिस शख़्स ने हमें लिफ़्ट दी वो अपनी पत्नी के साथ दीमापुर जा रहा था।

"बच्चा लोग आ रहा है दिल्ली से। उन्हें लेने जाएगा।"

"आराम-आराम से जाएगा। उनका ट्रेन बहुत देर से है।" उसने आगे कहा।

उस शख़्स को हम अपनी कहानी बता चुके थे। उसने आश्वस्त किया।

"हम हेडक्वार्टर छोड़ देगा।"

कोहिमा पुलिस हेडक्वार्टर की सफ़ेद इमारत दूर से ही आकर्षित कर रही थी। उसका स्थापत्य देखने लायक़ था। हम वहाँ पहुँचे तो बाहर मौजूद पुलिस वाले ने घड़ी में टाइम देखकर बताया—

"आज तो पॉसिबल नहीं है। सुबह आओ। नौ बजे।"

हमने बताया कि हमें इम्फाल निकलना है और हमारे पास रुकने का कोई ठिकाना भी नहीं है।

"रुको हम कुछ करता है। हमारे साथ आओ।"

ये कहकर वो हमें अपने साथ ले गया।

"ये टूरिस्ट पुलिस का दफ़्तर है। यहाँ आपका काम हो जाएगा।" पुलिस वाले ने इशारा करके बताया।

दफ़्तर में मौजूद पुलिस वाले वाक़ई ख़ुशमिज़ाज थे। उन्होंने फ़ोन का आईईएमआई नम्बर और मेरी डीटेल नोट कर ली। उन्होंने सहज भाव से दिलासा दिया।

"मिल भी जाता है वैसे फ़ोन। हम ट्रैक करने की पूरी कोशिश करेंगे।"

अब अगली समस्या इम्फाल जाने की थी।

"आपको गाड़ी दिलाने का कोशिश करते हैं। गाड़ी नहीं मिला तो कमरा दिला देगा।"

ये कहकर पुलिस ऑफ़िसर हमें अपने साथ चौराहे पर बने एक टूरिस्ट बूथ पर लेके गए। वहाँ नागालैंड पुलिस के डीएसपी बैठे हुए थे। हमारी समस्या सुनने के बाद उन्होंने कहा—

"यू डोंट वरी। आराम से बैठो। मैं अभी गाड़ी वाले से बात करा देता हूँ।" ये कहकर उन्होंने दो-तीन फ़ोन मिलाए और गाड़ी का इन्तज़ाम हो गया।

"शेयर्ड टैक्सी है। ग्यारह बजे आएगा।"

टैक्सी वाले का नम्बर हमें दे दिया गया। लेकिन इस वक़्त सात भी नहीं बजा था और हमें चार घंटे इन्तज़ार करना था। हमने अपना सामान वहीं टिका दिया।

"बूथ नौ बजे तक खुला रहेगा। तब तक आपका सामान यहाँ सेफ़ है।"

उन्होंने हमारी एक और समस्या हल कर दी। डीएसपी सेजो से हम काफ़ी देर तक बातचीत करते रहे। उन्होंने बताया कि नागालैंड अब बहुत सेफ़ है।

"इससे पहले तो नागालैंड में सात इन्सर्जेंट ग्रुप काम करते थे। मणिपुर में तो 27 ग्रुप थे। पहले लोग बहुत डरते थे। अब सब कंट्रोल में है। टूरिस्ट को भी कोई कुछ नहीं करता।"

सेजो के साथ क़रीब आधे घंटे तक बात चलती रही। फिर हमने तय किया कि नौ बजे तक हम आस-पास घूमते हैं। किसी तरह समय काटना था सो हम बाज़ार की तरफ़ चल दिए। चौराहे पर बिहार के कुछ लोग पकौड़ियाँ बेच रहे थे। एक विदेशी सी लग रही लड़की मोमो का ठेला लगाकर बैठी थी। पूर्वोत्तर की कुछ लड़कियाँ एक ठेले पर खड़ी पूरे जोश से चिल्ला रही थीं।

"दस का बीस, पचास का सौ। आओ आओ। नम्बर लगाओ। दस का बीस, पचास का सौ।"

यहाँ आपको रुपए देने थे और आपको तीन बॉल मिल रही थीं। इन्हें मेज़ पर टिप्पा देकर सामने रखे तीन ग्लास में से किसी एक में डालना था। वेंकटेश ने चांस लिया और दस रुपए हार गया।

कुछ देर बेवजह भटकने के बाद हम नीचे बनी एक मानवनिर्मित लेक की तरफ़ चले गए। यहाँ एक मिनी कार्निवाल चल रहा था। अलग-अलग पकवान और राइस बीयर मिल रही थी। हमने राइस बीयर ऑर्डर कर दी। टेबल पर जाकर बैठे तो एक लड़का नशे में झूमता हुआ हमारे पास चला आया।

"एंजॉइंग माई फ्रेंड?"

उसने मुस्कुराते हुए पूछा।

"वेरी मच।"

हमने उसी जोश में जवाब दिया। फिर उसने सामने बैठे एक शख़्स से हमारा परिचय कराया।

"मीट माई फ्रेंड।"

वो शख़्स कुछ शर्मीला सा लग रहा था और उसने अभी-अभी अपने लिए बीयर ऑर्डर की थी। कुछ देर हम बेवजह की बातें करते रहे। बीच-बीच में लड़का झूमता हुआ आता और मुस्कुराकर दो-चार बातें कहकर चला जाता।

हमने चार घंटे मज़े-मज़े में काट लिए थे। नौ बजने में बस दस मिनट रह गए थे। हम अपना सामान लेने पुलिस बूथ की तरफ़ बढ़ गए। बूथ पर पहुँचे तो वहाँ ताला लगा हुआ था। हमारा सामान टूरिस्ट पुलिस की हिरासत में क़ैद हो चुका था।

पास ही खड़े पुलिस वाले से हमने इस बारे में पूछा तो उसने एक फ़ोन घुमाया और कुछ ही देर में एक जीप वहाँ हाज़िर हो गई। जीप पे बैठे शख़्स ने ताला खोला और आसानी से हमारा सामान हमें वापस मिल गया। लेकिन अब भी गाड़ी आने में दो घंटे थे। अब बाज़ार भी तक़रीबन बन्द हो चुका था। जिस इलाक़े में अबतक चहल-पहल थी वो अब वीरानी की तरफ़ बढ़ रहा था। बाहर ठंड भी काफ़ी बढ़ गई थी।

हम टूरिस्ट पुलिस के दफ़्तर की तरफ़ बढ़ गए। थोड़ी देर बाहर टहलने के बाद एक अधिकारी ने हमें अपने कमरे में बुला लिया। अब हमारे पास एक कमरा था जिसे रात भर खुला रहना था। लग रहा था कि एक अजनबी जगह पर अपने सर पर छत का होना वाक़ई कितना सुकून देता है।

उनमें से एक तो चुप होने का नाम ही नहीं ले रहे थे। नागाओं के बारे में बताते हुए उन्होंने कहा—

"अगर आप ठीक हो तो नागा आपको कुछ नहीं करेगा। लेकिन आप गड़बड़ करेगा तो नागा फिर छोड़ेगा नहीं।"

उन्होंने आगे बताया कि नागालैंड पुलिस ने पहली बार टूरिस्ट पुलिस का ये प्रयोग किया है।

"आप अपना फ़ीडबैक भी लिख दो। कैसा लगा आपको? आपको ठीक लगेगा तो अगली बार भी कंटिन्यू हो सकता है टूरिस्ट पुलिस।"

ये कहकर उसने एक फ़ीडबैक फ़ॉर्म हमारी तरफ़ बढ़ा दिया।

बातों-बातों में हमने हॉर्नबिल के बारे में जानना चाहा, जो लुप्त होने की कगार पर थी।

"देखो अब ये बात सुनने में तो अच्छा नहीं लगता पर है तो सच ही। जो भी हिलता है, नागा उसे खाता है।"

ये कहकर उस पुलिस अधिकारी ने एक ज़ोर का ठहाका लगाया।

मेरी आँखों पर अब नींद तारी होने लगी थी। आज हम दिन भर बहुत चल चुके थे। मानसिक थकान भी बहुत थी। मैं बातें सुनते-सुनते बीच बीच में झपकियाँ भी ले रहा था।

ग्यारह बज चुके थे। पुलिस अधिकारी ने हमसे नम्बर लेके ड्राइवर को फ़ोन किया। वो अभी दीमापुर से निकला भी नहीं था और साफ़-साफ़ कुछ बता भी नहीं रहा था कि कब निकलेगा।

"इसको तो अभी चार घंटा लग जाएगा। तीन बजे से पहले तो नहीं आएगा। आप एक काम करो। यहीं सो जाओ तब तक। हम जगा देगा। आप बेफ़िकर सो जाओ।"

ये कहकर उनका साथी एक कम्बल ले आया। वेंकटेश ने अपना स्लीपिंग बैग खोल लिया।

तीन बजे के आस-पास हमारी गाड़ी आई। और तब जाकर हम इम्फाल की तरफ़ रवाना हुए। ये दिन जद्दोजहद भरा रहा था। एक फ़ोन के खो जाने ने सारी योजना को ही उथल-पुथल कर दिया था।

29

माँओं का बाज़ार

उन्तीसवाँ दिन
माओ-इम्फाल
6 दिसम्बर, 2018

जिस वक़्त पौ फट रही थी, हमारी गाड़ी माओ पर आकर रुक गई थी। माओ में नागालैंड की सीमा ख़त्म होती है और मणिपुर की सीमा शुरू हो जाती है।

"आपको एंट्री करानी होगी।"

ड्राइवर ने एक सामान्य अनाउनसमेंट कर दिया। बाहर बहुत ठंड थी। हम लगभग ठिठुरते हुए चौकी की तरफ़ बढ़ गए। एक खुली सी जगह में टेबुल लगा हुआ था और सामने दो लोग बैठे हुए थे जिन्हें कई लोगों ने घेरा हुआ था। इन लोगों में ज़्यादातर मज़दूर थे और कुछ हम जैसे यात्री। सामने जो शख़्स बैठा था वो मज़दूरों को लगभग डाँटते हुए पूछताछ कर रहा था।

"कहाँ से आ रहा है? कहाँ जाएगा? यहाँ क्यों आया, आधार कार्ड दिखा।"

वो मज़दूरों को लगभग हिक़ारत की नज़र देखते हुए ये सवाल पूछ रहा था और अपने रजिस्टर में पूछी गई जानकारियों को दर्ज कर रहा था। इन मज़दूरों में ज़्यादातर बिहार से आए लोग थे। कुछ शायद असम से भी थे। मज़दूर सहमे हुए से खड़े थे, जैसे यहाँ आकर उन्होंने कोई बड़ी ग़लती कर दी हो जिसके लिए उन्हें कभी भी सज़ा दी जा सकती हो। वे मरी-मरी सी आवाज़ में सख़्ती से पूछे गए सवालों के जवाब दे रहे थे।

कुछ लोगों के बाद हमारा भी नम्बर आ गया। दिल्ली और मुम्बई से आने वाले हम लोगों के लिए उसका बर्ताव उतना रूखा नहीं था। उसके लहजे में ये बदलाव साफ़ देखा जा सकता था। कामकाजी मज़दूरों और पर्यटकों के लिए

रवैये में अन्तर साफ़ नज़र आ रहा था। उसने हमें एक टोकन दे दिया। हम मणिपुर जाने के क़ाबिल समझे जा चुके थे।

एंट्री कराके हम गाड़ी की तरफ़ लौट आए। हमारी गाड़ी में भी कुछ मज़दूर बैठे थे जो एंट्री कराने नहीं गए। गाड़ी कुछ आगे ही बढ़ी थी कि पुलिस के कुछ जवान हाथों में टॉर्च लिए आ गए। उन्होंने खिड़की के शीशे पर दस्तक दी। टॉर्च से अन्दर मौजूद चेहरों पर निगाहें फिराई। हमसे उन्होंने टोकन माँगा। मेरे बग़ल में दो मज़दूर बैठे थे। उनमें से एक निगाहें झुकाकर चुपचाप दुबका हुआ था, जैसे पुलिस वालों से छुप रहा हो। पुलिस वाला भाँप गया।

"ए, उतर गाड़ी से।"

उसने मज़दूर को फटकारते हुए कहा।

"कौन करेगा तेरी एंट्री मादरचोद?"

मज़दूर की आँखों में एक डर तैर गया था। उसे गाड़ी से उतार लिया गया। उसके साथ का दूसरा मज़दूर भी ख़ुद ही उतर गया। दोनों अपनी एंट्री कराने के लिए चले गए। इस बीच आसमान में जादुई रंग उभरकर आ गए थे। भोर की उजास के उद्भूत रंग थे ये जो आसमान के कैनवास पर उतर आए थे। वेंकटेश ने अपना ट्राईपोड निकाला और सड़क के बग़ल में बनी दुकान की छत पर चढ़ गया।

गाड़ी में असम से आया एक शख़्स ख़ूब ग़ुस्से में लग रहा था।

"भेंचोद अपने ही लोगों को परेशान कर रहे हैं मादरचोद।"

वो बड़बड़ा रहा था।

"एनआरसी एनआरसी...गाँड़ में ले लो अपनी एनआरसी। फ़ालतू में आफ़त मचा के रखी है। ये मोदी जबसे आया है सब गुड़ गोबर कर दिया।"

ग़ुस्सा धीरे-धीरे बढ़ रहा था। इस ग़ुस्से के बीज बहुत पुराने थे। एनआरसी यानी राष्ट्रीय नागरिक रजिस्टर का मुद्दा इन दिनों असम का एक अहम मुद्दा बना हुआ था। उन लोगों की पहचान की जा रही थी जो देश के वैध नागरिक नहीं हैं। हालिया एनआरसी के लिए करोड़ों की संख्या में जो आवेदन आए उनमें क़रीब 40 लाख लोगों को रजिस्टर में जगह नहीं मिली। नागरिकों की वैधता का यह सवाल असम के इतिहास से जुड़ा है। वो इतिहास जहाँ हिंसा और क़त्ल-ए-आम की कई कहानियाँ छिपी हुई हैं। 1950 में असम देश का एक राज्य बना और 1951 में जनगणना के बाद पहली बार एनआरसी अस्तित्व में आया। ब्रिटिश राज के ज़माने से ही बिहार और बंगाल के लोग चाय बाग़ानों

की ख़ाली पड़ी ज़मीन पर काम करने के लिए असम आते रहे और बाहरी लोगों का आना वहाँ एक मुद्दा बनने लगा। इस बीच पूर्वी पाकिस्तान और बांग्लादेश से भी यहाँ लोग अवैध रूप से आते रहे।

1971 में पूर्वी पाकिस्तान में भाषायी और साम्प्रदायिक हिंसा के बाद क़रीब 10 लाख लोग बांग्लादेश की सीमा पार कर असम आए। दिसम्बर 1971 में बांग्लादेश एक अलग देश घोषित हुआ। लेकिन बांग्लादेशी घुसपैठियों का असम में आना अब भी जारी रहा। 1978 तक यह मुद्दा हिंसक रूप लेने लगा। ऑल असम स्टूडेंट यूनियन और ऑल असम गण संग्राम परिषद के नेतृत्व में एक शक्तिशाली आन्दोलन ने जन्म ले लिया। यह देश का सबसे बड़ा छात्र आन्दोलन था। आन्दोलनकारियों का मानना था कि क़रीब 34 फ़ीसदी लोग बाहरी हैं जिन्हें उनके मूल निवास में वापस भेजा जाना चाहिए। इनमें बिहारी, बंगाली और बांग्लादेशी लोग शामिल थे। 1983 के विधानसभा चुनावों के दौरान ज़बरदस्त हिंसा हुई। नेल्ली इलाक़े में हज़ारों आदिवासियों ने बांग्लादेशी मुसलमानों को घेर लिया। इसके बाद हुए क़त्ले-ए-आम में क़रीब तीन हज़ार लोग मारे गए। ये दंगे आदिवासी, भाषायी और साम्प्रदायिक पहचानों के नाम पर हुए। यह भारत का अब तक का सबसे बड़ा नरसंहार था।

राजनेताओं ने शंका ज़ाहिर की है कि स्थानीय और बाहरी की यह लड़ाई एनआरसी के नाम पर एक बार फिर सर उठा ले तो देश में गृहयुद्ध तक की स्थिति हो सकती है। हालाकि फ़िलहाल इसकी कोई सम्भावना नहीं लग रही थी पर एनआरसी को लेकर एक अस्थिरता की स्थिति तो ज़रूर हो गई थी। असम के इस शख़्स की बातों में उसकी एक बानगी मिल ही रही थी।

काफ़ी इन्तज़ार कराने के बाद दोनों में से एक मज़दूर लौट आया। एक को वहीं रोक लिया गया था। जो लौटा था वो निराश लग रहा था। उसके चेहरे की हवाइयाँ पहले से भी ज़्यादा उड़ी हुई थीं। जैसे ही गाड़ी माओ से आगे निकली वैसे ही सेना के जवानों की चौकसी कुछ ज़्यादा ही बढ़ गई। जगह-जगह पर सेना के जवान अपनी ट्रक के साथ देखे जा सकते थे। बीच-बीच में चौकियाँ आतीं और पुलिस वाले टॉर्च लगाकर गाड़ी के अन्दर झाँकते। पहली बार ऐसा महसूस हो रहा था जैसे आप एक ऐसे इलाक़े में आ गए हों जहाँ सब कुछ ठीक नहीं चल रहा है। इतनी मात्रा में सुरक्षा के इन्तज़ाम थे कि कुछ असुरक्षित सा महसूस होने लगा था।

"इनके बाप का रोड है क्या जो इतना चेकिंग कर रहा है? सबसे बड़ा अंडरग्राउंड तो यही लोग है।" असमी शख़्स ने फिर एक धारदार टिप्पणी की।

इसके बाद गाड़ी में मोदी विरोध बनाम मोदी समर्थन में एक गरमागरम बहस छिड़ गई। मोदी के समर्थकों की संख्या यहाँ कुछ ज़्यादा निकल आई और असम के शख़्स ने चुप्पी साध ली।

माओ पीछे छूट चुका था और पहाड़ों से उतरती सड़क अब मैदानी इलाक़े में आ चुकी थी। उजाला भी हो चुका था लेकिन आसमान खुला हुआ नहीं था। हम इस वक़्त सेनापति नाम के इलाक़े से गुज़र रहे थे। आस-पास विस्तार में फैले खेत थे और बीच से एक सीधी सड़क गुज़र रही थी। एक उजाड़ सी जगह पर कुछ देर गाड़ी रुकी और चाय ब्रेक के बाद आगे बढ़ गई। कुछ आगे एक शख़्स ने लाल झंडा फहराते हुआ गाड़ी को रोकने की कोशिश की। ड्राइवर ने गाड़ी रोक दी। उसने अपनी भाषा में उससे कुछ पूछताछ की और फिर गाड़ी में झाँकने लगा। ड्राइवर उतरकर बाहर चला गया और उससे बातचीत करने लगा।

"साला फिर गाड़ी रोक दिया। एकदम झंडू आदमी है।"

असमी के सामने बैठे शख़्स ने कहा। एक मणिपुरी ने इस बात पर चुटकी ली—

"ये ड्राइवर क़ौम ही ऐसा है। हमारे यहाँ कहते हैं—जब सौ रंडियाँ मरती हैं तो एक ड्राइवर पैदा होता है।"

इस ऐतिहासिक संवाद के बाद वो वाहवाही की उम्मीद में इधर-उधर देखता रहा। पर अब तक सब इतने उनींदे थे कि उसे किसी की प्रतिक्रिया नहीं मिली और वो खिड़की के बाहर देखने लगा।

कुछ देर बहस के बाद गाड़ी को आगे भेज दिया गया। मैं जानना चाहता था कि लाल झंडा लिए ये शख़्स आख़िर था कौन। पर भाषा की दिक़्क़त के चलते ये सवाल पूछना टल गया।

सुबह के दस बजे हम इम्फाल में थे। ये शहर काफ़ी साफ़-सुथरा और व्यवस्थित सा लग रहा था। सड़कें भी अपेक्षाकृत चौड़ी और अच्छे से बनी हुई थीं। नागालैंड की गड्ढों से पटी हुई धूल भरी सड़कों के अनुभव के बाद मणिपुर की राजधानी की ये सड़कें जैसे सुकून दे रही थीं। अब हमें रहने का ठिकाना तलाशना था। एक रिक्शा वाला हमें सस्ते होटल का ठिकाना बताते हुए एक बाज़ार में बने होटल मयूर में ले आया।

उसने जो होटल बताया था वो सस्ता तो बहुत था लेकिन अच्छा बिलकुल भी नहीं था। सीलन भरी सीढ़ियों से ऊपर चढ़कर एक उदास सी गैलरी में चलते हुए एक शख़्स हमें एक कमरे तक ले गया। पुराने जर्जर दरवाज़ों वाले इस कमरे में दो चारपाइयाँ थीं जिनके ऊपर बाबा आदम के ज़माने के गद्दे बिछे

हुए थे। चादरों से बदबू आ रही थी। कमरे की खिड़की जहाँ खुलती थी वहाँ नीचे नाली का नज़ारा और एकदम सामने दूसरे होटल की दीवार थी जिसकी ईंटों में काइयाँ जमी हुई थीं। हमने उस शख़्स को नीचे भेज दिया।

"यहाँ रहना है?"

मैंने वेंकटेश से पूछा।

"मुझे लगा ही था आपको पसन्द नहीं आएगा।" उसने कहा।

"एक काम करते हैं कुछ और ऑप्शन देख लेते हैं। अगर कुछ ना मिले तो लौट आएँगे।"

इस बात पर सहमति बन गई। वेंकटेश ने रिसेप्शन पे मौजूद शख़्स को बोल दिया कि एक दोस्त लोकतक में आ रहा है। अगर वो आ गया तो हमें निकलना पड़ेगा। तब तक सामान यही रखा है।

उसने हाँ-ना कुछ नहीं कहा। हम होटल से निकल आए। लंच करने के बाद हम रहने के और विकल्प ढूँढ़ने लगे। अच्छे होटल का किराया दो हज़ार से कम नहीं था और इतना हम देना नहीं चाहते थे। किसी ने बताया कि पास ही में एक धर्मशाला है। पता करते हुए हम धर्मशाला में पहुँचे। वहाँ मौजूद शख़्स उत्तर भारत का ही लग रहा था। चालीस-पैंतालीस साल के इस शख़्स के मुँह में पान भरा था। कमरे की बाबत पूछने पर उसने पहले हमें ऊपर से नीचे तक घूरा।

"एक एग्जेक्यूटिव रूम ख़ाली है। आपके लिए वो अच्छा रहेगा। डॉर्मिट्री भी है पर उसमें जगह नहीं बची। वैसे भी जो कमरा बता रहा हूँ आपके लिए वो अच्छा रहेगा।"

उसने ये कहकर हमें कमरा दिखा दिया। कमरा वाक़ई साफ़-सुथरा था। एक बड़ा सा बाथरूम भी था जिसमें गीजर की सुविधा भी थी और किराया पाँच सौ रुपया था। हमने तुरन्त हाँ कर दी। वापस होटल में गए तो रिसेप्शन पे बैठा शख़्स अपनी बात से मुकर गया।

"आधा किराया तो देना पड़ेगा।" उसने कहा।

वेंकटेश और मैं कमरे में आ गए।

"क्या करना है?" मैंने पूछा।

"करना क्या है। आप अपना बैग लेके निकलो। मैं पीछे-पीछे आ रहा हूँ। लड़का अभी किचन में खाना खा रहा है।"

मैं उसके कहे मुताबिक़ अपना बैग लेकर धर्मशाला की तरफ़ निकल गया। थोड़ी देर में वेंकटेश भी भागता हुआ चला आया। धर्मशाला के कमरे में अपना सामान रखके हम कुछ देर सुस्ताते रहे। फिर नहा-धोकर तैयार हो गए। हमने

तय किया कि आज इम्फाल में घूमा जाएगा।

थोड़ी देर में हम धर्मशाला से निकल गए। निकलते हुए धर्मशाला के उत्तर भारतीय मैनेजर यादव जी ने कहा—

"अँधेरा होने तक आ जाना। ज़्यादा देर बाहर रहना ठीक नहीं है यहाँ। थोड़ा संभल कर रहना।"

हमें सलाह देते हुए एक संवेदना सी यादव जी की बातों में झलक रही थी।

मणिपुर एक ऐसा राज्य है जिसने दूसरे विश्व युद्ध की विभीषिका को बड़े नज़दीक से देखा था। 10 मई 1942 को इम्फाल शहर एक बम धमाके से दहल गया। यह इस शहर पर पहला बम धमाका था। जापानी सेना ब्रिटिश सेना के ख़िलाफ़ युद्धरत थी। इस बम धमाके में क़रीब 84 मणिपुरी लोग मारे गए। पूरे शहर में लाशों का ढेर लग गया। लोग सुरक्षित ठिकानों की तरफ़ भाग गए। पूरा शहर ख़ाली हो गया। बर्मा से भी शरणार्थियों का हुजूम मणिपुर होते हुए सुरक्षित ठिकानों की तलाश में दीमापुर और असम तक आ पहुँचा। जापान की सेना इतनी जल्दी बर्मा होते हुए मणिपुर तक धावा बोल देगी ये किसी ने नहीं सोचा था। इस दूसरे विश्वयुद्ध में बर्मा तक आ पहुँची जापान की सेना को खदेड़ने में इम्फाल एक अहम भूगोल साबित हुआ।

इम्फाल फ़िलहाल एक व्यवस्थित सा शहर नज़र आ रहा था। एक तबाह हो चुका शहर इन कुछ दशकों में वापस संभल चुका था। वेंकटेश और मैं इस वक़्त कांगला फ़ोर्ट की तरफ़ जा रहे थे जो हमारी धर्मशाला से पैदल दूरी पर ही था। एक झील से गुज़रते हुए हम इस क़िले के मुख्य द्वार पर थे। ख़ूबसूरती से बने इस मुख्य द्वार के अन्दर मणिपुर के धार्मिक और सांस्कृतिक इतिहास की झाँकी हमारा इन्तज़ार कर रही थी। हम इस वक़्त राज्य की सबसे अहम हेरिटेज साइट में साइकिल से घूम रहे थे।

इम्फाल शहर के केन्द्र में मौजूद कांगला दरअसल मणिपुर साम्राज्य की पुरानी राजधानी है। एक वक़्त था जब यह साम्राज्य म्यामार तक फैला हुआ था। उन्नीसवीं शताब्दी तक यहाँ निंगथोउजा का शासन था। 1891 में यह बर्तानिया हुकूमत के अधीन आ गया। इसके बाद इस क़िले में पहले ब्रिटिश सेना और उसके बाद असम राइफ़ल का क़ब्ज़ा रहा। 2004 में इसे जनता के लिए खोल दिया गया। इस पूरे परिसर में मणिपुर के शाही घराने के अवशेष हैं। साथ ही मेईती जनजाति के सर्प देवता पाखंबा से जुड़ी कहानियों का बखान करते मन्दिर हैं। मुख्य द्वार के एकदम पास नुंगजेंग पोखरी अछोउबा

है। यह एक झील है और मान्यता है कि सर्प देवता पाखंबा का घर यही झील है। नुंगगोईबी नाम की एक जगह है जिसकी कहानी बड़ी रोचक है। यहाँ पर मेईती समुदाय के लोग अपने दुश्मनों के कटे हुए सर दफ़नाया करते थे। 1891 में अंग्रेज़ों और मणिपुरी साम्राज्य के बीच हुई लड़ाई में मणिपुरी योद्धाओं ने पाँच अंग्रेज़ों के सर क़लम कर दिए। उन पाँचों के सर भी यहीं दफ़नाए गए थे। इसके अलावा इस विशाल परिसर में कांगला साम्राज्य की हदबन्दी करती दीवारें हैं। एक महल है। एक संग्रहालय है। कांगला शा की मूर्तियाँ हैं। फूलों से सजे ख़ूबसूरत बग़ीचे हैं। मनुंग कांगजेईबुंग नाम से एक मैदान है जहाँ पोलो खेला जाता था। मणिपुर के पूज्य भगवान इबुधोउ पाखंबा का एक मन्दिर है जिसके सामने एक छोटा सा कुंड बना हुआ है। इस कुंड में मन्दिर की सफ़ेद इमारत का ख़ूबसूरत प्रतिबिम्ब नज़र आता है। शीशे का बना एक कमरा है जिसके अन्दर ख़ास तरह की नाव रखी गई हैं। साँप के आकार की बनी नावों का सामने का हिस्सा मणिपुर के राजकीय पशु संगाई के आकार का बना है। इन नावों का इस्तेमाल यहाँ होने वाले पारम्परिक बोट फ़ेस्टिवल में नावों की रेस के लिए किया जाता था।

क़रीब दो घंटा हम मणिपुर की संस्कृति की झलक देने वाले इस परिसर में घूमते रहे। क़िले के बन्द होने का वक़्त हो चुका था। गार्ड सीटी बजाने लगा था। हमें यहाँ से लौटना था। यहाँ से निकलने के बाद हम इमा मार्केट की तरफ़ चले आए। एक सँकरी सी सड़क के एक तरफ़ महिलाएँ अपनी दुकानें सजाकर बैठी थीं। इन दुकानों में मछलियों से लेकर स्थानीय चाट तक कई चीज़ें मिल रही थी। पारम्परिक परिधानों में बैठी ये महिलाएँ हँसमुख थीं। हम उनकी तसवीरें खींचते तो वे खिलखिलाने लगतीं। इस सड़क की छोर पर इमा बाज़ार था। कपड़े या पॉलीथिन की छत वाली छोटी-छोटी दुकानें एक बड़े से इलाक़े में फैली हुई थीं। इमा कईथल माने माँ का बाज़ार। यानी वो बाज़ार जिसे माँएँ चलाती हैं। मातृशक्ति का परिचय देता यह बाज़ार दुनिया का अकेला ऐसा बाज़ार है जिसे केवल महिलाएँ चलाती हैं। क़रीब 500 साल पुराने इस बाज़ार की शुरुआत 16वीं शताब्दी से मानी जाती है। माना जाता है कि मणिपुर में पुराने समय में लुलुप-काबा यानी बंधुवा मज़दूरी की प्रथा थी जिसमें पुरुषों को खेती करने और युद्ध लड़ने के लिए दूर भेज दिया जाता था। ऐसे में महिलाएँ ही घर चलाती थीं। खेतों में काम करती थीं और बोए गए अनाज को बेचती थीं। इससे एक ऐसे बाज़ार की ज़रूरत महसूस हुई जहाँ केवल महिलाएँ ही सामान बेचती हों। बर्तानिया हुकूमत ने जब मणिपुर में जबरन आर्थिक बदलाव लागू करने की

कोशिश की तो इमा कईथल की इन साहसी महिलाओं ने इसका खुलकर विरोध किया। इन महिलाओं ने एक आन्दोलन शुरू किया जिसे नुपी लेन (औरतों की जंग) कहा गया। नुपी लेन के तहत महिलाओं ने अंग्रेज़ों की जनविरोधी नीतियों के ख़िलाफ़ भी विरोध प्रदर्शन, चक्काजाम और जुलूस आयोजित किए। यह आन्दोलन दूसरे विश्वयुद्ध तक चलता रहा। इमा कईथल केवल एक बाज़ार न रहकर मणिपुर की मातृशक्ति का पर्याय बन गया। आज़ादी के बाद भी यह सामाजिक विषयों पर चर्चा की एक जगह के रूप में स्थापित हुआ। ये भी कहा जाता है कि प्रिंट मीडिया की अनुपस्थिति में लोग यहाँ इसलिए भी आते थे ताकि उन्हें आस-पास की ख़बरें पता चल सकें। इस बाज़ार में केवल विवाहित महिलाएँ ही दुकान चला सकती हैं। इन महिलाओं का अपना एक संगठन भी है जो ज़रूरत पड़ने पर इन्हें लोन भी देता है।

हम जब यहाँ पहुँचे तो अँधेरा होने लगा था। बिजली की रोशनी में महिलाओं के उजले चेहरे जगमगा रहे थे। उन्होंने पारम्परिक फेनेक (एक तरह की लुंगी जिसे शरीर के निचले हिस्से में पहना जाता है) और ऊपर इनेफिस (एक तरह का शॉल) पहना हुआ था। उनके चेहरों में ग़ज़ब का आत्मविश्वास था। हम एक दुकान में बैठ गए जहाँ एक महिला पकौड़े तल रही थी। चाय के साथ गरम-गरम पकौड़े खाते हुए आस-पास की चहल-पहल को देखना एक अनूठा अनुभव था। चाय-पकौड़े के साथ मुस्कुराहटों का लुत्फ़ उठाने के बाद हम कुछ देर बाज़ार में टहलते रहे फिर वहाँ से हम धर्मशाला लौट आए।

30

तैरती हुई ज़मीन और डूबती हुई शाम

तीसवाँ दिन
इम्फाल-लोकतक-इम्फाल
7 दिसम्बर 2018

दूसरे दिन सुबह-सुबह तैयार होकर जब हम रिसेप्शन पर आए तब धर्मशाला के मैनेजर यादव जी अपनी कुर्सी पर थे।

"आज भी रुकोगे आप लोग?" उन्होंने पूछा।

हमने हामी भरी और आज का भी किराया चुका दिया। उन्होंने हमें बताया कि लोकतक लेक के लिए शेयरिंग गाड़ियाँ पास ही के टैक्सी स्टैंड से जाती हैं।

"पर अब ज़्यादा लेट मत करो। अँधेरे में अच्छा नहीं है यहाँ। जल्दी जाओ और शाम तक लौट आओ। यहाँ का कोई भरोसा नहीं है।"

यादव जी ने एक बार फिर हमें चेताया। ये कहते हुए उनके चेहरे पर जो भाव था, उससे जाने क्यूँ मुझे ऐसा लग रहा था कि इसके पीछे ज़रूर कोई निजी घटना है। कुछ ऐसा घटा है जिसकी वजह से यहाँ बरसों से रह रहे इस शख़्स के भीतर इलाक़े को लेकर एक अविश्वास का भाव है।

पास ही के रेस्टोरेंट में नाश्ता करके हम स्टैंड पर चले गए। इम्फाल में शेयरिंग विंगर का प्रचलन है। मारुति वैन की संरचना में बनी ये गाड़ियाँ आकार में कुछ बड़ी होती हैं। स्थानीय लोगों से ठसाठस भरी विंगर हमारे बैठने के कुछ देर बार चल पड़ी।

इस विंगर से हमें मोइरांग तक जाना था। रास्ता क़रीब एक घंटे का था। इम्फाल से कुछ आगे निकलते ही जैसे हरियाली का एक शान्त सा विस्फ़ोट हुआ हो। मौसम खुला हुआ नहीं था। बादलों की लुकाछिपी के बीच हम

एक सीधी सड़क से गुज़र रहे थे जिसके दोनों ओर हरे-भरे खेत थे। खेतों के समानान्तर गुज़रती सड़कें मुझे अपनी ओर आकर्षित करती हैं। शायद इसलिए भी कि मेरे जीवन का एक बड़ा हिस्सा जिस इलाक़े में बीता वहाँ इस तरह की सड़कें होती ही नहीं थीं। पहाड़ों पर हर कुछ मीटर पर सड़क में मोड़ और लोच आ ही जाते हैं। जो हमारे पास नहीं होता हम स्वाभाविक रूप से उसकी तरफ़ ज़्यादा आकर्षित होते हैं।

विंगर में मेरी पीछे वाली सीट पर वेंकटेश बैठा हुआ था। उसके बग़ल में क़रीब 80-85 साल की एक बूढ़ी ख़ुशमिज़ाज मणिपुरी महिला बैठी हुई थी। वो अपनी भाषा में वेंकटेश से कुछ कह रही थी। वेंकटेश हिन्दी में कुछ बोल रहा था। फिर बूढ़ी महिला कुछ कहती और गाड़ी में बैठे सब लोग हँस पड़ते। हमें उस महिला का कहा एक भी शब्द समझ नहीं आ रहा था लेकिन अपने अन्दाज़ से वो इतनी ज़िन्दादिल जान पड़ती थी कि लगता था कि इन्होंने कुछ मज़ेदार ही कहा होगा। गाड़ी में यात्रियों के लगातार गूँजते ठहाके इस बात की पुष्टि कर रहे थे। मैंने महसूस किया है कि खिलखिलाहटें आपको एक अलग क़िस्म की ऊर्जा से भर देती हैं। कभी-कभी लगता है कि जीवन में ऊबते हुए को खिलखिलाहटों का सहारा न होता तो क्या होता?

एक-दूसरे की भाषाओं के समझ न आने से पैदा हुए इस हास्य का फ़ायदा ये हुआ कि एक-डेढ़ घंटे का ये सफ़र यूँ ही कट गया। अब हम मोइरांग में थे। एक व्यस्त और अव्यवस्थित सा क़स्बा था ये। यहाँ से हमें लोकतक लेक जाना था। चौराहे पर एक मैजिक खड़ी थी जो पूरी तरह भरी हुई थी। ये उसी तरफ़ जा रही थी जहाँ हमें जाना था। वेंकटेश के कहने पर हम इसकी छत पर चढ़ गए। कुछ ही देर में विंगर आगे बढ़ गई। हवा के तेज़ झोंके हमें ताज़गी से भर रहे थे। प्रदूषण का नामोनिशान यहाँ नहीं था। हवा को जैसा होना चाहिए वो वैसी ही थी। इसमें कोई मिलावट नहीं थी। होना तो लोगों को भी ऐसा ही चाहिए। कहते हैं कि हवा जब बदलती है तो लोग भी बदल जाते हैं। कम प्रदूषण वाली हवा में रहने वाले लोगों के मन भी क्या कम प्रदूषित होते होंगे?

क़रीब एक किलोमीटर की दूरी तय करने के बाद सड़क के दोनों ओर आसमानी रंग की जलराशि का एक बेहद ख़ूबसूरत विस्तार नज़र आने लगा था। ये लोकतक लेक थी।

कुछ आगे एक सुनसान जगह पर गाड़ी रुक गई। ड्राइवर ने बताया कि सेंड्रा आ गया है। लोकतक लेक घूमने वाले यहीं आते हैं। हम गाड़ी से उतर गए।

तो इस वक़्त हम सेंड्रा नाम के एक द्वीप पर खड़े थे। सामने लोकतक लेक

थी जिसके तट पर रंग-बिरंगी मोटरबोट खड़ी थी। इस मोटरबोट को हरे और पीले चटख रंगों से सजाया गया था। आसमानी रंग की रमणीय झील पर ऐसी ही सजी-धजी मोटरबोट दूर से लोगों को झील में घुमाकर वापस ला रही थी। झील के तट पर बनाए गए लकड़ी के प्लेटफ़ॉर्म पर खड़े होकर इस दृश्य को देखना बेहद सुकून दे रहा था। आस-पास बिलकुल शान्ति। दिल्ली जैसे शहरों में मशीनी शोर हमारी आदत का हिस्सा हो जाता है। इस शोर को हम निरन्तर अपने ज़ेहन में जाने-अनजाने जज़्ब करते रहते हैं। पंखों का शोर, कम्प्यूटर का शोर, गाड़ियों का शोर। यह शोर हमारी जानकारी के बिना हमारे ज़ेहन को एक कूड़ेदान की तरह इस्तेमाल कर रहा होता है जिसे ख़ाली करना एक समय के बाद लाज़िमी हो जाता है। वरना जीवन से एक अजीब क़िस्म की बू आने लगती है। इसी वजह से हम ऐसी जगह की तलाश में शहर से भाग आते हैं जहाँ हम इस शोर को ख़ाली करके आ सकें। इस शोर से नजात पाना शहर में रहने वालों के लिए यात्राओं की एक बड़ी वजह बन जाता है।

इस शान्त से वातावरण में दूर से एक आवाज़ गूँजी—"वेंकी।" ये किसी लड़की की आवाज़ थी। दिल्ली से आई इस लड़की की वेंकटेश से फ़ेस्टिवल में मुलाक़ात हुई थी। इस लड़की ने बताया कि यहाँ पास ही में कोई फ़्लोटिंग आइलैंड है। यानी एक ऐसा द्वीप जो पानी में तैरता है।

"हम कुछ देर उस आइलैंड पर खड़े हुए। सच में हम जिस ज़मीन पर खड़े थे वो नदी में तैर रही थी।" उस लड़की ने उत्साहित होकर बताया।

अब हम भी इस अनोखे आइलैंड को देखना चाहते थे। उस द्वीप में जाने की इच्छा जगाकर ये लड़की अपनी कैब में चली गई। इस बीच हमें पता चला कि मोइरांग में सुभाष चन्द्र बोस और आईएनए से जुड़ा एक मुख्यालय भी है। समय हमारे पास कम था। कुछ देर के लिए हम सेंड्रा आइलैंड के व्यूपॉइंट की तरफ़ बढ़ गए। एक टीले पर एक मचान सी बनी हुई थी जहाँ से लोकतक लेक का शानदार नज़ारा दिखाई दे रहा था। झाड़ियों के झुरमुट ने गोल चक्कर से बना दिए थे और ऐसी कई हरी-हरी वृत्ताकार आकृतियाँ हलकी नीली सी लग रही इस झील में बिखरी हुई थीं। कहीं दूर एक मछुवारा मछलियों की तलाश में घास के बने एक छोटे से टीले के किनारे अपनी नाव टिकाकर इन्तज़ार कर रहा था। झील को टीले पर चढ़कर इस तरह देखते रहना वाक़ई सुकून दे था। 'झील सी आँखें' मुहावरा क्यों बना होगा ये इस वक़्त समझ आ रहा था। इस मनमोहक नज़ारे से नज़र हटाने का मन ही नहीं कर रहा था।

पर हमें शाम के पाँच बजे मोइरांग वापस पहुँचना था और उससे पहले

अनजान जगह पर बने उस द्वीप की खोज करनी थी जो नदी में तैरता है। और हो सके तो आईएनए के म्यूज़ियम को भी देख आना था। माने वक़्त कम था। हम यहाँ से निकल आए।

मोइरांग की तरफ़ जाते एक ट्रैक्टर को हमने रोक दिया। एक बूढ़ा सा आदमी ड्राइविंग सीट पर बैठा था। एक छोटा सा बच्चा एकदम ख़ामोश पीछे बनी सीट पर टिका हुआ था। मैं उस बच्चे के बग़ल में बैठ गया और वेंकटेश सामने वाली सीट पर। हलकी-हलकी धूप थी। झील के किनारे ट्रैक्टर धीमी गति से थरथराता हुआ गुज़र रहा था। इस सड़क पर जहाँ गाड़ियाँ रफ़्तार से गुज़र रही थीं ट्रैक्टर की ये धीमी चाल अच्छी जान पड़ रही थी। दूसरों की चाल की परवाह किए बिना अपनी चाल से बढ़ते चले जाने का संयम यूँ भी बहुत कम लोगों में होता है। इस चाल से आप आस-पास की दुनिया को थोड़ा बेहतर देख और समझ पाते हैं। एक मछुवारिन पूर्वोत्तर की ख़ास गोल हैटनुमा टोपी पहने नाव खे रही थी। मैं उसकी तसवीर उतार लेना चाहता था, लेकिन ट्रैक्टर की छोटी सी सीट पर मैं जिस तरह से टिका हुआ था उसमें कैमरा निकालने का कोई स्कोप नहीं था। मैंने अपनी नज़रों में ही ये तसवीर क़ैद कर ली। कुछ चीज़ें हमें अपने ज़ेहन में भी बचाकर रख लेनी चाहिए।

क़रीब आधे घंटे में हम मोइरांग के बाज़ार में थे। यहाँ अब चहल-पहल और बढ़ गई थी। गूगल मैप दिखा रहा था कि यहाँ से आईएनए म्यूज़ियम पास ही में है। हम मैप की मदद से म्यूज़ियम की तरफ़ बढ़ गए। परिसर में घुसते ही सुभाष चन्द्र बोस की एक ऊँची प्रतिमा सामने दिखाई दी। संग्रहालय में केवल दो शख़्स थे जो टिकट काउंटर पर बैठे थे।

मोइरांग भारतीय आज़ाद हिन्द फ़ौज (आईएनए) का मुख्यालय हुआ करता था। कर्नल शौक़त मलिक ने 14 अप्रैल 1944 को दूसरी बार यहीं तिरंगा फहराया था। इसमें माईरेम्बम कोईरेंग सिंग जैसे मणिपुरी लोगों की मुख्य भूमिका मानी जाती है। माईरेम्बम बाद में मणिपुर के पहले मुख्यमंत्री भी बने। पहली बार आईएनए के कमांडर इन चीफ़ सुभाष चन्द्र बोस ने पोर्ट ब्लेयर में तिरंगा फहराया था। मोइरांग के इस संग्रहालय में द्वितीय विश्वयुद्ध में भारतीय हिन्द फ़ौज से जुड़े अवशेष रखे गए थे। इस छोटे से अहाते में युद्ध में इस्तेमाल हुए हथियार रखे गए हैं। कुछ नक़्शे हैं जिनमें आज़ाद हिन्द फ़ौज की यात्रा के विवरण थे।

संग्रहालय के अलावा मोइरांग जिन चीज़ों के लिए मशहूर है उनमें मितेई जनजाति के लोगों का एक अद्‌भुत त्योहार है। इस त्योहार को 'लाई हराओबा' कहा जाता है। लाई हराओबा मतलब भगवानों का उत्सव। मणिपुर को यूँ भी

भगवानों की धरती कहा जाता है। मितेई लोग मानते हैं कि मणिपुर में ही सृष्टि का निर्माण हुआ। अतिया सिदाबा नाम की देवी की इच्छा से कोउब्रू चिंग नाम की पहाड़ी पर पहली बार एक उत्सव किया गया जिसमें उन्होंने सभी वनस्पतियों और जीव-जंतुओं की रचना प्रक्रिया को अलग-अलग शारीरिक मुद्राओं के ज़रिए दिखाया। इस उत्सव का मक़सद धरती के लोगों को यह याद दिलाना था कि सृष्टि का निर्माण कैसे हुआ। इसी की याद में मितेई लोग हर साल गरमियों की शुरुआत में यह उत्सव मनाते हैं। महीने भर तक चलने वाले इस उत्सव में लाई हराओबा नाच किया जाता है जिसमें पूरी प्रकृति के निर्माण की प्रक्रिया को दर्शाती मुद्राएँ होती हैं।

संग्रहालय से लौटकर हम मुख्य सड़क की तरफ़ आ गए। अब हमारे पास मंज़िल तो थी पर उसकी कोई दिशा नहीं थी। मैप पर केबुल लामझाऊ नेशनल पार्क यहाँ से क़रीब सात किलोमीटर दूर दिखाई दे रहा था। ढाई बजने को था और फ़िलहाल हमारे पास वहाँ पहुँचने का कोई साधन नहीं था। वेंकटेश टैक्सी बुक करने के पक्ष में नहीं था। इसलिए फिर से हिचहाइकिंग का फ़ैसला ले लिया गया।

पार्क की दिशा में जा रही सड़क पर खड़े होकर हम उस तरफ़ जाती हर गाड़ी को हाथ दे रहे थे लेकिन कोई ड्राइवर गाड़ी रोकने को तैयार नहीं था।

"कोई नहीं रोकेगा यहाँ गाड़ी। यहाँ अजनबियों पर कोई इतनी आसानी से भरोसा नहीं करता। लोग डरते हैं।"

मैंने एक जजमेंट पास किया।

"भैया आप इतने नेगेटिव क्यों हो रहे हो?" वेंकटेश ने कुछ झुँझलाते हुए कहा।

"तुम्हें इस इलाक़े की हिस्ट्री मालूम है कुछ? यहाँ किसी पर भी भरोसा करना इतना सेफ़ नहीं है।"

"क्या हिस्ट्री है? मुझे तो कुछ नहीं पता।"

तो वेंकटेश को पूर्वोत्तर की इन्सर्जेंसी, आतंकवाद, हिंसा के इतिहास का कोई इलहाम ही नहीं था। इसलिए वो इतना बेफ़िक्र था। किसी से भी बात करने लगता, किसी भी गाड़ी से लिफ़्ट ले लेता। किसी मासूम बच्चे की तरह जिसे पता ही नहीं था कि दुनिया में बुराइयाँ भी मौजूद होती हैं। सब कुछ अच्छा ही नहीं होता। उसके भीतर यात्राओं को लेकर एक ख़ास तरह का रोमेंटिसिजम था, लेकिन तमाम यात्राओं के बाद मेरी समझ ये कहती थी कि यात्राओं को रोमेंटिसाइज करना अच्छी बात है लेकिन जब आप अनजान जगहों पर होते

हैं तो आपको हर तरह की सम्भावनाओं के लिए तैयार रहना होता है। एक पूर्वनियोजित मानसिक तैयारी कर लेने में कोई बुराई नहीं है। बहाव में बहते रहने का मज़ा भी तभी है जब उसकी एक दिशा हो। वरना टक्करों और ज़ख़्मों के सिवा कुछ हासिल नहीं होता।

मैं थोड़ा सशंकित था। लेकिन वेंकटेश बेफ़िक्र था। 22 साल का ये लड़का हर तरह के एक्सपेरिमेंट करने की ग़रज़ से इस यात्रा पर निकला था। थोड़ी देर में एक कार आकर रुकी।

"देखा..."

वेंकटेश ने मुझे देखकर कहा।

"केबुल लामजाओ जाओगे?"

फिर उसने गाड़ी वाले से पूछा। उस शख़्स ने पहले कुछ सोचा और फिर दरवाज़े खोल दिए।

"छोड़ देगा।"

उसने कहा। गाड़ी में बैठने के बाद एक सामान्य परिचय हुआ। इस वक़्त हम मिंठांग के साथ थे जो यहाँ पास ही एक गाँव में रहता था। मिंठांग कुछ खुल गया तो उसने गाड़ी की रफ़्तार कुछ धीमी कर दी। फिर एक गहरी उदासी में डूबते हुए कहा—

"आप बैंक के बारे में कुछ जानते हो?"

"बैंक के बारे में?"

ये एक अजीब सा सवाल था।

"हाँ, मेरी एक प्रॉब्लम है। सॉल्व कर दो।"

उसने किसी तरह वाक्य बनाने की कोशिश करते हुए कहा।

"मैं अपनी कहानी एकदम स्टार्टिंग से बताता हूँ।"

ये कहकर मिंठांग ने बताना शुरू किया कि कैसे उसे एक दिन एक मेल आया जिसमें कहा गया था कि उसकी एक लॉटरी लग गई है। वो एक करोड़ रुपए जीता है। मेल में अकाउंट नम्बर के साथ बाक़ी निजी जानकारियाँ भी माँगी गई थीं। सीधे-साधे से लग रहे मिंठांग ने जानकारियाँ मेल कर दीं।

"फिर मेरे पास एक दिन एक फ़ोन आया। कोई बोला कि हमने जो अकाउंट नम्बर भेजा है उसमें दो सौ रुपया ट्रांसफ़र कर दो। ये टेस्टिंग के लिए है।"

मिंठांग का ऐसा पहला अनुभव था। उसने पैसे ट्रांसफ़र कर दिए।

"फिर कॉल आया। बोला आपका अकाउंट वेरिफ़ाई हो गया है। अब आपको मनी कनवर्जन का कुछ चार्ज भेजना होगा। फिर हम पैसे आपके

अकाउंट में ट्रान्सफ़र कर देंगे।"

इस तरह कई बार फ़ोन करके मिंठांग से क़रीब दो लाख रुपए ऐंठ लिए गए। पैसे की चाह में इनसान कई बार कोई भी रिस्क लेने को तैयार हो जाता है।

"मेरा बीबी और मैं पूरा दो साल मेहनत करके वो पैसा जमा किया था। बीबी घर में रोता है। सब चला गया। हमें बारा भरोसा हुआ भैया। अभी भी सोचता है कि पैसा दे देगा।"

ये कहकर मिंठांग चुप हो गया। लग रहा था कि वो अपना ये दुख जाने कबसे बाँटना चाहता था। कई बार कह देने से मन हलका हो जाता है। हमारे पास इस समस्या का कोई समाधान नहीं था। बस इतना ही कह पाए—

"बैंक के मामले में किसी भी अजनबी पर एकदम भरोसा मत करना। एक बार ये ग़लती हो गई अब आगे कभी मत करना।"

नक्कालों की एक दुनिया इस डिजिटल दौर में बहुत सक्रिय है। ये उन बेचेहरा और निष्ठुर लोगों की दुनिया है जो किसी के भरोसे को अपने फ़ायदे के लिए इस्तेमाल करती है। इसके लिए वो क्रूरता की किसी भी हद तक जा सकते हैं। जिस दौर में हम जी रहे हैं वहाँ भरोसा उन चीज़ों में से है जो लुप्तप्राय है।

लेकिन इसके उलट यहाँ हमने मिंठांग पर और मिंठांग ने हम पर भरोसा किया था। वो हमें केबुल लामजाओ पार्क के गेट पर छोड़ चुका था लेकिन यहाँ से पार्क अभी तीन-चार किलोमीटर की दूरी पर था। गेट के पास गाड़ी पार्क करके मिंठांग ने हमारे साथ एक सेल्फ़ी ली और फिर वो आगे बढ़ गया। इस छोटी सी मुलाक़ात ने मेरे भरोसे को कुछ बढ़ा दिया था।

अब हम नेशनल पार्क की तरफ़ जाने वाली सड़क पर पैदल चल रहे थे। तीन बज चुके थे। पाँच बजे हमें इम्फाल की आख़िरी गाड़ी पकड़ने मोइरांग वापस लौटना था। पैदल चलते चले जाना कोई विकल्प नहीं था। लेकिन इस सड़क पर वाहनों की आवाजाही कम थी। तभी कारों का पूरा कारवाँ सा चला आया। वेंकटेश इन्हें भी लिफ़्ट लेने की ग़रज़ से रोक रहा था। एक कार वाले ने रफ़्तार हलकी करके बताया कि वो पास ही में हो रही एक शादी में जा रहे हैं।

जब काफ़ी देर तक कोई गाड़ी नहीं मिली तो वेंकटेश ने बीच सड़क पर खड़े होकर विपरीत दिशा में आ रही एक स्कूटी को रोक लिया। स्कूटी वाला क़रीब 20 साल का एक लड़का था। इस तरह किसी अजनबी के रोकने पर पहले तो वो कुछ डर गया। लेकिन फिर वेंकटेश ने बोला—

"प्लीज़ भाई, केबुल लामजाओ तक छोड़ दो। या फिर किसी गाड़ी को रुकवा दो।"

लड़का स्कूटी से उतरा और थोड़ी देर में उसने एक मैजिक (गाड़ी) को रोक दिया। उसे अपनी भाषा में कुछ समझाया और वो हमें आगे छोड़ने के लिए तैयार हो गया। मैजिक स्थानीय महिलाओं से भरी हुई थी। लिहाज़ा हम उसके पीछे लटक लिए। पन्द्रह मिनट में हम पार्क के मेन गेट पर थे। गेट पर किसी ने बताया कि फ़्लोटिंग आइलैंड करांग में है। जो यहाँ से क़रीब दो किलोमीटर आगे है।

"नो व्हीकल फ़ॉर देयर।" एक शख़्स ने बताया।

"वेट। आई हैव वन आवर। आई विल कम विद यू एंड टेक यू बैक ...ओके?"

हमने इस शख़्स के इस प्रस्ताव को तुरन्त स्वीकार कर लिया। स्कूटी में कुछ तेल भरवाकर वो शख़्स हमें लेकर आगे बढ़ गया। सड़क धीरे-धीरे और वीराने में जा रही थी। दोनों ओर ख़ूबसूरत खेत थे। स्कूटी की रफ़्तार धीरे-धीरे तेज़ होती जा रही थी। लाइश्राम टीकेम सिंह नाम का ये शख़्स जिस तरह स्कूटी चला रहा था उससे अब थोड़ा डर लगने लगा था। धीरे-धीरे स्कूटी लाइश्राम के नियंत्रण से बाहर होने लगी। सड़क में एक हलका ढलान आया और स्कूटी सड़क से क़रीब दस इंच ऊपर उछलकर वापस सड़क पर आकर लड़खड़ाने लगी।

"ईज़ी...ईज़ी..."

मैंने लाइश्राम के कन्धे पर अपनी हथेली की पकड़ बनाते हुए कहा।

"यस...यस...ईज़ी..."

हम गिरते-गिरते बचे थे। लाइश्राम नौसिखिया लग रहा था। जब भी गाड़ी नियंत्रण से बाहर जाती मैं उसके कन्धों को हथेली से दबाते हुए कहता

"ईज़ी...ईज़ी..."

और वो जवाब देता—

"यस...यस...ईज़ी..."

पीछे बैठा हुआ वेंकटेश भी बीच-बीच में इसे आराम से चलाने के लिए बोलता रहा।

अब हम एक गाँव के क़रीब थे। सड़क कीचड़ से लदी हुई थी। लाइश्राम ने स्कूटी रोक दी। और फिर जैसे ही आगे बढ़ाई हम तीनों धड़ाम से ज़मीन पर जा गिरे। किसी को चोट नहीं आई। लेकिन लाइश्राम थोड़ा शर्मिंदा सा लगने लगा। अगले दो मिनट में हम झील के किनारे खड़े थे।

लाइश्राम ने एक नाविक से हमारी बात करा दी।

"यू गो। आई विल वेट हेयर।"

उसने कहा और तट पर खड़ा वो हमें देखने लगा। हम नाव में सवार हो गए। सूरज डूबने की कगार पर था और झील किनारे डूबते सूरज ने अपनी आभा पूरी झील में बिखेर दी थी। दूर पहाड़ नज़र आ रहे थे और उन पहाड़ों के बीच बनी इस झील में हमारी नाव एकदम धीमी रफ़्तार से आगे बढ़ रही थी। नाविक ने बताया कि उसका नाम खज़राक्पा है। भाषा की दिक़्क़त के चलते उसका नाम पता करने में हमें काफ़ी मशक़्क़त करनी पड़ी। हमें तसवीरें खींचता देख वो कुछ उत्साहित भी हो रहा था। उँगली के इशारे से बीच-बीच में बताने लगता कि यह तसवीर खींची जा सकती है। तसवीर खींचने के बाद वो मुस्कुराकर हमारी ओर देखने लगता। क़रीब साठ साल के इस शख़्स के चेहरे पर एक निर्लिप्त सी मुस्कान थी। सर पर काली हैट थी। हाथों में चप्पू लिए जब वो नाव खेता तो किसी काउबॉय फ़िल्म का किरदार नज़र आने लगता। उसकी हैट के पीछे पानी में तैरती वनस्पतियों के बीच सूरज की किरणें जैसे लुकाछिपी का खेल खेलने लगतीं।

पानी में तैरती हुई ये वनस्पतियाँ छोटे-छोटे द्वीपों का निर्माण कर रही थीं। विज्ञान की भाषा में इन्हें बायोमास कहा जाता है और स्थानीय भाषा में फुमडिस। थोड़ा सा दार्शनिक होकर देखें तो दरअसल ये मौत से उपजा जीवन है। लहरों में उठते तूफ़ान या किसी और प्राकृतिक वजह से मर चुकी वनस्पतियों और जैविक पदार्थों से बना यह बायोमास झील के किनारों से टूटकर पानी में बहने लगता है। इसमें उगी वनस्पतियों की जड़ें गहरे पानी में ज़मीन तक नहीं पहुँच पातीं। वो इसी बायोमास की तलहटी पर अपने लिए ऑक्सीजन तलाश लेती हैं। वनस्पतियों की जड़ें आपस में गुँथकर एक-दूसरे को सहारा देती हैं। वक़्त के साथ-साथ पानी में ये अपने लिए बड़ी और मज़बूत ज़मीन तैयार कर लेती हैं। लोकतक लेक में तैरती इन फुमडिसों से यहाँ के मितेई जनजाति के हज़ारों लोगों की जीविका चलती है। मछुवारे इन तैरते द्वीपों को गोल आकार दे देते हैं। इनके बीच वो अपने लिए झोंपड़ियाँ बनाते हैं। तैरते द्वीपों पर रहते हुए वो अपनी नावों में बैठे देर तक मछलियों का इन्तज़ार करते हैं। उत्तर के लोग जिस तरह गंगा को पूजते हैं, ठीक उसी तरह पूर्वोत्तर की ये जनजाति इस झील की पूजा करती है। इस झील पर बसे सबसे बड़े द्वीप को अब नेशनल पार्क का दर्जा दिया जा चुका है, जिसे केबुल लामझाओ नेशनल पार्क कहा जाता है। यह दुनिया का अकेला और अनोखा तैरता हुआ नेशनल पार्क है।

ये तैरते द्वीप न केवल मछुवारों की ज़िन्दगी से जुड़े हैं बल्कि यह उन

विरली जगहों में से है जहाँ मणिपुर का राजकीय पशु संगाई (हिरन का एक प्रकार) मुख्य रूप से पाया जाता है। इस ख़ास तरह के हिरन के सामने के दो सींग उसकी आँखों के ऊपर बनी भौंहों से निकलते हैं इसलिए उसे 'ब्रो-एंटलर' डीयर भी कहा जाता है। केवल मणिपुर में पाए जाने वाले संगाई का यहाँ की लोककथाओं में बहुत अहम दर्जा है। माना जाता है कि संगाई प्रकृति और इनसानों के बीच की कड़ी की तरह काम करता है और संगाई को नुकसान पहुँचाना प्रकृति को नुकसान पहुँचाने की तरह ही है। ये लोक कथाएँ और मान्यताएँ न होतीं तो शायद इस तरह के विलुप्तप्राय जीव का अस्तित्व अब तक ख़त्म ही हो गया होता।

इन अनोखे द्वीपों में क़रीब चार हज़ार मछुवारों और कुछ सौ बचे रह गए 'डांसिंग डियर' कहे जाने वाले संगाई की जीवनयात्रा की वजह बनती इस झील में कुछ मोटरबोट भी चल रही थीं जिनकी गहरी काली परछाईं झील में साफ़ नज़र आ रही थी। झील के रंग में उन तमाम परछाइयों के भी कई रंग थे जो किसी न किसी तरह उस झील से जुड़ी थीं। उन परछाइयों की यात्रा दूर आसमान में डूब रहे सूरज की यात्रा से जुड़ी थी। जैसे ही सूरज की यात्रा समाप्त होगी इन तमाम परछाइयों की यात्रा भी वहीं समाप्त हो जाएगी। क्या सूरज या इन परछाइयों को, दोनों के बीच के इस रिश्ते की ख़बर होगी? कई बार लगता कि हमारी यात्राओं में तमाम ऐसे लोग भी शामिल होते हैं जिन्हें इसकी ख़बर तक नहीं होती। ठीक ऐसे ही हम भी ऐसे तमाम लोगों की यात्राओं में अनजाने ही शामिल हो जाते हैं। सूरज और परछाइयों वाला ये रिश्ता हम तमाम यात्रियों के बीच भी होता है शायद।

क़रीब पैंतालीस मिनट खज़राक्पा के साथ नाव की सवारी करके हम तट पर लौट आए। वहाँ लाइश्राम हमारा इन्तज़ार कर रहा था। अब अँधेरा होने लगा था। साढ़े चार बज चुके थे। हमारे पास मोइरांग से आख़िरी विंगर पकड़ने के लिए बस आधा घंटा बचा था।

लाइश्राम की स्कूटी में बैठकर हम कुछ आगे ही बढ़े थे कि उसने स्कूटी एकदम विपरीत दिशा में मोड़ दी।

"उमेश भैया ये क्या कर रहा है? हम इस रास्ते तो नहीं आए थे, ये तो हमें कहीं और ले जा रहा है। इसको बोलो रोके।"

वेंकटेश थोड़ा घबराया हुआ लग रहा था। बात घबराने की थी भी। हम एक अनजान जगह पर एक अजनबी के साथ जा रहे थे और जिस तरफ़ जा रहे थे वहाँ रास्ता एकदम वीरान होता जा रहा था।

"अरे इसे चलने दो। तुम बस मैप पे मोइरांग का रास्ता देखो।"

मैंने कहा तो वेंकटेश कुछ झुँझलाकर बोला—

"आपकी बात भी समझ में नहीं आती। कहीं बोलते हो रिस्क मत लो और कहीं अब ख़ुद ही रिस्क ले रहे हो।"

"रिस्क समय देखकर लेना पड़ता है। अभी हमारे पास ऑप्शन नहीं है।"

मैप बता रहा था कि ये रास्ता सही है। मोइरांग यहाँ से क़रीब तीन किलोमीटर दूर था। कुछ आगे बढ़े थे कि एक वीरान सी जगह पर लाइश्राम ने स्कूटी रोक दी।

"भैया मैं कह रहा था कुछ गड़बड़ है। यहाँ रोकने का क्या मतलब है?"

वेंकटेश ने कहा तो मैं भी कुछ घबरा गया।

"व्हाई आर यू स्टॉपिंग। प्लीज़ गो ऑन। वी आर ऑलरेडी लेट।"

मैंने थोड़ा सख़्त लहजे में कहा। पर लाइश्राम बिना सुने बोला—

"कम विद मी।"

हम स्कूटी से उतरे। एकदम अँधेरा हो चुका था। लाइश्राम हमें न जाने कहाँ ले जा रहा था। किसी अनहोनी की आशंका दिमाग़ में हलचल करने लगी थी। लेकिन तभी उसने एक इशारा किया—

"सी दैट बिल्डिंग। इट इज माई हॉस्पिटल। आई एम अकाउंटेंट देयर।"

ये थाँगा नाम के गाँव का एक स्वास्थ्य केन्द्र था। क़रीब पैंतीस साल का ये शख़्स इस वक़्त हमें उस हॉस्पिटल को दिखाने लाया था, जहाँ वो काम करता है।

"ओह ग्रेट। नाउ लेट्स गो। अदरवाइज वी वोंट गेट व्हीकल फ़ॉर इम्फाल।"

हम स्कूटी पे बैठकर आगे बढ़ गए। किसी जंगल के बीच से स्कूटी गुज़र रही थी।

"आई विल ट्राई टू टेक यू ऑन टाइम।"

लाइश्राम ने शब्दों को जोड़कर बोला। कुछ देर बाद जब हम मुख्य सड़क पर आ गए तो कुछ राहत सी मिली। इस वक़्त हम सेंड्रा आइलैंड के बग़ल से गुज़र रहे थे। ये रास्ता हमारा देखा हुआ था। अब हम निश्चिन्त थे।

लाइश्राम हमें मोइरांग के टैक्सी स्टैंड तक ले आया था। इम्फाल जाने वाली आख़िरी विंगर बस निकलने ही वाली थी। हमने गले मिलकर लाइश्राम से विदा ली। वो शख़्स जिस पर हम लगातार शक करते रहे हमें घुमा-फिरा कर सुरक्षित जगह पर वापस ले आया था। न उसने हमसे पैसे लिए, न हमारी कोई पुरानी पहचान थी। बेवजह अपने दो घंटे उस शख़्स ने हमारे लिए ख़र्च

किए थे। ये कौन सी प्रेरणा होती होगी जो ऐसे अजनबियों की मदद के लिए हमें प्रेरित करती है। यही सोचता हुआ मैं वेंकटेश के साथ विंगर में बैठ गया। कुछ देर में विंगर इम्फाल की तरफ़ बढ़ गई।

इम्फाल मेरी इस अनिश्चितकालीन यात्रा का आख़िरी पड़ाव साबित हुआ। क़रीब महीने भर की यात्रा के इस आख़िरी पड़ाव पर आकर लग रहा था कि अचंभित कर देने वाली विविधताओं भरी इस दुनिया को जानने की महज़ एक छोटी सी शुरुआत थी ये। ये यात्रा शायद एक ऐसे शख़्स के साथ शुरू हो रहे रिश्ते का प्रस्थान बिंदु थी, जो अन्तर्मुखी है, कम बोलता है, इसलिए अक्सर नज़रअन्दाज़ कर दिया जाता है, लेकिन जब उसे जानना शुरू करते हैं तो पता चलता है कि कितना कुछ होता है इसके पास बताने को। पूर्वोत्तर की इस महीने भर की लम्बी यात्रा के बाद क़िस्सों, कहानियों, इतिहास और अनछुए भूगोल से जुड़ी अनजानी जानकारियों का ख़ज़ाना हासिल हो गया था। यात्रा के अन्तिम दिन मैं उन सभी लोगों के लिए कृतज्ञ था जो जाने-अनजाने इस सफ़र में मेरे सहयात्री बन गए थे। गुवाहाटी की ज़मीन से उड़ते हवाई जहाज़ की खिड़की के बाहर पूर्वोत्तर धीरे-धीरे आँखों से ओझल हो रहा था। नीले आसमान पर बेतरतीबी से उड़ते बादलों की तरह ही तमाम घटनाएँ, जगहें, और चेहरे मेरे ज़ेहन में उमड़ते-घुमड़ते जा रहे थे। मेरी इस यात्रा ने पूर्वोत्तर को लेकर मेरी बेख़बरी को तो दूर किया ही था, वहाँ के भूगोल से जुड़े मेरे तमाम पूर्वग्रहों को भी तोड़ दिया था।

मैं जिस पूर्वोत्तर को देखकर आया था वो दूर था, दुर्गम था, पर दुरुस्त था।

सन्दर्भ

वेबसाइट

1. *Mysteries and marvels of river Brahmaputra,* by it. gen. Baljit Singh www.salute.co.in/mysteries-and-marvels-of-river-brahmaputra/
2. *The Last mystery, by* Harish Kapadia www.www.livemint.com/Leisure/NxG6C2ctm8jphpZOp9tIqO/Tsangpo-The-last-mystery.html Harish Kapadia
3. *In India gambling with bows and arrows,* by Charukesi Ramadurai www.bbc.com/travel/story/20180515-in-india-gambling-with-bows-and-arrows
4. *May 10, 1942: First Bomb Hit Imphal In World War 2,* by Ranbir Laishram

   www.kanglaonline.com/2017/05/may-10-1942-first-bomb-hit-imphal-in-world-war-2/
5. *The Anglo Manipur war 1891 and its consequences,* published by Manipur State Archives in 1990 www.archivesmanipur.nic.in/whoswho.htm
6. *Tales of mahabharat about northeast* by Poulasta Chakraborthy www.indiafacts.org/five-puranic-and-epic-tales-about-the-north-east/
7. *Exploring Ima Keithal, a 500-Year-Old Market with over 5000 Traders —All Women!* by Sanchari Pal

www.thebetterindia.com/73948/ima-keithal-all-women-market-imphal-manipur/

8. *Relevance of Naga Morung Culture,* by Mhonthung Yanthan, Asst. Professor St. Joseph's College, Jakhama www.morungexpress.com/relevance-naga-morung-culture/
9. *Naga education,* by Dr. Tuisem A. Shishak www.angelfire.com/nm/nagalim/naga_edu.htm
10. *The Naga morung system,* submitted by Sentilong Ozukum www.www.scribd.com/document/251477036/The-Naga Morung-System Definition
11. *The world's only floating national park,* by Ben McKechnie www.bbc.com/travel/story/20180411-the-worlds-only-floating-national-park
12. *Meghalaya's rat hole traps,* by Rahul Karmakar www.thehindu.com/news/national/other-states/meghalayas-rat-hole-traps/article25973337.ece
13. *Respect to foster unity in cultural mosaic - festival/lai haraoba,* by Amitangshu Acharya and Soibam Haripriya www.telegraphindia.com/states/north-east/respect-to-foster-unity-in-cultural-mosaic-festival-lai-haraoba/cid/1533431
14. *Umiam Lake,* by D. Paul, Smt. J. Sawain, Kasturi Chakraborty, Dr. P.K. Ghosh, www.rainwaterharvesting.org/umiam_lake.htm
15. एनआरसी की जड़ें असम के इतिहास से जुड़ी हुई हैं, by अमित सिंह http://thewirehindi.com/52793/assam-national-register-of-citizen-nrc-history-explained/

किताबें

1. *The art of Travel,* by Alan De Botton
2. *Vishnu's Mount: Birds In Indian Mythology And Folklore,* by Capt. Praveen Chopra

3. *Hill Politics in North-east India,* by Shibani Kinkar Chaube
4. *The Absent state,* by Rahul Pandita and Neelesh Misra
5. वह भी कोई देश है महाराज by अनिल यादव
6. पूर्वोत्तर भारत अतुल्य भारत by वीरेन्द्र परमार
7. लाल नदी, नीले पहाड़ by रविशंकर रवि
8. अज्ञेय और पूर्वोत्तर भारत by रीतारानी पालीवाल

✪✪✪